本书为河北省高等教育教学改革项目“多学科交叉融合的数智财务人才培养模式探索与实践”研究成果（项目编号为 2022GJJG576）

数智财务人才培养教学改革探索与实践

郭晓燕　岳惠玲　王秀敏　著

湘潭大学出版社
XIANGTAN UNIVERSITY PRESS

图书在版编目（CIP）数据

数智财务人才培养教学改革探索与实践 / 郭晓燕，岳惠玲，王秀敏著. -- 湘潭 : 湘潭大学出版社，2024.10. -- ISBN 978-7-5687-0956-9
Ⅰ. F275
中国国家版本馆 CIP 数据核字第 2024AH7875 号

数智财务人才培养教学改革探索与实践

SHUZHI CAIWU RENCAI PEIYANG JIAOXUE GAIGE TANSUO YU SHIJIAN

郭晓燕 岳惠玲 王秀敏 著

策划编辑：王亚兰
责任编辑：王亚兰
封面设计：夏茜旸
出版发行：湘潭大学出版社
社　　址：湖南省湘潭大学工程训练大楼
电　　话：0731-58298960 0731-58298966（传真）
邮　　编：411105
网　　址：http://press.xtu.edu.cn/
印　　刷：长沙创峰印务有限公司
经　　销：湖南省新华书店
开　　本：710 mm×1000 mm 1/16
印　　张：15.75
字　　数：250 千字
版　　次：2024 年 10 月第 1 版
印　　次：2024 年 10 月第 1 次印刷
书　　号：ISBN 978-7-5687-0956-9
定　　价：78.00 元

前 言

在当今信息技术快速发展的时代，数智财务已经成为财务管理领域的重要趋势和核心竞争力之一。随着大数据、人工智能和区块链等技术的迅猛发展，财务数据的量和复杂度不断增加，传统的财务管理方法已经无法满足企业对财务数据分析和决策支持的需求。因此，培养具备数智思维和技能的财务人才已经成为企业和高等教育机构的共同关注点。数智财务是在传统财务管理的基础上，结合信息技术和数据科学的理念和工具，以实现更精准、高效的财务决策和管理。数智财务人才需要具备一定的财务知识和技能，同时还要具备数据分析、信息技术和创新思维等能力。他们能够利用大数据和人工智能技术，从海量的财务数据中提取有价值的信息，并结合企业的战略和目标，为企业的财务决策提供支持和建议。

然而，传统的财务教育模式在培养数智财务人才方面存在一定的局限性。传统财务教育更注重理论知识和基本技能的传授，忽视了数智思维、数据分析和信息技术应用等方面的培养。财务人才在实践中往往面临着将理论知识应用到实际问题中的挑战，缺乏对复杂数据分析和信息技术的理解和应用能力。

本书探讨在数字经济背景下如何培养具备数智思维和技能的财务人才。全书共分为三篇，系统地介绍了数字经济、数智财务人才培养以及数智财务人才培养的创新与实践。

在第一篇中，作者详细解释了数字经济的定义、起源和发展，并探讨了其对财务管理带来的影响，包括财务数据收集与分析、决策和风险管理等方面。此外，还讨论了财务数字化转型的背景、关键要素、风险挑战以及实施策略，并通过案例分析展示了最佳实践。

第二篇聚焦于数智财务人才培养，首先分析了数字经济对会计教育带来的挑战，提出了教育改革的需求和方向。接着，探讨了数智财务人才的需求和特征、市场现状和就业形势，强调了人才培养的重要性和紧迫性。此外，本书还提出了学科交叉融合在数智财务人才培养中的应用和实践，以及这一融合对人才培养的挑战和策略。

第三篇则深入讨论了数智财务人才培养的创新与实践。提出了数智财务人才培养的知识体系和核心能力培养方向，探讨了人才培养路径的特点和优势，并分享了实践案例。在教学实践方面，介绍了教学方法、教学资源、案例分析和项目实施经验。最后，探讨了数智财务人才培养的创新方法、创新路径，以及创新实践和产教融合。

总之，数智财务人才培养教学改革是财务教育的重要任务之一。需要不断探索新的教学模式和方法，以满足企业对数智财务人才的需求。作者希望本书能够成为数智财务教育领域的重要参考，为培养具备数智思维和技能的财务人才提供实用的教学方法和案例分析。通过注重实践和提升综合素质能力，可以培养出具备数智思维和技能的财务人才，为企业的发展和创新提供有力支持。本书致力于探讨数智财务人才培养教学改革的探索与实践，希望为读者提供有益的参考和指导。同时，作者也希望能够促进数智财务教育的创新发展，为财务管理领域的数字化转型做出贡献，为数字经济时代的财务管理提供有力支持。

郭晓燕负责第四、五、六章，岳惠玲负责第一、二、三、八章，王秀敏负责第七、九章。

郭晓燕　岳惠玲　王秀敏

2024 年 2 月

目　录

第一篇　数字经济

第一章　数字经济概述 ………………………………………………… 3

第一节　数字经济的定义、特征以及对传统产业的改造和赋能 ……… 4

第二节　数字经济的起源、发展和挑战 ……………………………… 11

第三节　产业数字化的作用与数字经济的未来发展方向 …………… 25

第二章　数字经济对财务管理的影响 …………………………………… 38

第一节　数字经济对财务数据收集和分析的影响 …………………… 39

第二节　数字经济对企业资本风险的影响 …………………………… 47

第三节　数字经济对企业财务职能和人才需求的影响 ……………… 51

第三章　财务数字化转型 ………………………………………………… 61

第一节　财务数字化转型的背景和动机 ……………………………… 61

第二节　财务数字化转型的关键要素、风险挑战和实施路径 ……… 71

第三节　财务数字化转型的实施策略 ………………………………… 79

第四节 财务数字化转型的企业实践和案例分析 …………………… 89

第二篇 数智财务人才培养

第四章 数字经济下会计教育研究 ………………………………………… 105

第一节 数字经济给会计教育带来的挑战和困境 …………………… 105
第二节 会计教育改革的需求和方向 ……………………………… 112

第五章 数智财务人才培养需求与现状 …………………………………… 120

第一节 数智财务人才的需求和特征 ……………………………… 121
第二节 数智财务人才市场的现状和就业形势 ……………………… 130
第三节 数智财务人才培养的重要性和紧迫性 ……………………… 140

第六章 学科交叉融合下数智财务人才培养思路 ………………………… 151

第一节 学科交叉融合的概念和意义 ……………………………… 152
第二节 学科交叉融合在数智财务人才培养中的应用和实践 ……… 162
第三节 学科交叉融合对数智财务人才培养的挑战与策略 ………… 172

第三篇 数智财务人才培养创新与实践

第七章 数智财务人才培养创新 …………………………………………… 185

第一节 数智财务人才培养的知识体系和核心能力培养方向 ……… 186
第二节 数智财务人才培养路径的特点和优势 ……………………… 195

第八章　数智财务人才培养教学实践 …… 204

第一节　数智财务人才培养的教学方法和教学资源 …… 205

第二节　数智财务人才培养的案例分析和项目实施经验 …… 214

第九章　数智财务人才培养创新 …… 224

第一节　数智财务人才培养的创新方法 …… 224

第二节　数智财务人才培养的创新路径 …… 231

第三节　数智财务人才培养的创新实践与产教融合 …… 234

参考文献 …… 241

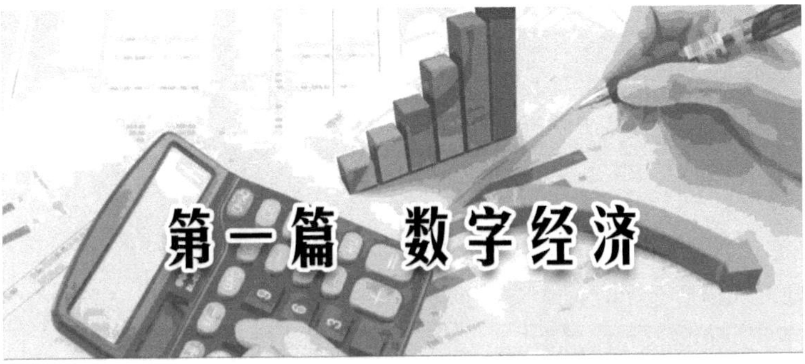

第一篇 数字经济

第一章

数字经济概述

在当今信息时代，数字经济的发展已经成为国家经济竞争力的重要标志和推动力。数字经济的发展对经济增长、就业创新、产业升级和社会变革等方面都产生了深远的影响。数字经济的发展已经成为国家经济竞争力的重要标志和推动力。随着互联网的普及和信息技术的快速发展，数字经济正在改变人们的生产、消费和生活方式。在数字经济的推动下，传统产业正在向数字化和智能化转型，新兴产业和创新型企业快速崛起，为经济增长和就业创新提供了新的动力。

数字经济作为一种新兴的经济形态，对教育和社会的各个层面产生了深远的影响。随着数字经济的发展，它不仅推动了经济的增长，而且通过数字技术的应用，教育和培训机构能够更加高效地进行教学和管理，提高教育质量和学习效率。同时，数字经济也为教育领域的创新和发展提供了新的机遇，推动了教育结构的升级和优化。数字经济的兴起催生了许多新的教育模式和就业机会，例如：在线教育、远程教育，以及基于大数据分析的教育评估等。这些新兴的教育模式不仅为学习者提供了更加多样化的学习途径，也推动了教育就业结构的变革。此外，数字经济还为传统教育领域带来了智能化和自动化教学的新机遇，提高了教育的个性化和精准度。通过数字技术的应用，教育工作者可以更好地理解学生的学习需求，提供定制化的教学内容和方法。

本章通过分析数字经济的定义、特点和产业数字化的作用及未来的发展方向，探讨了数字经济对教育领域的深刻影响和面临的挑战，并提出了相应的建议，旨在为数智财务人才培养提供指导和参考。通过这些深入的分析和探讨，本章为理解数字经济在教育领域的作用提供了坚实的基础，并为数智财务人才的教学改革提供了实践方向。

第一节　数字经济的定义、特征以及对传统产业的改造和赋能

一、数字经济的定义及其特征

（一）数字经济定义

数字经济（Digital Economy）作为一种新型经济形态，其定义在学术界有多种表述。一些学者强调，数字经济以现代信息网络为重要载体，以数据资源为核心生产要素，以创新和科技成果转化为驱动力，并通过信息化与工业化的深度融合推动经济活动的发展。而其他学者则从理论层面出发，认为数字经济是在网络空间中进行的一系列生产、交换、分配和消费活动，其核心在于数据资源的流动与使用。

综合上述观点，可以将数字经济定义为：基于数字技术的广泛应用，通过互联网等现代信息网络，实现数据资源的有效流动与利用，进而促进资源优化配置和全要素生产率的提升，推动经济社会的全面数字化和信息化发展。

而在实际应用中，数字经济对我国经济社会发展产生了深远影响。它不仅促进了产业结构的优化升级，还提升了社会治理水平。随着社会治理数字化和智慧城市建设的加速，基于大数据和人工智能技术的社会治理模式正逐渐成为现实。

（二）数字经济的特征

数字经济通过数字技术的应用，促进信息的传递、共享和加值，实现经济的高效运行和社会的全面发展，其特征主要表现在以下八个方面。

1. 数字经济是以数据为关键生产要素的经济形态

数字经济是一种新型经济形态，其以数据作为关键的生产要素。数据不仅包括信息技术和互联网等数字平台收集、存储、处理和分析的数据，还包括通过各种方式获取和利用数据所产生的经济资源。随着数据规模的不断扩大和使用价值的提高，数据在生产过程中的作用日益凸显。数字经济涵盖了数字产业化和产业数字化两个主要部分。数字产业化指的是数字技术及其产业在国民经济中的渗透与融合，形成了新的产业、业态和模式。产业数字化则是指利用数字化技术对传统产业进行全要素、全流程、全链条的改造，以提高效率和优化产品和服务品质。

2. 以信息通信技术为核心

以信息通信技术（Information and communication technology，ICT）为核心要素，是数字经济的重要特征之一，也是数字经济发展的基石。数字经济在本质上是一种以 ICT 为核心的新型经济形态，这种新经济形态首先是由新一代信息技术发展所推动的。随着第四次工业革命的到来，ICT 在新一轮科技革命和产业变革中将发挥越来越重要的作用。这种新一代信息技术具有更强的通用性、互联性和可扩展性，能够在更广泛的领域内实现深度融合，推动传统产业数字化、智能化转型，为经济发展提供新动能。

以 ICT 为核心要素的数字经济，具有以下几个方面特征：

第一，数字经济是以数据作为关键生产要素。数据是数字经济发展的重要基础设施和核心生产要素，它与土地、劳动力、资本、技术等传统要素一起构成了数字经济发展的基础。随着数据规模和使用不断增长，数字经济也在不断扩大，数据已经成为重要的生产要素。

第二，数字经济是以信息通信技术为基础的产业体系。信息通信技术是推动数字经济发展最重要的基础设施和关键要素。实体经济是数字经济发展的主要载体。

第三，数字经济具有较强的网络外部性特征。数字技术具有较强的网络效应和外部性，对社会整体福利产生积极影响。在物理世界中难以实现价值创造和交换的生产、分配、流通、消费等各个环节，可以通过数字化实现无缝连接、高效协同和融合创新，实现价值链增值。

以 ICT 为核心要素推动数字经济发展具有以下几个方面意义：

第一，ICT 是新一代信息技术发展和应用的基础设施和关键要素。没有 ICT 就没有数字经济，ICT 在数字经济发展中具有基础性作用和引领作用。

第二，ICT 是新一代信息技术与传统产业融合的主要载体和关键要素。新一代信息技术与传统产业融合主要表现为两个方面：第一，ICT 在传统产业中的应用将不断深化；第二，ICT 与传统产业结合后形成新的商业模式、产业形态和业态将不断涌现。

第三，以 ICT 为基础和核心要素推动形成新产品、新服务、新业态和新模式等一系列与传统产业结合后形成的新型产业。

在发展过程中，也应该注意到：一方面，数字技术创新是推动数字经济发展不可或缺的重要动力；另一方面，发展数字技术创新要始终把安全作为前提条件。

3. 数字经济是一种新的生产方式和生活方式

数字经济与传统生产方式和生活方式具有不同之处。传统的生产方式和生活方式是基于“物”的发展而形成的，随着经济社会的发展，需要不断地“升级”。在数字经济时代，以信息网络技术为代表的新一代信息技术成为要素之一，进而推动生产方式和生活方式发生变革。

数字经济的核心特征是网络化、智能化和绿色化，其具有强大的生产效率、更加开放共享、更加安全可信等基本特征。数字经济改变了人们的生产、生活、思维和方式，这一过程中涌现出许多新技术、新模式、新业态，使得生产效率和效益大幅提升。数字经济所具有的这些特征成为推动经济高质量发展和建设现代化经济体系的重要引擎。

从价值创造过程看，数字经济与传统经济存在显著差异。数字经济所创造的价值并不是由传统生产方式和生活方式所创造，而是由数字技术及其应用创新所创造。从生产要素构成看，数字技术是关键生产要素；从产业体系看，数字经济的新业态、新模式不断涌现；从治理方式看，数字经济将形成新型治理体系。

4. 数字经济是基于数字技术的新业态、新模式

数字经济是一种以信息网络为基础，通过数字化的知识和信息来开展生产、分配、交换、消费活动的经济形态。数字化是指利用数字化技术在计算机等数字设备上产生的信息，比如在互联网上发布的各种信息，以及通过大

数据技术进行的数据分析和处理。在数字经济中，信息网络是基础设施，通过数字技术可以将分散的资源连接起来，从而形成巨大的数据流，再利用大数据技术对数据进行分析和挖掘，从而产生新的价值。数字化作为一种新业态、新模式，是经济发展到一定阶段的必然产物。数字化使产业边界模糊化，实现了跨界融合；企业生产经营活动的全过程数字化，提高了企业运行效率；数字化也使得生产要素由劳动、资本等传统要素转变为数据要素。通过对数据进行收集、存储和分析，可以实现对生产过程和生产结果的监控和预测，提高了生产效率。

数字经济是以知识、信息等新一代信息技术为基础而产生的新业态、新模式。随着互联网、云计算、大数据和人工智能等信息技术的快速发展，数字经济出现了一些新的特征。比如：互联网与传统行业深度融合形成了“互联网+”；互联网平台快速崛起成为连接人与人、企业与企业、产业与产业之间的重要平台；移动互联网和智能手机快速普及，极大地改变了人们的生产生活方式；社交媒体的广泛应用使得传播渠道更加多元化和个性化。数字经济改变了人们传统的消费观念和消费方式，产生了许多新业态、新模式。比如：共享经济模式兴起后催生了共享单车、共享汽车等新产品；直播带货成为“网红经济”的重要形式；区块链技术在金融领域应用之后形成了加密货币、数字资产等新产品和新服务；大数据技术在医疗领域的应用催生出在线诊疗、远程医疗等新业态。这些都是数字经济在现实世界中产生并逐渐发展壮大的具体体现。

数字经济是基于互联网技术实现资源优化配置和利用效率不断提高的一种新业态、新模式，是一种新型经济形态。从数字经济在数字技术支撑下发生、发展和演化的轨迹看，它既是传统经济数字化转型的高级阶段，又是传统经济与数字技术深度融合形成的新业态和新模式。

5. 数字经济在教育领域上具有显著的网络外部性

数字经济在多个领域展现出显著的网络外部性，特别是在教育领域。通过数字教学工具和平台的应用，这种外部性特征尤为明显。网络外部性指的是，随着更多学生和教师使用数字教学资源，他们不仅个人受益，而且通过分享和交流学习经验，能够激发其他用户对这些资源的兴趣，从而推动教学产品或服务需求和使用规模的增长。在教育数字化的背景下，网络外部性可以被理解为“参与人数的增加带动了教学资源价值的提升”。

数字经济的网络外部性不仅限于教育领域，它同样适用于其他行业。例如，在电子商务、社交媒体、在线服务等行业，随着用户基数的扩大，平台的价值和吸引力也随之增加，因为更多的用户参与和反馈促进了服务的不断改进和个性化。在教育领域，当一个在线学习平台的注册用户数量增加时，平台可以收集更多的学习数据，进而优化课程内容和教学方法，提供更加贴合学生需求的学习体验。这种模式在其他数字经济领域同样适用，随着用户数量的增长，每个用户使用资源的成本相对降低，而教学资源的总体价值随之提高。

6. 数字经济具有较强的包容性和普惠性

数字经济在教育领域展现强大的包容性和普惠性。例如，通过互联网技术和在线教育平台，优质的教育资源得以跨越地理和经济的界限，渗透到社会各个层面，特别是在偏远地区和资源匮乏的学校中实现教育的普及和提升。在线课程和虚拟教室使得不同地区的学生都能够接触到高质量的教学内容，无论他们身处何地。

基于大数据技术开发的个性化学习系统和智能教学工具，能够根据学生的学习进度和能力提供定制化的教学资源和辅导，从而缓解了由于个体差异导致的学习效率问题。这些工具和系统可以帮助学生克服学习障碍，确保每个学生都能获得适合自己的教育机会。

此外，数字经济还推动了教育公平的实现。通过开放教育资源和大规模开放在线课程，学生可以免费获取到来自世界各地顶尖大学的课程，这在很大程度上缩小了不同社会经济背景的学生之间的教育资源差距。

7. 数字经济具有显著的跨界融合特征

数字经济在教育领域展现显著的跨界融合特征。数字技术为学校和教育机构提供了强大的在线平台，使得教育资源能够跨越地域、时间和学科界限，实现更广泛的连接和交流。这些平台促进了不同学校、教师和学生之间的数据共享、知识交流和协作学习，从而在一定程度上降低了教育资源获取的门槛、提高了教学效率、推动了教育模式的创新。

同时，数字经济对传统教育模式也具有显著的促进作用。通过整合不同学科的知识和技能，数字经济鼓励跨学科学习和研究，培养学生的综合能力和创新思维。例如，结合 STEM 教育（科学、技术、工程和数学）和人文学科，可以培育学生解决复杂问题的能力，并促进学科间的融合与创新。

数字经济在教育中强调以学生为中心，注重个性化学习和终身发展。例如，数字经济强调知识和信息的共享与交流，使得学习资源作为一种宝贵的生产要素，能够更好地促进学生的创新能力和提高学习效率。同时，数字经济还强调合作与共赢，通过协作学习项目和团队项目，培养学生的团队精神和协作能力，实现知识的共同创造和智力的可持续发展。

此外，数字经济关注教育公平和社会包容性，致力于解决教育资源分配不均的问题。通过开放教育资源和在线学习平台，数字经济帮助不同背景的学生，包括弱势群体和偏远地区的学生，提高教育机会，改善学习条件，促进教育公平。

8. 数字经济是以“共享”为核心价值取向的新经济形态

互联网不仅极大地降低了社会交易成本，而且通过网络效应、平台效应等经济效应，促进了资源的优化配置，推动了社会生产力的发展。数字经济本质上是共享经济。在传统的经济活动中，只有对物品进行实际的生产和交换，才能实现价值。在数字经济中，因为产品或服务的使用价值是由用户决定的，所以可以将交易主体由消费者延伸到生产者和运营者。这种参与主体多元化的经济形态就是“共享”经济。数字技术为共享经济提供了可能，它通过对实物资源和信息资源进行数字化处理，降低了社会交易成本，提高了资源配置效率和社会生产力水平。

数字技术对于传统产业的改造也体现了共享经济的特点。传统行业中的生产活动一般是在企业内部进行的，而互联网技术则可以实现跨企业之间的协同合作。比如，在工业互联网中，产品和服务的生产者和消费者可以通过互联网进行直接对接、交互和交流，从而有效提高了企业和消费者之间的效率和成本。

数字技术对共享经济进行改造后产生了两种新形态：一种是基于数字技术支撑的共享平台；另一种是基于互联网技术支撑的共享模式。比如，网约车、共享单车、共享汽车等新业态都是以共享为核心价值取向的新经济形态。

数字经济具有知识和信息驱动、创新引领、开放共享、智能高效等基本特征，是以数字技术与实体经济深度融合为特征的经济形态，是知识生产、分配、流通、消费各个环节相互贯通的完整体系。数字经济与传统经济在本质上有着明显的区别。传统经济强调“资源投入”，而数字经济强调“资源使用”。数字经济与传统经济是相互依存、相互促进的关系，两者在促进社会生产力发展方面具有同样重要作用。

二、数字经济对传统产业的改造和赋能

数字经济在推动经济高质量发展方面具有显著优势，数字经济是数字技术与实体经济深度融合的经济形态，其核心是通过数字技术与实体经济融合来实现降本增效，促进实体经济发展。近年来，我国传统产业数字化转型在加速推进，主要体现在两个方面。

一是以数字技术为基础的智能制造对传统产业进行数字化改造。在工业领域，从数字化设计、智能化生产到无人化物流配送，制造业正在经历一场革命。例如：在汽车制造领域，电动汽车通过无线通信技术与互联网连接，可以实现无人驾驶、远程监控等功能；在医疗领域，通过互联网连接患者与医生，可以进行远程诊疗和远程手术等。这些智能制造方式将极大地提高生产效率和质量水平。

二是数字技术的广泛应用对传统产业进行赋能。这主要体现在两个方面：一方面是生产过程中的智能控制和优化管理。例如：在智能电网领域，通过分布式计算、智能监控等技术手段可以有效地提高供电可靠性；在智能家居领域，通过物联网、云计算等技术可以实现家庭成员之间的互动。另一方面是新一代信息通信技术对传统产业的改造和赋能。例如：在工业互联网领域，通过云计算、大数据、人工智能等技术可以有效地提升传统制造企业的生产能力和管理效率。

传统产业数字化转型是一项复杂的系统工程。虽然数字经济的发展为传统产业数字化转型提供了良好机遇和条件，但是在具体应用过程中仍然存在以下困难和问题需要解决：

一是新业态、新模式和新产品对传统产业产生冲击。数字经济与传统经济在资源投入方面具有一定的相似性，但在组织方式和生产方式方面存在显著差异。数字经济是以知识和信息为关键生产要素、以现代信息网络为重要载体的经济形态，其发展模式是建立在数字化技术基础上的新型组织方式和生产方式。数字经济需要大量的数据处理技术和信息传输、存储等技术支撑，

同时数字经济需要高质量的服务支撑。以平台经济为例，平台是数据处理技术的应用场景之一，但是平台在运营过程中可能会出现数据滥用、垄断、不公平竞争等问题。

二是传统产业数字化转型面临着数字化人才缺乏等问题。从数字经济发展现状来看，传统产业数字化转型面临着人才短缺的困境。一方面是传统产业对于新技术、新产品、新服务等方面的认知不足；另一方面是传统企业缺乏数字技术领域的专业人才。因此在传统产业数字化转型过程中需要充分利用数字经济带来的机遇来解决相关问题。

三是传统产业与数字经济融合发展还处于起步阶段。例如：在智能制造领域，我国与世界先进水平相比仍存在较大差距；在医疗健康领域，我国医疗信息化水平不高；在农业领域，我国农业数字化发展还处于起步阶段；在文化旅游领域，我国文化资源数字化程度不高；在教育领域，我国教育信息化发展水平与发达国家相比仍存在较大差距；在交通物流领域，我国交通物流信息化水平还不够高；等等。传统产业与数字经济融合发展是一项复杂的系统工程，需要在加强顶层设计和统筹协调、建立协同推进机制、促进信息共享、推动模式创新、优化治理体系等方面作出努力。要以新发展理念为引领，坚持以供给侧结构性改革为主线，促进数字经济与实体经济深度融合发展。

第二节　数字经济的起源、发展和挑战

数字经济的起源和发展与信息通信技术的创新和广泛应用密不可分。这种新型经济形态标志着数字技术与传统行业的深度融合，推动了社会生产力的巨大飞跃。数字经济的诞生可以追溯到计算机技术、互联网以及移动通信技术的兴起，这些技术的快速发展为信息的收集、处理、存储和传输提供了前所未有的便利。

随着时间的推移，数字经济逐渐形成了以数据为核心、以网络为基础、以平台为载体的复杂生态系统。在这个系统中，信息的流动和共享变得无比重要，数据成了推动经济增长的关键资源。数字技术的创新和应用不仅改变了生产方式，也重塑了人们的生活和工作模式，促进了新业态和新商业模式

的出现。

然而，数字经济的发展也面临诸多挑战。其中包括数据安全与隐私保护问题，随着个人和企业数据的海量增长，如何确保信息安全成了一个重要议题。此外，数字鸿沟问题也日益凸显，即不同地区、不同群体之间在获取和利用数字技术方面存在的差距，这可能导致社会不平等的加剧。

一、数字经济的起源

早在19世纪80年代，美国经济学家保罗·克鲁格曼就提出“数字经济”的概念，认为数字技术革命是人类社会发展的一个重要阶段，将引发第四次工业革命。

20世纪90年代，美国学者迈克尔·波特提出“新经济”的概念，认为新经济是建立在知识、技术、信息和网络基础之上的新的生产方式和生活方式。2008年后，“互联网+”成为全球发展趋势和热点。2012年，英国学者卡罗·拉克斯提出“数字经济”概念，认为数字技术创新是新一轮工业革命的核心驱动力量。党的十八大报告提出加快“数字中国”建设，积极推进互联网、大数据、人工智能等技术创新与实体经济深度融合。2017年10月18日，党的十九大报告提出加快建设制造强国、网络强国、数字中国等战略部署。

当前全球进入数字化时代，以大数据、人工智能、区块链等为代表的数字技术正在引发产业变革和社会变革，传统经济活动中人力资本、物质资本和自然资本等要素发生变化，数据成为重要的生产要素。因此，将数据作为关键生产要素推进数字经济发展成为重要趋势。

（一）推动经济发展从工业时代向数字时代转型

传统经济增长方式具有局限性，主要表现在资源禀赋的制约和经济系统的内在局限，比如，资本是有限的，劳动是无限的。人力资本、物质资本、自然资本等要素决定了经济增长方式，是人类经济活动的主要内容。而随着数字技术的发展，数据成为一种新的生产要素，其自身也发生了一系列变化。

一是数据规模不断扩大。随着信息技术进步和海量数据积累，大数据正在成为一种基础性资源，并且其规模还在快速扩大。

二是数据质量不断提高。在海量数据的支撑下，企业可以利用大数据技术对海量数据进行处理分析，并从中获取新价值、新信息、新知识。

三是数据应用领域不断拓展。数据与其他要素结合能够实现资源整合和优化配置，从而促进经济发展方式转变。比如：通过大数据分析对市场进行预测和决策，能够为企业制定更好的生产计划；通过大数据分析对供应链进行优化管理和运营，能够提高产品质量和生产效率。

随着经济发展进入数字时代，传统经济增长方式受到资源禀赋制约，出现了一些新特征、新趋势。比如：经济增长更多地依赖于数字技术等要素的投入，而非物质资本、人力资本和自然资本等传统生产要素的投入；以互联网为代表的信息技术革命与应用发展带来了生产要素配置效率的提升；以大数据、人工智能为代表的数字技术革命正在引发新一轮产业革命。因此，将数字技术创新与传统经济相结合，实现全要素生产率提升，能够推动经济发展从工业时代向数字时代转型。

（二）推动全社会生产率提升和收入分配改善

在传统经济增长模式下，全社会的劳动生产率主要由物质资本、人力资本和自然资本等三个要素决定，在数据成为关键生产要素后，数据将成为重要的生产要素，推动全社会生产率提升和收入分配改善。

一方面，数据可用于知识创造并成为技术创新的基础资源，促进传统产业升级转型，推动新兴产业发展。当前全球主要国家都在积极布局新一代人工智能、物联网、大数据等战略性新兴产业。另一方面，数据作为重要的生产要素将促进社会资本积累，促进要素跨区域自由流动，增加就业机会。通过建立大数据平台并利用大数据分析技术提高信息的可用性和可得性，有助于降低信息不对称程度、减少交易成本和风险。同时通过大数据分析技术可以对商业模式进行优化并提高其商业价值。另外，通过大数据分析还可以实现资源优化配置和产业转型升级。例如，利用大数据对不同地区、不同企业进行比较分析，可以帮助企业更好地了解自身发展状况及与其他企业之间的差距和问题，有针对性地提出改进措施和建议。

（三）传统产业供应链变革和社会形态演进

以数据为关键生产要素的数字经济，将引发产业供应链变革和社会形态演进，成为推动传统产业升级转型、实现创新发展的重要力量。数据将成为未来产业供应链中最重要的生产要素，企业之间的竞争不再是简单的产品或服务之间的竞争，而是围绕数据流展开的供应链竞争。数字经济时代，企业必须依托互联网平台、物联网等手段，以数据为基础，实现产品服务全生命周期、供应链上下游企业之间、消费者之间的数据互联互通，以更高效、更低成本、更高质量的标准满足用户需求。当前全球正在经历从信息技术主导型产业向以数据为驱动的数字经济转变。数字经济转向深化应用、规范发展和普惠共享的发展新阶段。数字化投入持续提升了经济贡献度，经济的增长加速向数字化方向转型。中国的数字经济规模在2022年已经展现出强劲的增长势头，预计在2025年将达到或超过60万亿元人民币，有望巩固中国作为全球领先数字经济体的地位。随着中国数字经济规模快速增长、全球占比不断提高，数据作为新生产要素对中国经济增长的贡献将不断提升。

二、数字经济的发展现状

随着数字技术的广泛应用，数字经济蓬勃发展，已成为经济增长的重要推动力。我国在数字经济领域继续保持了快速发展的态势，数字基础设施建设、数字产业化和产业数字化均取得了显著成果，对经济社会的数字化转型起到了重要的推动作用。目前，我国数字经济的发展现状主要表现在以下几个方面。

(一) 我国正处于数字经济发展的初级阶段

在新一轮科技革命和产业变革中，数字经济正成为世界各国竞相布局的战略制高点，我国也已将数字经济上升为国家战略。近年来，我国数字技术与实体经济深度融合发展取得了积极成效。但从整体上看，我国数字技术与实体经济深度融合发展仍处于起步阶段，总体发展水平还不高，产业数字化占比仍然较低。我国数字经济的发展仍处于初级阶段，数据资源丰富，但数据要素市场尚未形成，数据开放共享还有待加强。我国数字经济占GDP的比重与世界平均水平相比仍有较大差距。从国际经验看，世界主要国家中，美国和日本等发达国家的数字经济占GDP比重均超过20%，而我国目前的比重还不到10%。

（二）数字技术创新持续加速

近年来，我国数字经济建设取得了显著成效，数字技术创新持续加速，不断向更多高价值领域拓展。5G、人工智能、大数据等信息技术产业快速发展，催生了众多新的应用场景。在工业互联网领域，截至2022年底，我国5G建设继续保持全球领先地位，中国电信和中国移动等运营商共建成5G基站超过231.2万个，5G用户达到5.61亿户，占全球5G基站和用户数的比例均超过60%。5G网络不仅覆盖了所有地级市城区，还进一步扩展到了更多的乡镇地区。此外，移动物联网终端用户数达到18.45亿户，我国成为全球主要经济体中首个实现“物超人”的国家。这些数据表明，我国在网络基础设施建设方面取得了显著进展。

5G核心技术取得全面突破，5G应用示范项目在智能制造、智慧城市、车联网等垂直行业不断涌现，推动了这些行业的数字化转型和智能化升级。随着5G技术的深入应用，数字经济与实体经济的融合更加紧密，为各行各业带来了新的发展机遇和广阔的发展空间。

同时，我国在人工智能、大数据等领域也取得了重要进展，相关技术在医疗健康、教育培训、金融科技等多个行业得到广泛应用，有效提升了生产效率和服务质量，为经济社会发展注入了新的活力。通过大力推进数字技术创新和应用，我国数字经济的质量和效益不断提升，为经济高质量发展提供了有力支撑。人工智能作为新一轮科技革命和产业变革的核心驱动力，正在驱动生产方式、生活方式和治理方式变革。AI技术与各行业的深度融合，将全面推动产业升级。

（三）数字经济加速向实体经济渗透

近年来，数字经济蓬勃发展，催生了新产业、新模式和新业态，以数字技术为支撑的新一代信息技术加快向各产业渗透。工业互联网作为数字经济的关键基础设施，已成为构建新发展格局、推动制造业转型升级和高质量发展的重要引擎。

随着我国数字经济规模不断扩大，企业数字化转型进程加快，数字经济加速向实体经济渗透，从生产端、消费端对实体经济产生了深刻影响。制造业是我国经济发展的脊梁，也是数字经济发展的主战场。近年来，我国制造业数字化转型取得积极成效，企业研发设计、生产制造、经营管理、市场服务等环节数字化水平大幅提升，越来越多的企业通过“上云用数赋智”加快实现数字化转型。同时，随着新一代信息技术与制造业深度融合，以工业互联网为代表的新型基础设施建设快速推进，数字产业化和产业数字化齐头并进。

在新冠疫情影响下，各行业数字化转型进程都受到了不同程度的影响。随着数字技术广泛应用于生产生活各领域，制造业成为疫情期间我国数字化转型的主战场，“云办公”“云课堂”等在线办公应用大幅增长。在智能制造领域，生产设备上云、企业上云已成趋势；在医疗领域，远程会诊、智能手术机器人等应用场景日益丰富。随着 5G 技术的进一步普及应用及数据共享、开放能力的不断提升，将为数字经济持续增长提供强劲动力。

（四）数据要素成为核心生产要素

2020 年 12 月中央经济工作会议指出，要促进数字技术与实体经济深度融合，赋能传统产业转型升级，催生新产业、新业态、新模式，不断做强做优做大我国数字经济。数字技术和实体经济的深度融合是未来数字经济发展的主要趋势。随着 5G、物联网、云计算、人工智能等新一代信息技术的快速发展和广泛应用，数据作为一种新型生产要素正在被广泛应用于各个行业。我国数据要素市场正在加速形成，在全国一体化大数据中心体系建设和各地政务数据共享开放的大背景下，数据要素市场正在逐步成熟。根据中国信通院 2023 年发布的报告显示，我国数字经济领域就业人数已达到 755 万人，占总就业人数的 27.2%，其中互联网平台经济领域就业人数为 6550 万人，占总就业人数的 16.4%，数字经济领域就业人数约占总就业人数的三分之一。

（五）数字产业化和产业数字化齐头并进

近年来，我国数字经济蓬勃发展，以互联网、大数据、人工智能等为代表的信息技术不断突破创新，数字产业化和产业数字化水平持续提升。在产业数字化方面，工业互联网平台体系不断完善，企业上云步伐加快。截至 2023 年底，我国已有近 200 家工业互联网平台，连接了近 450 万台套设备、800 万家企业用户和 4200 万个工业 APP。在国民经济各领域推广应用工业互联网，加速产业数字化转型升级。比如：在金融服务领域，工业互联网为银行业提供了丰富的数据资源和应用场景；在交通运输领域，智慧港口、智慧道路、智慧机场建设步伐加快；在农业生产领域，通过农业物联网、卫星遥感等技术实现农产品的精细化种植、智能化养殖和精准化灌溉。当前，我国数字经济正处于蓬勃发展阶段。在未来发展过程中，还需要进一步提升数字经济质量和效益，夯实产业数字化转型基础。

（六）数字经济快速增长，成为我国经济新的增长点

我国数字产业规模不断扩大，产业结构持续优化，数字技术和数字经济正在成为我国经济发展的新动能和新引擎。近年来，我国数字产业持续保持两位数以上的增速，产业规模不断扩大。2023 年我国数字产业规模达到 53. 9 万亿元，同比增长 13. 5%，其中高技术制造业增加值同比增长 9. 4%，软件和信息技术服务业增加值同比增长 13. 4%，电子商务交易额约为 50. 57 万亿元，同比增长 6. 31%。从产业结构看，2023 年第三产业增加值占 GDP 比重为 54. 6%，较上年提高 1. 4 个百分点，而第二产业比重为 39. 7%，较上年降低 0. 1 个百分点。电子商务、网络零售等新型消费模式快速发展，2023 年全国实物商品网上零售额占社会消费品零售总额比重为 27. 6%，较上年提高了 6. 5 个百分点。

数字经济正以迅猛的速度增长，已经成为推动我国经济增长的关键动力。尤其是人工智能、云计算、物联网和大数据等新兴信息技术的融合与创新应用，它们在不断深化中发挥着至关重要的作用。这些技术不仅自身成为增长引擎，还与实体经济紧密结合，促进了产业的数字化转型和升级，塑造了全新的产业链和供应链结构。

随着数字技术在各行各业的深入应用，数据已然成为推动经济增长的核心资源。在制造业，工业机器人、3D 打印技术、智能工厂等尖端技术的快速普及和应用，正在引领制造业的革新。农业领域也见证了变革，基于大数据和互联网的农业经营体系正在逐步建立。服务业同样不甘落后，智慧物流、智慧旅游等创新模式层出不穷，为行业发展注入了新的活力。

（七）数字经济规模不断扩大，成为全球互联网产业发展的重要引擎

作为新经济形态的代表，数字经济以数据资源为核心生产要素，依托现

代信息网络作为主要载体，并以信息通信技术的融合应用及全要素数字化转型为推动力，推动公平与效率的进一步统一。数字经济涵盖了信息通信技术产业、信息消费、云计算、大数据、物联网等多个领域。根据中国信通院发布的数据显示，2022 年我国数字经济规模已达到 50.2 万亿元，占国内生产总值的比重提升至 41.5%，同比名义增长 10.3%。这些数据反映出中国数字经济的持续快速增长，以及其在整体经济中日益增长的重要性。

目前，我国数字经济正处于从起步探索向规模扩张、从结构优化向全面转型的新阶段。从消费领域看，我国信息消费保持较快增长趋势。随着互联网与各行业的深度融合，数字经济对我国经济增长的贡献率不断提升，成为经济增长的重要驱动力。电子商务交易规模继续扩大，数字政务服务和智慧城市建设取得显著成效，“互联网+政务服务”已在全国得到深入实施。数字技术的广泛渗透和应用，使数字经济成为全球互联网产业发展的重要引擎，为经济的高质量发展提供了强有力的支撑。

（八）数字经济创新能力显著增强，成为提升我国国际竞争力的重要因素

中国在数字经济领域的市场规模远超其他国家，其中制造业的数字化转型是我国数字经济快速发展的重要推动力。

在创新能力方面，我国数字经济领域的研发投入持续增加，专利申请量连续多年位居全球前列。截至 2022 年，我国数字经济规模进一步扩大，占 GDP 的比重增至 41.5%。电子商务交易额、软件和信息技术服务业的收入均实现了新的突破。

在 5G 网络建设方面，我国已建成全球规模最大、技术最先进的 5G 网络，5G 基站数量超过 231.2 万个，5G 用户达到 5.61 亿户。数据中心建设也取得了显著成就，机架总规模和服务器规模均实现了大幅增长。

在教学改革方面，随着数字经济的快速发展，对教育体系提出了新的要求，强调培养学生的创新能力和数字技能。教育部门正致力于改革课程体系，加强信息技术与学科教学的融合，以适应数字化时代的需求。我国正大力推进信息技术与教育教学的深度融合，积极探索智慧教育新模式。通过建设数字校园、推广在线教学平台等措施，不断提高教育教学质量，培养适应数字经济发展的高素质人才。

（九）我国数字经济发展仍存在诸多不足

虽然我国数字经济发展取得了显著成绩，但仍存在诸多不足。我国在5G网络建设方面，已提前布局，并取得了积极进展，但在关键核心技术、工业软件等方面仍存在短板，部分领域存在“卡脖子”风险。首先，数据资源的共享与开放仍存在制度障碍。我国在数据管理方面尚未形成完整的法律法规体系，且缺乏对数据的保护和监管制度，数据要素市场发育缓慢，数据安全、个人信息保护等问题突出。其次，数字经济人才不足，制约了数字经济高质量发展。据统计，目前我国数字经济人才缺口达3000万人左右。最后，传统产业数字化转型难度大、成本高、成效低。制造业数字化转型进程缓慢，很多企业面临“不会转、不想转、不敢转”的困境，导致制造业数字化转型效果不佳。

目前，我国数字经济与实体经济融合发展还存在以下几个方面的问题：一是“两化”深度融合水平较低；二是互联网企业与传统企业之间存在严重的竞争关系；三是“两化”融合仍处于起步阶段；四是缺乏高效的政府引导机制；五是法律制度建设滞后。此外，由于数字技术和网络安全的不成熟，在部分领域还存在数据泄露、黑客攻击等风险，传统产业数字化转型和发展面临较大的挑战。

三、数字经济的发展阶段

从数字经济发展来看，数字经济发展也经历了从传统到现代再到未来的演进过程。根据数字经济发展不同阶段，主要数字经济模式也有不同类型。

（一）传统经济阶段

传统经济，即实物经济阶段，主要是基于物理实体的产业发展模式，其特点是生产活动具有较强的空间属性和时间属性。在这种模式下，各个生产要素和生产过程被固化在一定的空间和时间内，物质产品被标准化、规模化生产。在这种模式下，企业之间、企业与客户之间的联系主要通过地理位置来实现，整个社会经济发展主要依赖于规模效应和交易成本的降低。例如，在我国古代传统经济中，由于商业贸易规模较小，交易过程中对交通设施要求较高，因此很难实现商品交易。

随着数字经济的发展，实体经济将被数字化、网络化和智能化所替代。在这种模式下，生产活动和商业活动将逐步摆脱物理空间的束缚和约束，以数据为基础的商业模式将成为企业的主要经营方式。随着数据价值不断积累，通过挖掘数据价值可以实现以数据为核心的商业模式创新。在这种模式下，企业间的关系将由原来的“买卖关系”向“平台服务关系”转变。企业之间将不再存在地理位置上的竞争关系，而是基于数据价值共享和合作进行商业活动。

（二）现代经济阶段

在现代经济阶段，互联网成为数字经济的重要基础设施，数据成为最重要的生产要素。互联网基础设施建设和宽带通信技术的进步推动了数字经济的发展，使得数据规模、存储能力和处理速度等都大幅提高，信息传输速度也得到了极大提升。此外，移动通信技术的普及也使得人类获取信息和交互的手段发生了改变。数据成为数字经济时代的重要生产要素，数据的积累、存储、分析、利用等都成为数字经济模式的重要内容。

随着互联网技术不断创新与发展，传统行业也逐渐认识到互联网在提升生产效率方面所发挥的巨大作用，开始积极采用互联网技术对自身进行改造。在工业生产领域，不少企业开始通过互联网平台实现自身产品、服务和业务等方面的信息化管理与营销；在交通运输领域，航空公司、铁路公司等开始通过互联网平台实现自身服务产品的线上销售。

在这一过程中，现代数字经济模式也出现了新特征。

一是平台化趋势日益明显。在传统产业中，企业往往是独立运作或单打独斗，很难对市场进行快速反应；而在数字经济时代，随着数据资源和信息技术的广泛应用以及市场规模的不断扩大，企业间、企业与消费者之间的连接和互动变得更加紧密，数字技术为平台化提供了技术基础。

二是平台化趋势进一步强化。以互联网为核心的数字经济平台日益成为连接供需双方和消费服务需求方的桥梁与纽带，使得数字经济模式呈现出网络化、平台化趋势。

三是数据成为重要生产要素。由于互联网技术和大数据技术发展迅速，使得数据已经成为最重要的生产要素。例如，在电子商务领域，人们在消费时往往需要通过大量的数据来进行选择、比较、购买。

在现代数字经济阶段，除了平台经济和分享经济以外，网络协同制造等新型数字经济模式也开始涌现并逐步发展起来。

网络协同制造是指以云计算、大数据和人工智能为基础技术支撑和手段，将企业研发设计、生产制造和经营管理过程中涉及的人、机、料、法、环等生产要素进行全面数字化融合和分析优化集成，并在此基础上形成基于产品全生命周期管理（Product lifecycle management，PLM）信息模型为核心的数字化产品生命周期管理系统，最终实现产品全生命周期管理各环节高效协同和产品质量全面提升。网络协同制造通过信息化与工业化深度融合而产生的新业态模式对于制造业转型升级具有重要意义。在智能制造阶段，网络协同制造模式将进一步发展完善。

（三）智能经济阶段

进入未来经济阶段，数字经济发展的重心开始从线上转向线下，数字技术的应用范围也不再局限于传统领域，而是在更大范围内深入到生活的方方面面。随着人工智能技术不断取得突破性进展，大数据、云计算、区块链等新技术的应用也逐渐渗透到各行业、各领域，数字经济发展的重心已经从线上逐渐转移到线下。未来数字经济发展的主要模式包括以工业互联网为基础的智能制造、以区块链为基础的供应链金融、以大数据和云计算为基础的智慧城市、以人工智能为基础的智慧医疗和智慧金融等。

数字经济模式随着技术进步不断演进，未来智能阶段的数字经济发展将呈现新的基本运行方式和模式。在这一阶段，我国数字经济的发展模式将主要包括智能平台经济、协同分享经济、智能网络协同和智慧制造等。

智能平台经济将基于高度发达的互联网、物联网和人工智能技术，构建更为先进的电子商务交易平台。这些平台将通过高效的算法实现供需双方资源的最优匹配，提供更加精准的交易服务、数据共享、信用担保等功能，促进价值共创，并为交易双方带来更大的互惠互利。

协同分享经济将进入更深层次的共享和协作阶段，以开放和共享为核心，通过智能化的平台促进资源的最大化利用，形成一种高效、环保、可持续的新经济形态。

智能网络协同模式将依托于先进的通信技术和人工智能，实现参与者之间的无缝协作和交互，共同高效完成复杂目标，推动商业模式向更加智能和协同的方向发展。

智慧制造则是未来数字经济的一个重要方向，它基于物联网、大数据、人工智能等前沿技术，实现产品设计、制造、管理等全流程的数字化和智能化。通过数字化模拟仿真和实时优化调整，智慧制造将大幅提升产品质量，降低成本，并缩短产品交付周期，实现资源的优化配置和生产效率的最大化。

总之，未来智能阶段的数字经济将更加依赖于智能化技术，推动经济模式向更高效、更协同、更智能的方向发展，为社会创造更大的价值。

（四）智能制造阶段

进入21世纪，随着移动互联网、大数据、云计算、物联网等技术的不断发展，人类社会步入了新一轮信息革命的时代，在新一轮技术革命的推动下，人类社会开始进入智能制造时代。智能制造是以提高资源配置效率为目的，以“数据+模型”为核心，以“信息技术+先进制造技术”为手段，通过智能决策实现产品创新和设计优化、生产过程自动化和智能化、企业管理现代化的一种新型经济模式。随着智能制造的不断发展，其将逐步实现对工业生产过程的全面感知、实时分析和自适应控制，对产品全生命周期进行优化管理，实现产品高质量、低成本和短交货期的制造目标。因此，智能制造模式将成为未来数字经济模式发展的主要方向。

当前我国数字经济发展模式正处于从传统到现代再到未来的演进过程中，根据不同发展阶段和数字经济特征，我国数字经济模式将呈现出不同特征。例如，在平台经济发展阶段，以平台为核心的共享经济模式将成为我国数字经济发展的主要方向；在分享经济发展阶段，以平台为核心的分享经济模式将成为我国数字经济发展的主要方向；在发展阶段，网络协同模式将成为我国数字经济发展的主要方向；在智能制造发展阶段，以智能制造为核心的智能制造模式将成为我国数字经济发展的主要方向。总体来看，随着我国数字经济发展水平和国际竞争力不断提高，未来我国数字经济模式将呈现出多元化、网络化、智能化趋势。

四、数字经济面临的挑战

从本质上讲，数字经济是一种新的经济形态，是一种数字技术和传统产业深度融合的新业态。在这种新业态中，数据作为关键生产要素，能够通过跨界融合实现快速增长，人工智能、大数据、云计算等技术能够对传统产业进行改造升级，使其具备更强的创新能力。

虽然数字经济能够促进传统产业转型升级和经济增长，但这并不意味着数字经济发展可以一劳永逸地解决所有问题。当前，数字经济发展面临着诸多挑战。具体而言，包括跨界融合的挑战、数据隐私保护和数据安全的挑战、平台垄断和网络效应的挑战、数字鸿沟和收入分配不平等的挑战等。

（一）跨界融合的挑战

对于跨界融合的挑战，数字技术自身在促进创新和提高效率方面发挥了重要作用。但如果不加以合理引导，就可能导致垄断或信息不对称，从而给消费者带来损失。例如，“大数据杀熟”就是数字经济发展过程中出现的一个典型问题。在大数据时代，如果大数据收集和使用不加限制，就可能会导致对用户数据过度收集并进行不正当交易等问题。

（二）数据隐私保护和数据安全的挑战

数据隐私保护和数据安全也是数字经济发展中需要重点关注的问题。数字经济时代产生的海量数据，极大地提升了数据价值，并能够通过衍生产品实现快速变现。但由于大量用户数据被收集和使用，在给企业带来巨大收益的同时也带来了隐私泄露、侵权等风险。

在数字化时代，数据是一种新的生产要素，其在数字经济中发挥着关键作用。随着海量数据的不断涌现，个人和企业的数据保护也变得越来越重要。当前数据保护和利用之间存在着明显的矛盾。

一方面，在数据安全和个人隐私保护之间，由于缺乏有效监管，许多企业往往会过度收集和使用用户数据以获得竞争优势。例如，脸书（Facebook）在未经用户同意的情况下就会利用用户的照片和视频等个人数据来分析其兴趣爱好和购物偏好等。另一方面，由于缺乏有效监管，企业在收集和使用数据时也存在着大量的侵权行为。例如，在社交网络中存在着大量虚假账号以实现非法目的，一些企业甚至通过使用非法收集的个人数据来帮助用户进行网络欺诈等不法行为。

近年来，我国出台了《中华人民共和国网络安全法》《中华人民共和国个人信息保护法》等相关法律法规。这些法律法规对个人信息的收集、使用、共享、转让等活动进行了规范。为了有效保护用户数据安全和个人隐私，还需要加强对数据使用的监管。从目前来看，一些大型数字平台在利用个人信息方面已经形成了一定的规则和准则。例如，一些大型平台在用户注册时需要提供一定的隐私保护承诺。另外，为了进一步加强对数据安全的保护，一些平台还会建立专门的安全管理机构来对数据进行保护。

（三）平台垄断和网络效应的挑战

互联网平台的兴起，极大地提升了市场交易效率，促进了传统产业数字化转型。互联网平台的出现也催生出了一批以互联网为基础设施的新业态，并逐步形成了平台垄断局面。由于互联网平台具有网络效应，即随着用户数量的增加，平台所提供的服务和产品质量也会提高。因此，互联网平台一旦形成垄断局面，就可能会出现损害消费者利益和阻碍行业健康发展的情况。

数字经济时代下，由于海量用户产生的海量数据能够在一定程度上降低平台提供服务和产品时所需要的边际成本。因此，虽然一些互联网平台可能会通过过度收集用户数据来获取垄断利润，但这并不意味着互联网平台一定会出现垄断行为。事实上，很多时候，数字经济时代下的互联网平台并不具备垄断地位。例如，当前最为典型的例子就是外卖服务企业。外卖服务企业之所以能够在短时间内吸引大量用户并形成较大规模，很大程度上是由于外卖服务具有很强的网络效应。对于一些网络效应较强的产品或服务而言，平台具有极强的规模经济效应。一旦一个产品或服务形成规模经济效应后，就会吸引大量用户加入平台。在这种情况下，由于用户数量增加能够带来更多收入，因此就会吸引越来越多的企业加入该平台。

（四）数字鸿沟和收入分配不平等的挑战

在数字经济发展过程中，由于区域、城乡、阶层之间的数字鸿沟不断扩大，从而导致收入分配不平等。在传统的经济社会发展过程中，城乡之间的收入分配差距相对较小。随着数字经济时代的到来，不同阶层之间的收入差距将进一步扩大，并且这种差距在较长时间内难以缩小。因为在数字经济时代，信息技术和数字技术的快速发展能够使更多人获得信息和知识，从而拥有更多的技能，而这些技能的获得和掌握则主要取决于个人所处的社会阶层。在数字经济时代，信息技术和数字技术将进一步改变人们所处社会阶层之间的差距。

从收入分配来看，由于城乡收入分配差距不断扩大，以及不同阶层之间收入分配差距不断扩大等问题，导致不同阶层之间收入分配不平等现象加剧。这主要表现在两个方面：一是互联网相关产业和行业的收入分配不平等程度高于其他产业和行业；二是不同阶层之间由于受教育程度不同导致的收入不平等程度高于其他阶层。这两个问题是相互关联、相互影响的。例如，在互联网相关产业和行业中从事研发、生产和服务等工作的人员将能够获得更多的回报，进而增加其在社会中所处阶层的比重。因此，从某种意义上讲，数字经济时代不同阶层之间收入分配不平等程度的扩大，也是由数字经济对传统产业造成影响而导致社会收入分配不平等程度扩大引起的。

数字经济时代也存在着收入分配不平等的问题。随着数字化转型和平台垄断等问题的出现，收入分配不平等现象将进一步加剧。另外，数字技术的不断发展也会带来收入分配不平等程度的增加。这不仅会加剧社会矛盾和冲突，还会对社会稳定产生不利影响。

第三节 产业数字化的作用与数字经济的未来发展方向

数字经济是继农业经济、工业经济之后的主要经济形态，也是未来发展的大趋势。“十四五”时期，数字经济进一步发展壮大，成为带动我国经济增长的主要动力。数字经济是数字技术与实体经济深度融合的产物，是数字产业化和产业数字化的总称，在推动高质量发展、构建新发展格局等方面具有重要作用。要实现高质量发展、构建新发展格局，必须加快发展数字经济，推动数字经济和实体经济深度融合。

一、数字产业化的影响

数字产业化作为数字经济发展的基石，对经济的高质量发展起到了至关重要的推动作用。在我国，数字产业化的发展尤为显著，已经成为全球最大的网络零售市场。根据最新调查发现，电子商务产业规模已经达到了一个新的高度。

截至2022年底，我国电子商务交易额持续增长，数字技术与实体经济的深度融合推动了数字产业化向产业链高端的延伸，为企业的创新发展提供了广阔的空间。这种融合在多个领域展现出强大的动力：一是智能制造与机器人技术，数字技术与这些领域的深度融合，为制造业的转型升级提供了强有力的技术支撑，推动了生产效率和产品质量的提升；二是数字技术与服务业的结合，无论是生产性服务业还是生活性服务业，都开拓了新的增长空间，提供了更加个性化和高效率的服务；三是数字技术在农业领域的应用，为农业现代化注入了新动能，提高了农业生产的智能化和精准化水平；四是数字技术与医疗健康的深度融合，推动了远程医疗、智慧医疗等新服务模式的发展，为医疗卫生事业的进步提供了重要助力；五是教育与数字技术的结合，为教育资源的广泛共享和教育方式的现代化提供了强大的动力，促进了教育公平和质量的提升。

随着数字产业化的不断深入，预计未来几年，我国数字经济将继续保持快速增长的态势，为经济社会发展贡献更多的新动能。

（一）数字产业化和产业数字化将共同驱动我国经济高质量发展，实现我国经济由大到强的转变

数字经济作为一种新兴经济形态，具有广阔的发展空间。通过数字产业化和产业数字化，我国将实现传统产业的数字化改造，加快新旧动能转换步伐；同时，通过产业数字化转型，我国将加快发展现代服务业，推动新旧动能转换与结构优化升级。数字产业化和产业数字化是一种相互促进、相互支撑的关系。

一方面，数字产业化的快速发展将为产业数字化提供坚实基础；另一方面，产业数字化进程中产生的海量数据也为数字产业化提供源源不断的资源和动力。两者之间形成相互促进、协同推进的良性循环关系。当前我国经济已由高速增长阶段转向高质量发展阶段，发展数字经济就是要推进我国经济高质量发展，不断增强我国经济创新力和竞争力，实现经济在新旧动能转换中的平稳有序发展。

（二）数字产业化和产业数字化将带动各行业数字化转型，加速数字经济与各行业的深度融合，推动各行业实现高质量发展

近年来，我国数字经济发展迅猛，成绩斐然。截至 2022 年，我国数字经济规模已经历史性地增长至 50.2 万亿元，占国内生产总值（GDP）的比重 41.5%。这一跨越式的发展标志着我国数字经济已经在全球范围内占据了重要地位，并成为推动经济增长的关键力量。

一方面，以制造业为代表的实体经济数字化转型仍面临较大挑战，例如，制造业企业数字化转型动力不足，缺乏工业互联网平台，工业设备互联互通程度不高等；另一方面，以互联网和信息技术为核心的新业态、新模式发展仍不充分，如数字经济对服务业的渗透仍然较低，人工智能在制造业的应用水平较低等。数字经济与农业深度融合发展将提高农业生产效率；数字技术与服务业深度融合发展将推动服务业创新发展；数字经济与生活性服务业深度融合发展将满足人民日益增长的美好生活需求；数字技术与教育深度融合发展将推动教育现代化进程；数字技术与医疗健康深度融合发展将提升医疗卫生服务水平。

（三）数字产业化和产业数字化将助力我国提高产业链、供应链稳定性和竞争力，进一步巩固和提升我国在全球价值链中的地位

目前，我国已经成为世界第二大经济体，拥有最完整的工业体系、最丰富的科技人才资源和最大规模的消费市场。在数字经济领域，我国企业走出了一条具有中国特色的数字化发展之路。例如：华为、中兴通讯、京东方等中国企业在全球通信设备市场中占据了重要地位；阿里巴巴、腾讯、百度等互联网企业也在全球互联网服务市场中占有一席之地；以中国移动为代表的通信运营商则在 5G 网络建设和运营中占据领先地位；以京东、苏宁为代表的大型电商平台则在全球零售市场占据重要地位。随着数字技术在更广泛领域的应用，我国数字产业化和产业数字化将助力我国产业链、供应链稳定性和竞争力的进一步提高。

（四）数字产业化和产业数字化将推动新型基础设施建设，促进我国数字经济发展迈上新台阶

随着以 5G、人工智能、物联网、区块链等为代表的新技术不断成熟，新

型基础设施建设将加快推进，为数字经济发展提供强大动力。新型基础设施建设将催生大量新技术、新应用，为数字经济发展提供更加完善的支撑，促进数字经济持续健康发展。

一是以5G为代表的信息通信技术与实体经济深度融合，将形成以数据中心、工业互联网、云计算为核心的新型基础设施体系。

二是以人工智能、区块链等为代表的新兴技术将加快与实体经济深度融合，推动生产要素数字化变革，带动数字经济在国民经济各行业广泛应用。

三是以云计算、大数据等为代表的技术与交通基础设施深度融合，将加速交通基础设施智能化改造，推动交通运输数字化转型。

四是以边缘计算为代表的新技术将推动边缘计算与工业互联网协同发展，促进工业互联网平台体系建设。

五是以网络、数据中心等为代表的新型基础设施将提升国家整体网络安全保障能力，提高应对重大突发事件和网络安全风险的能力。

二、产业数字化的背景

（一）全球数字经济将迎来高速增长期

数字经济是促进公平与效率更加统一的新经济形态。

一是数字经济将成为全球经济增长新引擎。当前，全球主要经济体都在加快推进数字经济发展，并把数字化转型作为推动经济高质量发展的重要路径。根据麦肯锡预测，到2025年全球数字经济规模将达到70万亿美元，占全球GDP比重将超过50%。

二是数字产业化和产业数字化进程不断加快。数字产业化主要体现为电子信息制造业、软件和信息服务业等高新技术产业发展迅速。而产业数字化则是通过采用数字化技术对传统产业进行改造提升，从而提高效率，降低成本，增加效益。例如，工业互联网平台可以帮助企业实现生产设备互联互通、供应链上下游高效协同、数据信息共享共用和产品服务精准匹配，从而提高全要素生产率和生产效率。

（二）数据成为新型生产要素

数据作为新型生产要素，主要通过促进信息的传播与流通、优化资源配置、提高生产效率、改变生产方式等途径，推动传统产业向智能化、数字化转型，驱动经济高质量发展。

一是数据成为推动产业数字化转型的关键要素。随着数字技术的快速发展，数据正逐渐成为支撑产业数字化转型的关键要素，通过推动产业结构调整和优化升级，提高生产效率和质量。我国已成为全球数据资源大国，目前已形成较为完善的数据开发利用体系，数据要素市场初具规模。未来随着5G、人工智能、物联网等技术的进一步发展，将进一步激发数据资源的巨大价值。数据作为重要生产要素，将直接推动全社会研究与试验发展经费投入强度和从业人员比重不断提升。数据作为一种新的生产要素，将加快促进理论创新、技术创新、制度创新、管理创新等各方面创新，有效提升全社会创新能力。

二是数据成为改善生活品质的新途径。随着居民收入水平不断提高、消费理念不断升级和数字技术的广泛应用，我国消费规模不断扩大。大数据作为一种重要的生产要素，将驱动新产品设计、新服务供给以及新商业模式的升级发展。

随着互联网应用进一步深入发展，不同行业之间数据共享和信息互联互通程度不断加深，将带动各类生产要素跨行业、跨区域优化配置，有效提高资源配置效率。随着数字化转型不断深化，大量工业设备和业务流程实现数字化改造升级，传统生产方式将加速向以数据为关键要素的智能化生产方式转变。

（三）数字经济成为推动中国产业升级与经济增长的核心动力

在数字产业化方面，数字经济已成为推动我国经济高质量发展的重要动力。随着数字技术和产业的深度融合，越来越多的行业从“数字化”走向“网络化”“智能化”，数字产业化水平持续提升。从产业数字化方面看，传统产业领域正加速推进数字化转型，实现全产业链、全价值链的优化升级。目前我国工业互联网发展基础较为雄厚，部分领域已取得积极进展。

一方面，工业互联网平台快速发展，各类平台不断涌现并成为“连接+算力+能力”新型基础设施。另一方面，工业互联网应用范围不断扩大，基于工业互联网的智能制造、服务型制造等新模式不断涌现并逐步成熟。在此背景下，我国产业数字化进程将进一步加快，产业数字化对经济增长的贡献将持续提升。

展望未来发展趋势，在数字产业化和产业数字化的推动下，我国数字经济规模将继续保持快速增长势头。随着5G、工业互联网等新型基础设施建设步伐加快、规模持续扩大，我国数字经济规模有望在2025年突破70万亿元大关。在此背景下，未来三年我国将进一步加大对数字经济领域的支持力度，充分发挥数字经济的规模效应和带动作用，使数字经济成为带动我国经济发展的重要引擎和提升国家核心竞争力的重要支撑。

随着数字技术创新步伐加快、数据资源不断丰富、网络基础设施持续完善、应用场景逐步成熟等因素的不断推动，我国企业数字化转型进程将不断加快。

（四）企业数字化转型的动力不断增强

数字化转型已经成为全球企业提升竞争力的重要手段。“十四五”时期，我国企业数字化转型步伐加快，数字化转型动力不断增强。

一方面，我国数字经济发展取得显著成效，为企业数字化转型提供了良好条件。另一方面，我国企业数字化转型意识不断增强。政府、行业、企业等积极行动起来，不断推进数字化转型的进程。

（五）数字化转型的内容更加丰富多样

数字经济的内涵包括了数字化的经济形态、数字化的生活方式以及数字技术对其他要素的改造，而这些要素是相互关联、相互作用、相互促进的。传统意义上，数字化转型指的是对原有业务流程进行数字化改造，比如，企业应用ERP系统，是传统企业在信息化时代运用IT技术对业务流程进行优化重组。而在数字经济时代，数字化转型包含了两层含义：一是利用数字技术改造传统行业，比如互联网金融、共享经济、共享出行等；二是利用数字技术对生产生活方式进行改造，比如智能工厂、智慧农业等。

（六）中国教学改革数字化转型：全球视角下的挑战与机遇

从国际看，随着全球范围内数字技术创新步伐不断加快，我国教学改革的数字化转型竞争优势将日益凸显。据麦肯锡预测，到2030年，全球20%的大型教育机构将通过数字化转型实现教育模式的创新增长；到2040年，全球90%以上的高等教育机构将实现数字化转型。

目前，我国教学改革的数字化转型存在一些问题：一方面，数字技术与教育实践的融合程度不高，数字技术对教学创新引领作用不强；另一方面，部分教育机构对数字化转型的重视程度不够，缺乏战略规划和顶层设计。因此，加快推进我国教学改革数字化转型进程迫在眉睫。从当前看，我国教学改革数字化转型发展仍面临诸多困难和挑战。一方面，教育机构规模较小、投资动力不足、专业人才短缺等问题仍普遍存在。另一方面，教育资源的有效整合、数据安全保护机制不健全等问题也不容忽视。此外，部分教育机构对数字化转型的认识仍有不足、转型动力不足、资金不足、人才不足等问题较为突出。

三、产业数字化的作用

（一）数字化驱动生产要素配置效率持续优化

数据作为重要的生产要素，推动了劳动力、土地、资本等传统生产要素的数字化转型。与传统生产要素相比，数据作为新型生产要素，具有非标准化、易分割和不易计量等特点，对提高要素配置效率、促进创新发展具有重要作用。

一是数据成为推动经济高质量发展的新引擎。数据作为重要的生产要素，一方面能推动传统产业智能化升级，实现制造业、农业、服务业等各领域的数字化转型；另一方面，能够为创新创业提供新的载体和平台，促进各类创新创业活动蓬勃开展。

二是数据成为提升资源配置效率的新途径。随着数字化转型程度不断加深，数据作为新型生产要素对经济增长的贡献越来越大。随着数据在不同行业之间流动和共享程度不断加深，数据能够更好地满足个性化需求，有助于推动资源配置更加精准化。

大数据、人工智能等新兴数字技术的快速发展，在带动相关产业升级、创造新市场需求的同时，也催生出一系列新技术、新产品、新业态和新模式，为创新发展提供了新的驱动力。

（二）产业数字化的驱动作用与转型效益

产业数字化正成为推动经济高质量发展的新引擎，其作用体现在多个方面。

首先，产业数字化通过数字技术强化了产业链各环节的信息流通与共享，这不仅加强了企业间的联系，还促进了沟通的高效性。这种紧密的协作关系推动了上下游企业间信息共享、风险与收益共担，为产业数字化和智能化升级奠定了基础，显著提升了产业协同效率。

其次，智能制造作为产业数字化的关键组成部分，有效降低了生产成本。大数据、人工智能等智能技术的创新应用，极大提高了制造业的生产效率。例如，工业机器人和柔性生产线的普及，不仅提升了生产效率，也保障了产品质量。据统计，2022 年我国工业机器人产量达到 15.4 万台，同比增长 36.4%，机器人密度达到 2.22 台/万人，同比增长 16.8%。

最后，线上线下融合是产业数字化的另一重要趋势，这一模式进一步推动了全要素生产率的提升。线上线下的结合使得传统企业能够更有效地利用大数据、云计算等信息技术，优化产销对接和精准营销，从而显著提高了市场响应速度和资源配置的效率。数据显示，2022 年我国电商交易额超过 50 万亿元，其中 90%以上通过网络平台实现。随着数字技术与实体经济的进一步融合，线上线下的融合发展趋势将持续深化。

综上所述，产业数字化在促进产业链协同、降低生产成本以及推动线上线下融合等方面发挥了重要作用，为传统产业的转型升级和整体经济的高效发展提供了强大动力。

（三）数据要素价值化将引领新一轮科技革命和产业变革

数据已经成为继土地、劳动力、资本、技术之后的第五大生产要素，其重要性越来越突出。随着数据要素价值化程度不断提升，数字经济发展将进入一个全新阶段。数据要素的价值化将带来产业数字化和数字产业化，促进新一轮科技革命和产业变革，并进一步优化配置全球资源，极大地推动生产力发展。未来，我国数字经济将形成一个以数据为核心要素的新产业体系，在引领我国经济高质量发展中发挥重要作用。

四、数字经济将加速赋能实体经济转型升级

数字经济与实体经济融合是构建新发展格局的重要抓手，也是促进我国经济高质量发展的重要动力。《中共中央关于制定国民经济和社会发展第十四个五年规划和二〇三五年远景目标的建议》提出，要加快数字化发展，建设数字中国，为经济高质量发展提供新动能。随着数字经济与实体经济深度融合，产业数字化水平显著提升，创新能力进一步增强，数字化转型正在成为各行各业发展的新常态。当前，数字产业化和产业数字化蓬勃发展，新技术、新模式、新业态层出不穷，为数字经济持续健康发展提供了坚实支撑。预计未来五年我国数字经济将保持中高速增长态势。同时要加快数字化转型，推进产业数字化、数字产业化。按照这一规划纲要的部署要求，在数字技术赋能下，产业数字化和数字产业化将相互促进、融合发展。

（一）数字化将促进企业管理向精细化转变，助推企业高质量发展

数字化时代，企业管理将从经验管理转向数据管理，企业经营的核心要素也将从人转向数据，传统的组织管理方式正在向数字化组织方式转变。“十四五”时期，我国加快数字经济与实体经济融合发展，产业数字化是数字产业化的基础和先导。同时，以工业互联网为代表的产业数字化正在成为企业发展的新动能和新引擎。目前，我国已培育了一批面向行业企业、制造环节的工业互联网平台，通过工业互联网平台可以实现数据集成共享、业务协同联动、业务流程再造，带动传统产业向数字化、智能化转型升级。我国工业互联网发展呈现出“两超多强”的格局：“两超”是指有实力的大型企业和中小企业都在积极探索建设各自领域内的工业互联网平台；“多强”则是指头部企业在积极推动自身产业平台建设，中小企业积极推进产业平台应用。在此背景下，我国工业互联网发展将步入快车道，重点围绕企业生产制造和经营管理关键环节、企业价值链和产业链关键节点，加速工业技术软件化、软件技术系统化、系统平台集成化，不断提升产品质量和效率。未来我国工业互联网将更多应用于实体经济重点领域，通过赋能和赋能效应带动更多中小企业数字化转型。

（二）数字化将推动生产方式向柔性化、智能化转变，激发企业内生动力

目前，制造业数字化转型进入全面提速阶段，推动产业转型升级成为行业发展的主要方向。制造业数字化转型过程中，新一代信息技术与制造业深度融合，不断催生出新的业态模式，涌现出了智能工厂、服务型制造、协同制造等新模式、新业态，有力推动了生产方式由大规模制造向大规模定制转变。同时，产业链上下游企业通过构建基于工业互联网的产业生态，实现了供应链的高效协同和优化配置，提升了产业链、供应链的稳定性和竞争力。制造业数字化转型成效显著。2018 年我国智能制造装备及工业机器人市场规模达 1625 亿元，占全球市场份额的 47. 5%；2018 年我国工业机器人产量达到 13. 2 万台，占全球产量的 62. 7%。截至 2019 年底，我国累计建设绿色工厂 600 个、绿色园区 45 个、绿色供应链管理企业 37 家。

（三）数字化将促进新型消费业态和消费模式的蓬勃发展，催生新的增长点

《中华人民共和国国民经济和社会发展第十四个五年规划和 2035 年远景目标纲要》（以下简称“十四五”规划）提出，要推动线上线下消费融合发展和快递物流配送等网络购物，推进线上线下消费双向流通。截至 2023 年，我国网络购物用户规模已达 8. 44 亿人，占网民整体的 79. 2%。数据显示，2023 年我国网络零售市场交易规模达到 13. 76 万亿元。网购在满足人们生活便利的同时，也带动了物流、仓储、快递等相关产业的发展。以快递业为例，2023 年全年快递业务量已达到 1105. 8 亿件，同比增长 2. 3%；业务收入 1. 06 万亿元，同比增长 5. 2%。随着大数据、人工智能等新技术与消费领域的深度融合，线上线下消费融合发展的趋势将进一步加快，数字化、网络化、智能化将加速线上线下消费融合发展。同时，消费新业态、新模式不断涌现，直播带货等新业态、新模式蓬勃发展。根据国家邮政局监测数据显示，2023 年中国快递业务量已突破 1000 亿件。预计到 2025 年，我国网购用户规模将达到 9 亿人，快递业务量将达到 1200 亿件。

五、数字经济的未来发展方向

数字经济是第四次工业革命的核心。从第一次工业革命到第二次工业革命，世界的生产和生活方式发生了巨大的变化，人类进入了一个信息化时代。

但同时，人类也面临着生态环境恶化、经济发展不平衡等问题。

第三次工业革命又一次开启了数字经济时代，以人工智能、物联网、区块链等为代表的新一代信息技术正在颠覆和重塑着人类社会的生产方式和生活方式。以“互联网+”为代表的新经济形态正在推动传统产业加快转型升级，激发市场主体活力，创造就业岗位，提升社会生产力水平，推动国民经济高质量发展。

数字经济未来的发展方向可以从多个角度进行展望，以下是三个主要的方向：

一是技术创新与融合。技术创新与融合作为数字经济未来发展的核心方向，将持续引领行业变革。人工智能的进一步发展将使机器更加智能，能够执行更复杂的任务，甚至进行自主决策。大数据和分析工具的进步将使企业能够更深入地洞察市场趋势和消费者行为，优化产品和服务。云计算的普及将为企业提供弹性的计算资源，降低运营成本，加速创新周期。物联网技术将使各种设备和系统互联互通，实现更高效的资源管理和操作自动化。5G 通信技术的高速度、大带宽、低延迟特性将为新兴的数字应用提供强大支持，比如自动驾驶汽车、远程医疗和智能城市等。这些技术的集成和融合，将推动产业界向更高层次的智能化和自动化迈进，催生新的商业模式和服务模式，为社会带来更加丰富多样的价值和便利。

二是产业数字化转型。产业数字化转型不仅涵盖了传统产业的技术升级，也包括了整个产业链的重构和商业模式的创新。在制造业领域，数字化转型意味着生产流程的自动化、智能化，能够实现更加灵活的生产线，快速响应市场变化，满足个性化需求。农业方面，精准农业的实践将利用物联网、大数据分析等技术，优化资源配置，提高作物产量和质量，同时减少环境影响。服务业通过数字化转型将更加注重客户体验，利用人工智能、虚拟现实等技术提供定制化服务，增强用户互动和满意度。此外，数字化转型还将促进跨界融合，例如金融科技（Financial Technology）将金融服务与前沿科技结合，提供更便捷、更安全的金融产品。整体而言，产业数字化转型将推动经济结构优化，增强产业竞争力，为社会带来更高质量的发展和更广泛的就业机会。

三是数据安全与隐私保护。数据安全与隐私保护在数字经济中的重要性日益凸显，特别是在大数据、云计算和人工智能等技术广泛应用的背景下。

未来，数字经济的健康发展将依赖于构建一个全面的数据安全管理体系。这不仅需要政府制定严格的数据保护法规，还需要企业加强数据安全技术的研发和应用，比如采用加密技术、匿名化处理和访问控制等措施。同时，公众的数据隐私意识也需要提高，通过教育和培训来增强自我保护能力。此外，随着全球数据流动的增加，国际合作在制定跨境数据传输规则和隐私保护标准方面变得尤为重要。通过这些综合措施，可以建立起一个更加安全、可靠和信任的数据环境，促进数字经济的可持续发展，确保个人信息的安全和隐私得到妥善保护。

除此之外，还有其他一些重要的发展方向。

第一，平台经济与共享经济。平台经济和共享经济作为数字经济的重要组成部分，它们的发展将进一步推动经济形态和社会运行方式的变革。平台经济通过集中供需信息，优化资源分配，降低交易成本，提高市场效率，使得服务更加便捷、更具个性化。共享经济则依托于信息技术，特别是移动互联网的普及，使得个体能够更轻松地共享闲置资源，包括车辆、房屋、工具等，这不仅满足了用户的多样化需求，还有助于减少资源浪费，实现可持续发展。

随着技术的进步，这两种经济模式将更加智能化和高效化。例如，通过大数据和人工智能的分析，平台可以更精准地预测市场趋势，为用户提供定制化的服务。同时，区块链技术的应用可以增强交易的透明度和安全性，增强用户信任。共享经济也将拓展到更多领域，如共享办公空间、共享教育资源等，进一步激发社会创新和经济活力。

此外，平台经济和共享经济的发展还将带动相关产业链的成熟，如物流配送、客户服务、信用评价等，形成更加完善的生态系统。这将为中小企业和个人提供更多的创业机会和就业岗位，促进社会经济的均衡发展。未来，随着社会对这两种经济模式认识的深入和政策环境的优化，平台经济和共享经济有望实现更广泛的社会应用和更深入的融合发展。

第二，跨界合作与生态构建。跨界合作与生态构建是数字经济成熟发展的标志。在这一趋势下，不同行业和领域如金融、医疗、教育、制造等，将通过数字化平台实现深度融合，打破传统边界，形成全新的合作模式。这种跨界合作不仅促进了知识与技术的交流，还催生了创新的商业模式和服务，为用户提供更加丰富和多元的选择。

开放的生态系统将吸引更多的参与者加入，包括企业、创业者、研究机构等，共同推动技术和服务的进步。协同作业能够整合各方资源，优化产业链条，提高整体效率和竞争力。共享机制则鼓励知识和资源的共享，降低重复投资，加速创新成果的转化和普及。

随着5G、物联网、云计算等新技术的普及，跨界合作的潜力将进一步释放。企业将更加注重构建和参与生态系统，通过合作共赢，实现可持续发展。政府和监管机构也将扮演重要角色，通过制定政策和标准，促进健康有序的生态构建。未来，一个开放、协同、共享的数字经济生态系统将成为推动社会进步和繁荣的关键力量。

第三，绿色可持续发展。绿色可持续发展是数字经济未来发展的关键方向，体现了经济增长与环境保护的和谐共生。数字技术在推动产业升级的同时，也成为实现环境友好和资源节约的重要工具。通过智能化管理系统，可以优化能源消耗，减少废物产生，提升资源的循环利用率。例如，智能电网和智能建筑能够更高效地分配和使用能源，降低碳排放。

数字经济还将助力于绿色金融的发展，通过大数据分析评估项目的环保效益和风险，引导资本流向更加可持续的产业和项目。此外，数字化工具（如区块链）可以提高供应链的透明度，确保材料和产品的可持续来源，支持循环经济的发展。

随着全球对气候变化问题的关注加深，数字经济将在实现碳中和目标和推动绿色发展战略中扮演更加重要的角色。通过数字化手段，可以更精确地监测和管理碳足迹，促进经济活动与生态环境保护的平衡。未来，数字经济的发展将继续与绿色可持续理念紧密结合，为建设清洁、低碳、循环的经济体系贡献力量。

数字经济的未来发展将是多维度、多层次的，需要政策制定者、企业和社会各界的共同努力和智慧。数字技术与实体经济深度融合是一项系统工程，需要统筹推进相关工作。一是要加快基础设施建设，夯实融合发展的基础；二是要注重数字技术研发创新，提高融合发展的技术水平；三是要加强制度建设，营造良好的融合发展环境；第四要加强人才队伍建设，培养高素质人才；四是要深化国际合作交流，拓展融合发展的国际空间。只有这样，才能加快构建新发展格局、实现高质量发展、促进共同富裕。

第二章

数字经济对财务管理的影响

随着数字技术的快速发展和普及，数字经济已经深刻影响了各个行业和领域，包括财务管理。它改变了财务管理的工作方式和业务流程，提供了更多的数据来源和分析手段，同时也带来了一些挑战。企业需要积极适应数字经济的发展，加强数字化和信息化建设，提升财务管理的效率和准确性，以实现可持续发展和竞争优势。

首先，讨论数字经济对财务数据收集和分析的影响。在数字经济时代，企业能够通过先进的技术手段，如云计算、大数据分析等，高效地收集和处理财务数据。这不仅提高了数据处理的速度和准确性，还使得财务分析更加深入和精准。财务人员可以利用实时数据，进行动态监控和即时分析，从而为企业决策提供更加有力的数据支持。

其次，分析数字经济对企业资本风险的影响。数字经济为财务决策提供了更多维度的数据和更先进的分析工具。企业可以利用人工智能、机器学习等技术，对市场趋势、消费者行为等进行预测分析，从而做出更为科学的财务决策。同时，数字经济也加强了风险管理的能力，通过实时监控和智能预警系统，企业能够及时发现并应对潜在的财务风险。

最后，探讨数字经济对财务职能和人才需求的影响。随着财务管理的数字化转型，财务职能也在发生变化。传统的财务工作如账务处理、报表编制等越来越多地被自动化系统所取代，而财务人员的角色也逐渐向战略规划、财务咨询等方向转变。这要求财务人才不仅要具备扎实的财务专业知识，还要掌握数字技术和数据分析能力，以适应数字经济时代的需求。数字经济对财务管理产生了深远的影响。本章将探讨数字经济对财务管理的影响，并分析其带来的机遇和挑战。

第一节　数字经济对财务数据收集和分析的影响

在数字经济背景下，如何确保财务数据的收集和分析能够为企业管理决策提供可靠信息是值得关注的问题。企业要实现数字化转型，需要财务数据的收集和分析与业务需求相匹配，即财务数据收集和分析能够为企业管理决策提供支持。

在数字经济背景下，企业对财务数据的收集和分析将面临新的挑战。因此，需要明确财务数据收集和分析的目的、范围、方法，并结合业务需求及其他影响因素，建立相应的保障措施。

一、财务数据收集和分析的目的

财务数据收集和分析的目的，主要是帮助企业在管理决策中选择正确的方向，做出正确的决策，实现企业财务管理目标。具体来说，财务数据收集和分析的目的包括以下几个方面。

（一）强化对财务数据的认知

在数字化经济背景下，数字技术不断发展，财务数据收集和分析的范围也不断扩大。从传统财务数据分析到数字经济下的财务数据收集和分析，企业必须强化认知，提高对财务数据收集和分析的重视程度，才能更好地利用数字技术进行财务管理。

首先，企业必须强化对财务数据重要性的认识。在数字经济背景下，企业必须意识到财务数据对于企业经营管理的重要性，只有充分认识到财务数据对于企业经营管理的重要作用，才能更好地利用数字技术进行财务管理。其次，企业必须加强对财务数据收集和分析方法的研究。传统的财务数据分析主要是通过对历史报表信息进行分析得出结论。但随着数字化经济的发展，越来越多的企业开始使用新技术、新方法进行经营管理。这些新技术、新方法使得企业内部和外部信息需求不断变化，这就需要企业对现有的财务数据收集和分析方法进行研究与创新，从而提高企业对市场变化的应变能力。最后，企业必须加强对财务人员专业技能的培养。由于数字经济背景下需要更多高素质、高技能的专业人才来处理数字经济带来的新挑战。因此，为了更好地解决数字经济背景下财务人员专业技能不足和知识结构单一等问题，企业必须加强对财务人员专业技能和知识结构等方面培养。同时，还要定期组织相关培训活动，加强对新技术、新方法等方面内容的学习。

（二）为企业财务决策提供支持

财务数据收集和分析能够为企业提供多维度的数据信息，帮助企业进行科学的财务决策。

首先，财务数据能够帮助企业实现跨部门的协作。企业各个部门之间通过财务数据信息实现信息共享，使得企业能够从多个维度获取相关信息，避免各部门之间出现信息不对称问题，有助于企业决策部门了解更多与企业经营相关的数据信息，作出科学的决策。

其次，财务数据能够帮助企业进行横向对比分析。在数字化经济背景下，各个行业之间相互渗透和影响，行业之间的竞争日趋激烈。在这种背景下，各行业之间相互借鉴、相互学习成为一种常态。企业通过财务数据收集和分析能够对行业进行纵向比较分析，了解各行业发展状况，并进行横向对比分析，从而能够掌握行业竞争动态以及自身在行业中的地位。企业通过财务数据收集和分析能够对自身经营状况以及未来发展趋势进行深入了解和分析，并根据不同时期的变化情况制定不同的战略发展方案。

再次，企业财务数据是企业业务活动、财务活动及相关人员行为等各种信息的集合，主要是帮助企业管理决策提供可靠信息。财务数据收集和分析能够帮助企业从各方面获取与业务活动相关的信息，为企业管理决策提供支撑。

（三）提高企业经济效益

财务数据收集和分析能够为企业管理决策提供及时准确的反馈信息，有助于提高企业经营管理水平，帮助企业提高经济效益，其作用主要表现在以三个方面：

（1）通过财务数据收集和分析，企业可以了解自身业务及相关部门的运营情况，以此为基础，企业可以对自身业务进行调整，进而优化业务结构，提升经济效益。例如，在数字经济背景下，企业可以通过分析自身财务数据了解自身业务发展情况和经营状况。

（2）通过财务数据收集和分析，企业可以了解市场需求及变化情况。在数字化经济背景下，企业要想发展壮大，就要了解市场需求及变化情况。例如，当企业需要了解竞争对手的产品价格、库存数量等信息时，就需要利用财务数据收集和分析来获取竞争对手相关信息。通过对竞争对手相关信息的收集和分析，可以为企业产品定价提供依据，从而提高企业经济效益。

（3）通过财务数据收集和分析能够帮助企业了解自身的资金周转情况、债务情况、资产配置等情况。在数字化经济背景下，随着财务数据收集和分析方法的不断创新，越来越多的财务数据被收集并存储到云平台中。例如：通过对公司资产负债情况的了解，能够帮助企业了解公司的财务状况；通过对公司资产配置情况的了解，可以帮助企业判断公司运营是否合理；通过对公司资金周转情况的了解，可以帮助企业判断资金是否充足。

（四）优化企业治理结构

企业治理结构是指企业的治理结构及其相关的制度安排，它是由企业内部不同的治理主体通过一定的治理规则结合而成的制度安排，旨在实现企业资源配置效率最大化。随着市场经济体制改革的深入推进，企业规模不断扩大，为了适应市场环境变化和提高市场竞争力，企业需要不断优化内部治理结构。具体来说，财务数据收集和分析能够帮助企业及时了解公司生产经营情况以及风险状况，有利于企业管理者了解公司发展动态，增强决策的科学性和准确性；通过财务数据收集和分析还能够为企业管理者提供决策依据，降低决策风险，提高决策效率。

数字经济背景下，由于大数据技术的广泛应用以及人工智能技术的不断成熟，越来越多的企业开始运用数字技术进行财务数据收集和分析。然而，由于许多企业对数字技术不熟悉、对数据管理不规范、数据管理人员专业能力不足等原因，导致企业在利用数字技术进行财务数据收集和分析时存在不少问题。

（五）辅助管理层进行决策

财务数据收集和分析能够帮助管理层进行决策分析。例如：当公司管理层需要了解公司经营业绩及运营状况时，就需要利用财务数据收集和分析了解公司经营业绩和运营情况；当管理层需要对公司未来发展作出预判时，就需要利用财务数据收集和分析对公司未来的发展趋势作出判断。

1. 有利于提高企业内部控制水平

当企业需要增加资金投入时，可以利用财务数据收集和分析了解资金投入后的风险状况，并根据风险状况判断是否增加资金投入；当企业需要缩减成本支出时，可以利用财务数据收集和分析了解成本支出情况，并根据成本支出情况判断是否需要缩减成本支出。

2. 有利于促进企业经济效益提升

当行业竞争激烈时，可以利用财务数据收集和分析了解市场需求、竞争对手情况、销售价格变化等信息，为企业制定经营策略提供依据；当行业竞争较小时，可以利用财务数据收集和分析了解市场需求，为企业制定销售策略提供参考。

3. 有利于及时发现管理问题并提供解决方案

在数字化经济背景下，随着市场环境变化和竞争加剧，企业必须及时发现问题并提出解决方案。财务数据收集和分析能够为企业发现问题并及时提出解决方案提供支撑。例如，当企业生产经营过程中出现产能不足、原材料短缺、设备故障等问题时，就需要利用财务数据收集和分析发现问题并提出解决方案。

二、业务需求分析

企业的财务数据收集和分析通常是在企业战略决策制定过程中进行的。因此，为了使财务数据收集和分析更好地满足企业的业务需求，需要根据战略决策制定阶段的要求，结合企业具体业务场景，分析财务数据收集和分析对业务决策的支持作用。从战略决策制定阶段的要求来看，企业需要识别影响其战略决策制定的相关因素，并将相关因素转化为财务数据收集和分析可以提供支持的指标。此外，还需要结合财务数据收集和分析对企业战略决策制定阶段的支持作用，来确定财务数据收集和分析是否可以为企业提供支持。此外，企业还需要确定影响其战略决策制定阶段的财务数据收集和分析的具体指标。

对于某些特定业务场景，需要确定特定的财务数据收集和分析指标。例如，在制造企业中，为了识别影响其生产成本、存货管理等方面的因素，需要识别特定的指标来测量生产成本、存货管理水平。

在具体业务中，不同业务具有不同的特点。例如：对于制造企业而言，其产品种类比较多且销售渠道比较复杂；对于房地产企业而言，其销售渠道相对较少且销售较为集中；对于建筑企业而言，其项目施工周期相对较长且施工地点分布较为分散；对于互联网企业而言，其服务具有一定的差异性且用户数量较为庞大等。因此，不同业务场景需要使用不同的指标来测量不同方面的指标。

三、数据收集范围

数字经济背景下，财务数据收集范围主要包括以下几个方面。

（一）财务数据本身

数字化转型强化了企业对财务数据本身的收集、存储和分析能力。企业通过实施高级的会计软件和财务信息系统，能够更加高效地处理交易，生成实时的财务报表。这些系统通常具备自动化功能，减少人工输入错误，确保数据的准确性和一致性。同时，企业可以利用大数据分析技术，深入挖掘财务数据中的模式和趋势，为管理决策提供支持。

（二）财务相关的业务信息

数字化转型促进了财务与业务流程的融合。企业不仅需要关注财务数据，还需要关注与财务紧密相关的业务信息，如销售数据、库存水平、生产效率等。通过集成的信息系统，企业能够将这些业务信息与财务数据相结合，进行更全面的绩效评估和成本分析。这有助于企业更好地理解业务活动对财务状况的影响，并优化资源配置。

（三）财务相关的外部数据

在数字化时代，企业越来越重视财务相关的外部数据，如市场趋势、行业基准、宏观经济指标等。这些数据能够帮助企业评估外部环境对财务表现的潜在影响，进行风险管理和战略规划。例如，通过分析汇率变动对国际销售的影响，企业可以采取适当地对冲策略来降低外汇风险。

（四）其他财务信息

除了传统的财务报表和业务信息，企业还需要关注其他形式的财务信息，如环境、社会和治理信息以及客户满意度、员工满意度等非财务指标。这些信息虽然不直接反映在财务报表上，但对企业的长期价值和可持续发展具有重要意义。数字化工具可以帮助企业收集和分析这些非财务数据，与财务数据相结合，提供更全面的企业绩效视图。通过这种多维度的财务数据理解和应用，企业能够更全面地把握自身的财务状况和业务表现，提高决策的质量和效率，从而在数字化转型中获得竞争优势。

企业要实现数字化转型，还需要重视对相关数据的收集和分析，因此必须明确相关数据收集范围。在此基础上，还需要建立相应的保障措施。

一是企业应建立完善的内部控制机制，规范日常经营活动和财务活动，对所收集到的数据进行分析和应用。这不仅涉及数据的准确性和完整性，还包括确保数据分析结果能够转化为实际的业务洞察和决策支持。企业应实施严格的数据治理政策，包括数据质量标准、数据使用规范和数据维护流程，以提高数据分析的有效性。此外，内部控制机制还应涵盖对数据分析过程的监控，确保分析方法的科学性和分析结果的客观性。通过这些措施，企业能够确保数据资产得到充分利用，为企业的战略规划和运营管理提供坚实的数据支撑。

二是企业应采取必要措施确保所收集到的数据安全可靠，包括建立权限管理机制、设置访问权限等。数据安全是企业数字化转型中的重要保障。企业需要构建一个全面的安全防护体系，这包括物理安全、网络安全、数据加密、防病毒、防黑客攻击等多个层面。同时，企业应定期进行安全审计和风险评估，确保安全措施的有效性，并及时响应新的安全威胁。权限管理机制的建立，旨在确保数据的机密性、完整性和可用性，防止未经授权的访问和数据泄露。通过这些措施，企业能够保护其数据资产不受损害，维护企业的信誉和客户的信任。

三是企业应建立外部沟通协调机制，与外部相关机构和部门保持沟通协作，及时获取所需财务信息和非财务信息，提高数据收集和分析的效率。在数字化时代，企业的数据需求不再局限于内部，外部数据的获取同样重要。企业应建立与供应商、客户、合作伙伴、监管机构等外部实体的沟通渠道，实现数据的共享和交换。通过参与行业联盟、加入数据共享平台、与研究机构合作等方式，企业能够拓宽数据来源，获取更广泛的市场信息和行业趋势。此外，企业还应利用数字化工具，如自动化的数据集成工具、应用程序编程接口等，提高数据收集的自动化水平和实时性，确保数据分析工作的高效性和前瞻性。通过这些措施，企业能够构建一个开放、协同的数据生态系统，提升数据分析的广度和深度，为企业的战略决策和业务创新提供有力支持。

四、数据分析方法

在数字经济背景下，数据分析方法应该更加符合企业的业务需求，同时也需要考虑成本效益。在财务数据分析方法中，常用的分析方法包括对比分析、结构分析、趋势分析等。

（一）对比分析

对比分析是指将不同时期或不同组织的财务数据进行对比，从而发现问题和原因。传统的财务数据分析主要采用财务报表数据进行分析，而在数字经济背景下，需要利用大数据技术对财务数据进行分析，进而发现问题。例如，企业在进行成本控制时，需要对不同成本控制措施的实施效果进行比较分析，从而找出哪些成本控制措施能够降低企业的生产成本。

除了比较分析之外，还需要对分析方法进行改进。例如，在企业进行盈利能力分析时，可以将不同时期或不同组织的盈利能力与同行业或同类型企业的盈利能力进行比较。此外，还需要对与财务数据相关的其他方面数据进行比较。

（二）结构分析

结构分析是指通过对财务数据进行分类或分层，进而找出不同数据之间的联系，从而发现问题。通常情况下，结构分析法有两种类型，分别是归纳法和比较法。归纳法是指将财务数据按照某种标准或规则进行分类，然后再从这些分类中找出其中的共性；比较法是指将财务数据按照某种标准或准则进行比较，进而发现其中的差异。在运用结构分析法时，一般应先进行分类或分层。例如，企业可以将其资产负债表划分为资产、负债和所有者权益三个部分，然后分别对这三个部分的数据进行比较分析。最后，还可以将企业的现金流量表划分为经营活动、投资活动和筹资活动三个部分。结构分析法能够有效地找出财务数据之间的联系。

（三）趋势分析

趋势分析是指通过对财务数据进行时间序列变化的分析，从而发现企业的未来发展趋势。在数字经济背景下，企业需要利用数据分析来了解客户需求、提升产品和服务质量。趋势分析方法通常包括趋势线和箱线图，可以根据需要进行选择。

对于趋势线来说，其主要包括双斜线、水平线、一字线和二字线。当数据服从正态分布时，双斜线应在数值上具有代表性；当数据服从非正态分布时，双斜线应在数值上具有代表性。如果财务数据呈现上升趋势，则应该选择水平线；如果财务数据呈现下降趋势，则应该选择一字线。箱线图是一种图形分析法，主要用于观察变化趋势。当箱线图与时间序列图结合使用时，可以更好地了解企业的发展状况。

五、保障措施

首先，加强数据安全保护。在数字经济背景下，数据安全是企业关注的重点之一。财务数据的收集和分析离不开可靠的数据基础，需要采取切实有效的措施保障数据安全，如设置专门的人员进行信息安全管理，制定信息安全相关制度并严格执行等。

其次，完善财务部门建设。企业应将财务部门建设成为一个能为业务提供财务支撑的职能部门，不断提升财务部门在企业管理中的地位和作用。要不断完善财务部门内部组织架构和职责划分，确保财务工作能够与企业发展战略相匹配。

最后，培养专业人才队伍。企业要培养一批既了解传统财务管理又了解数字技术和数字化应用的复合型人才，以适应企业数字化转型的需要。同时，加强对员工的培训力度，帮助员工树立正确的数字经济理念，提高员工运用数字技术解决问题和创造价值的能力。这样才能更好地实现企业数字化转型目标。

第二节 数字经济对企业资本风险的影响

一、数字经济时代企业面临的风险

数字经济时代，企业面临着很多新的风险，如数据安全、数据隐私保护、网络安全、平台垄断等问题。此外，数字化技术和资本市场的融合，导致企业融资成本增加、融资难度加大，对企业的资金链和资金管理提出了更高要求。

数字经济时代，企业数字化转型受到更多关注。许多企业借助数字技术提升了自身的运营效率和盈利能力。例如：阿里巴巴、京东等电商平台利用大数据进行精准营销，提高了运营效率；京东利用人工智能技术对库存进行实时监测和预警，降低了库存积压的风险；滴滴出行利用区块链技术对车辆进行实时监控，降低了车辆调度过程中的风险。但数字化技术在为企业创造价值的同时，也会带来一些风险。

（一）数字经济时代的新风险

数字经济时代，数据成为重要的生产要素。企业将数据作为生产要素，能够提高资源配置效率，实现价值最大化。同时，数据的快速收集、存储、计算和利用也存在安全风险。企业在使用数字化技术时，需要借助服务器、网络等基础设施，存储大量数据和处理海量数据。企业在使用数据时需要注意数据安全和隐私保护问题。

网络攻击、信息泄露等问题，使企业遭受经济损失和声誉损失。网络安全是企业在数字经济时代面临的重要风险问题之一。随着数字化技术的快速发展，越来越多的不法分子通过网络实施诈骗活动，侵犯个人隐私等行为时有发生。此外，数字化技术可能导致企业商业秘密泄露，影响企业正常经营发展。因此，如何保障数字经济时代的网络安全是企业需要重点关注的问题。

（二）融资风险

数字经济时代，资本市场对企业的融资方式提出了更高要求。企业需要不断调整自身的融资结构，通过数字技术为自身“赋能”，提高企业的运营效率和盈利能力。同时，资本市场也为企业提供了更多的融资渠道，企业可以通过发行债券、股票、私募基金等方式进行融资。但与传统经济相比，数字经济时代的资本市场具有规模大、门槛高、信息不对称等特点。当资本市场中的信息不对称程度较高时，企业更容易受到其他投资者的影响。例如，在传统经济时代，投资者更关注公司的成长性和盈利能力，而在数字经济时代，投资者更关注公司是否拥有先进技术、是否具备良好的市场前景等。同时，数字技术在资本市场中发挥着越来越重要的作用。例如，数字技术可以帮助投资者更好地理解企业的财务状况、经营成果以及行业前景等信息，从而帮助投资者作出更准确的投资决策。

二、防范数字经济带来的风险

（一）加强信息安全

1. 加强个人信息保护监管

加强对数字平台企业的监管，强化信息安全、个人隐私保护等方面的责任和义务。加强网络信息内容生态治理，严厉打击网络诈骗、网络暴力、网络色情、非法交易等违法犯罪行为。

2. 完善数字经济发展法律体系

要加强数据安全立法，将个人信息保护纳入数据安全管理的重要内容，加快数据安全。数字经济作为新兴经济业态，立法滞后成为其发展的最大障碍。针对数字经济带来的法律问题，应尽快制定或完善与数字经济有关的法律法规体系，以明确相关主体的权利义务、责任追究机制等。此外，应将数字技术创新和应用纳入到法律法规的监管范围之内，完善网络安全法律法规，比如，《网络安全法》《数据安全法》等，完善对数字技术的监管制度，加强数据分级分类管理，对敏感数据要实施重点保护，以规范数字经济的发展，引导其健康有序发展。

3. 加强数据安全基础设施建设

完善国家网络与信息安全综合管理平台，对企业接入平台的数据进行安全审计，对企业数据存储、使用、传输等活动进行监管。在云平台建设过程中，应建立严格的安全防护机制，防止非法访问、窃取数据。同时，加强云服务提供商的身份认证和安全审计。

4. 增强用户信息保护意识

随着信息技术的发展，用户对个人信息的保护越来越重视。用户有必要增强自身保护意识，避免个人信息泄露可能带来的风险和损失。

5. 增强对数据窃取和篡改的打击力度

强化执法力度，加大对非法窃取、窜改、出售个人信息等行为的打击力度；同时加强相关技术研究，利用人工智能、大数据等技术加强对数据安全的监测和预警。

6. 加强企业数据治理水平

企业要不断完善自身的数据管理体系和治理能力，加强对自身业务系统的安全防护和监测；要建立健全数据收集、存储、处理、使用等环节的制度规范和技术标准，并将其落到实处；要在保障数据安全基础上充分利用大数据等新一代信息技术，提高对海量数据的处理能力；要在数据采集和使用过程中提高安全意识，避免因个人信息泄露造成严重后果；要加强行业自律和社会监督，推动形成全社会共同参与的良好氛围。

（二）注重数字伦理

数字伦理是指在数字经济时代，人们应该遵守的道德准则、社会规范、行为准则和价值观念，它与经济伦理相对应，是社会伦理在数字经济领域的延伸，也是数字经济发展中所需要遵循的道德规范。当前，一些互联网企业利用数字技术侵害用户权益、侵害消费者权益的现象时有发生，对此要予以高度重视，并从伦理道德角度提出应对措施。比如：数据共享应当坚持“共享而不是垄断”原则，企业通过平台进行信息交换和资源共享时，不得实施垄断行为，损害消费者合法权益；面对智能自动驾驶带来的安全隐患、数据泄露、隐私侵权等问题，要坚持以人为本，从生命安全的角度出发，采取合理措施保障用户的人身财产安全；在网络暴力、网络隐私保护等方面要加强道德约束和法律约束，建立健全相关制度和规范，遏制网络暴力、侵犯公民个人信息等不法行为。

（三）防范金融风险

一是要建立健全与数字经济相适应的监管框架。坚持创新发展，制定与数字经济相适应的监管框架，防止技术垄断和资本无序扩张。同时，要对金融科技公司的业务范围进行明确界定，以防止利用金融科技手段从事非法金融活动。

二是要构建跨行业、跨部门的协同监管机制。通过加强监管协调、完善监管规则、创新监管方式等，构建完善的数字经济金融风险防控体系。同时，还要明确监管部门在数字经济金融风险防范中的职责和权限，从而提高数字经济金融风险防范的针对性和有效性。

三是要完善法律法规及配套制度建设。应加快完善数字经济领域相关法律法规，加强对数字技术在金融领域应用的规制与研究，规范数字技术应用行为，推动数字技术在金融领域的广泛应用，为其健康发展提供良好环境。

四是要加强数据安全和个人信息保护。应建立健全数据安全管理机制，明确数据安全责任主体。在数据采集、存储、传输、处理、开放和销毁等全生命周期中应设置防火墙，保护个人隐私和数据安全。同时，应将个人信息保护纳入到数字经济发展的总体规划中去，加强对互联网平台企业的监管和处罚力度。此外，还应不断完善个人信息保护法，规范数字经济主体的信息采集、使用行为。

（四）坚持开放合作

开放合作是数字经济发展的基本原则。

一是要积极参与国际组织，以更开放的心态积极参与数字经济国际规则的制定。

二是要加快与国际接轨，提升数字经济发展水平。

三是要深化数字技术与实体经济的融合，提升实体企业数字化能力。

四是要构建我国数字经济治理体系。应推动建立符合我国国情的数据治理法律法规、部门规章和行业标准，促进数据要素有序流动、高效利用，构建政府主导、企业主体、行业组织和社会公众共同参与的综合协调机制，推动形成共建、共治、共享的数字经济发展格局。

从长远来看，数字技术的发展需要建立在“开放创新”基础之上，没有开放创新就不会有更多的新技术涌现和应用。因此，要加大力度推进开放合作，推动各类所有制企业特别是数字技术创新型企业在全球范围内开展技术、标准、知识产权等全方位合作，鼓励大型企业与中小企业之间开展合作交流，建立技术交流平台。同时要积极构建数字经济治理体系，通过加强政策协调和战略对接来打造一个公平竞争的市场环境和开放共享的数字经济平台。

数字经济的快速发展为财务管理带来了更多的挑战，对财务管理的影响也日趋复杂。为此，财务人员应主动适应新形势，积极应对新挑战，努力提高自身能力水平，以更好地为企业发展服务。面对日益复杂的数字经济环境，企业需要充分利用各种数据资源，提高数据管理水平。通过大数据分析、人工智能等技术，对企业发展战略、经营计划等进行深入分析和判断，从而制定有效的财务管理政策和措施，降低风险发生的可能性。

第三节　数字经济对企业财务职能和人才需求的影响

在数字经济的推动下，企业在财务管理中的角色和职能发生了巨大变化，财务人员不再是单一的财务核算人员，而是转型为多个角色。

一方面，财务部门从基础业务活动的参与和管控，转向价值管理和战略支持；另一方面，会计人员也要从单一会计核算人员转变为业务运营中的价值创造者。企业的管理层级和职能结构也发生了变化，不同层级和职能部门之间要进行有效的协作，以提高企业效率。同时，企业在人才需求方面也发生了相应变化。

一、会计人员的角色转化

会计人员是企业的“价值创造者”。在传统经济中，企业是以营利为目的的，会计人员所做的工作主要是核算和记录，会计人员提供的财务信息主要是反映企业经营活动情况的财务信息。在数字经济中，企业已经由传统经济中以营利为目的而转变为以价值创造为目的，财务部门也不会再是单纯的核算和记录，而是要向管理和战略提供数据分析和决策支持。所以，会计人员不再是简单地记录与核算企业的收支情况，而是要参与到企业经营决策过程中，主要表现为以下几个方面。

第一，会计人员要参与到业务流程中。在传统经济中，业务流程主要由会计人员参与制定，会计人员要从具体的业务流程和流程细节中获取财务信息。在数字经济中，业务流程不再由会计人员主导制定，而是由业务团队根据自身需求确定。同时，企业也可以通过数字化转型来降低运营成本、提高效率和质量。在数字经济下，企业需要培养更多懂业务的财务人才，以帮助企业优化运营过程。

第二，会计人员要从“核算”转向“决策”。在传统经济中，会计工作侧重于记录和报告企业的财务状况，而在数字经济中，会计人员需要更深入地参与到企业的决策过程中。这不仅包括通过财务报表来展现企业的经营成果，更要求会计人员利用数据分析来预测市场趋势、评估风险和机会，从而为企业的战略规划和运营决策提供支持。

第三，会计人员要从单一的会计核算人员转向业务运营中的价值创造者。与过去仅负责基础会计工作不同，数字经济时代的会计人员需要成为业务流程的一部分，通过深入理解业务来提供战略性见解。这涉及对业务运营数据、客户行为数据的收集与分析，以及对市场动态的持续关注。会计人员需利用大数据技术，整合多维度信息，帮助企业在客户细分、市场定位、产品生命周期管理以及竞争策略等方面作出更精准的决策。

会计人员在数字经济中的转型，要求他们不仅要掌握传统的会计技能，还要具备数据分析能力、市场洞察力和战略思维。通过这种转变，会计人员能够更好地适应数字经济的要求，成为企业价值创造的关键力量。

二、财务人员的专业能力和综合素质要求更高

在数字经济时代，企业的财务人员不仅要熟悉财务核算业务，更要能够深入到业务当中，通过财务数据对业务活动进行分析，帮助企业发现业务机会、识别业务风险、提供业务建议等，为企业战略决策提供支撑。这就要求财务人员具备专业能力、行业知识和跨领域能力。

专业能力包括会计核算、财务分析和投资决策等方面的技能，要求会计人员要能够熟练运用各种财务软件，精通各种会计准则和法规，并对相关领

域的前沿技术有较深的了解。这要求财务人员必须持续学习新知识、新技能和新方法，保持职业敏感度，具备较强的适应能力。跨领域能力则要求财务人员能够将会计与管理、金融等相关领域进行融合，从业务层面去思考财务问题，使财务从传统的核算型会计向管理会计转变。

在数字经济时代，企业对人才的综合素质也提出了更高的要求。数字经济时代企业对财务人员的要求已经不仅仅是单一的会计核算人员了。数字化转型、战略决策支持等能力都成了数字经济时代对财务人员提出的新要求。

一方面，员工需要不断提升自身专业素养和创新能力；另一方面，企业需要培养员工的职业素养和道德修养。这就需要企业内部建立完善的培训机制，帮助员工不断提升专业能力、综合素质和道德修养。同时也要营造良好的企业文化氛围，让员工在企业内部感受到关怀和温暖，从而使他们能够积极地参与到工作中去。

（一）数字化转型

数字经济时代，企业的竞争从资源、资本等有形资产转向了数据资源，数据成为企业最重要的资产之一。数字技术的发展也正在改变企业的经营模式，由传统的线下经营转向线上与线下相结合。企业要想在数字经济时代实现数字化转型，就需要提升财务人员对数字化的理解和应用能力，推动财务部门向管理会计转型，实现从核算到管理、从财务到业务的融合，为企业战略决策提供支持。

在数字经济时代，会计职能已不再是单纯地处理数据、记账、结账等简单的工作，而是需要深入到业务当中，通过业务数据发现业务机会、识别业务风险、提供业务建议等。这要求财务人员必须要对行业发展和企业战略有深入的了解和分析能力，能够在日常工作中发现潜在的商业机会、识别业务风险、提供业务建议。这就需要财务人员能够利用大数据分析技术和人工智能技术对大量的业务数据进行分析，建立财务共享服务中心来支撑业务数据分析工作。同时，要实现业财融合，企业不仅需要财务部门利用数据进行会计核算和财务分析，也需要财务部门能够利用数据对企业经营活动进行分析。

（二）战略决策支持

数字经济时代，企业需要将商业模式创新与技术创新相结合，才能不断实现企业的可持续发展。在这种背景下，企业需要对自身的战略目标进行明确，并制定出切实可行的实施方案。数字经济时代要求企业的战略目标既要具有前瞻性，也要具有可实现性。因此，在战略制定过程中，需要对环境变化进行分析，识别企业所面临的风险和机遇，并进一步明确企业的核心竞争优势。

财务人员作为企业战略决策支持的重要组成部分，可以通过对业务数据进行分析来识别出企业面临的机遇和风险。在数字经济时代下，财务人员要充分发挥自身优势，以数据为依托进行分析与判断，为企业提供战略决策支持。

一是分析业务机会。数字经济时代下市场环境更加复杂多变，在这种情况下，财务人员可以通过对业务数据进行分析来识别业务机会。例如：财务人员可以通过对销售数据、成本数据和费用数据等进行分析来识别业务机会；也可以通过对历史经营数据和行业数据等进行分析来识别业务机会。

二是识别业务风险。财务人员在对业务风险进行分析时需要关注四个方面：一是关注财务风险发生的可能性；二是关注财务风险产生的后果；三是关注财务风险产生的原因；四是关注财务风险应对策略和措施。因此，在数字经济时代下，财务人员要能够对企业面临的各类风险进行预测、评估和应对，为企业战略决策提供支持。

三是提出建议和意见。在数字经济时代下企业需要建立以市场为导向的创新机制来适应外部环境的变化，这就要求企业在进行战略决策时要充分考虑市场需求和行业竞争态势。在此基础上制定出合理的战略方案来应对外部环境变化带来的挑战。因此，财务人员在为企业战略决策提供支持时需要从数据出发进行分析，并对业务风险进行识别和应对。

这就要求财务人员要不断提升自身专业能力、综合素质和职业素养，不断学习新知识、新技能和新方法，保持职业敏感度和适应能力；同时要能够深入到业务当中去发现业务机会和识别业务风险。

（三）智能财务

数字经济时代，传统的财务管理模式已无法满足企业快速发展的需求，企业必须借助数字化技术来构建新的财务管理模式。智能财务是传统财务向数字财务转型的重要手段，也是企业在数字经济时代实现高效运营和高效决策的重要保障。在智能财务模式下，企业通过大数据、人工智能、云计算等技术为企业提供数据支持和分析能力，通过人机协同作业对业务进行处理，从而实现业财融合。

智能财务是一个全新的概念，它融合了先进的信息技术与先进的管理思想，致力于实现财务管理和业务管理的有机结合，帮助企业实现自动化、智能化。在智能财务模式下，企业能够通过大数据、人工智能等技术来完成大量业务工作。通过大数据技术分析公司业务运行情况；通过人工智能技术进行数据处理；通过云计算技术整合各部门数据信息；通过大数据技术进行预测分析和决策支持。智能财务模式实现了从“事后监督”到“事前预测”、从“结果管理”到“过程控制”、从“财务管控”到“战略决策支持”的转变，其作用也由过去传统的事后监督向事前预测、事中控制和事后分析转变。智能财务模式打破了传统的会计信息系统和信息传递系统，可以实现企业内部信息系统的高度整合，进而实现企业内外部信息共享。

三、对财务管理人才的技术能力和管理能力进行调整

在传统经济时代，由于信息不对称和规模效应，企业财务管理人员数量较多，但是由于工作内容简单，财务管理人才的成长空间较大。随着信息技术的发展，企业管理人员需要掌握更多的知识和技能来适应时代发展。

数字经济时代，由于互联网平台的出现，信息不对称和规模效应逐渐消失，企业在财务管理方面的工作内容会更加复杂，对人才的要求也会更高。数字经济时代财务人员需要掌握更多的知识和技能来适应新的工作内容。

根据人力资源规划理论，在数字经济时代企业对财务人员提出了新要求。一方面，财务人员要具有战略眼光和决策能力，能够从全局视角分析问题，提出具有前瞻性、可行性和可操作性的决策建议；另一方面，要了解行业发展趋势和前沿技术，能够对行业未来发展趋势进行预判。

数字经济时代财务人员需要具备复合型能力。一是财务人员要具有强大的数据分析能力；二是财务人员要具有全面预算管理能力；三是财务人员要具备数字化运营能力。随着新技术的不断涌现和应用，企业对财务人员提出了更高的要求，要求财务人员具备数字化运营能力。

目前大部分企业的会计核算部门还是以传统会计核算为主，这些会计人员虽然掌握了基本的会计核算知识和技能，但是在处理复杂业务方面存在不

足。这就需要企业将更多资源投入会计人才培养中去。同时要注重培养复合型人才和高端会计人才，这类人才不仅要具备专业能力，还要具备一定的技术能力和管理能力。

（一）加强全面预算管理

传统经济时代，企业通过全面预算管理来实现资源配置和战略目标。在数字经济时代，由于信息技术的应用，企业可以利用大数据平台收集和整理相关数据，将这些数据进行加工后用于企业战略目标的制定。例如，华为公司通过大数据分析，在全球范围内收集了大量的客户需求数据、销售数据、人力资源数据等。企业通过全面预算管理能够充分利用这些数据，在制定战略目标时将这些数据作为参考依据，可以更加科学合理地进行资源配置。

在数字经济时代，企业在开展全面预算管理时要特别注意几点：一是全面预算管理需要覆盖企业的所有部门和所有业务环节，将其与企业的战略目标进行挂钩；二是全面预算管理要实现全员参与，财务人员要与业务部门密切合作，共同制定预算方案；三是全面预算管理要与绩效考核相结合。企业在制定年度工作目标时，需要对预算指标进行层层分解，并且将工作目标与绩效考核相挂钩。另外，财务部门在开展全面预算管理时还要注意做好预算分析和预算控制工作。在分析企业的经营情况时，要结合企业的实际情况制定相应的控制方案和控制措施。

（二）加强预算绩效管理

预算绩效管理是现代企业财务管理的重要内容，是现代企业管理制度的重要组成部分。预算绩效管理是以实现战略目标为导向，以强化企业经营过程管控为目标，以全面预算管理为基础，对企业经营活动进行事前、事中和事后控制的一种系统性管理模式。预算绩效管理包含四个环节：战略分析、战略制定、战略实施和预算调整。通过预算绩效管理可以把财务部门和业务部门有机地联系起来，财务部门能够全面参与企业的经营决策。同时，预算绩效管理也能将财务部门的业务职能更好地融入企业的日常经营管理活动中，提高企业经营效率和效果。当前，很多企业都已经开展了预算绩效管理工作，但是效果还不是很理想。

（三）加强成本管理

传统的成本核算以产品为中心，涉及的成本科目较多，成本核算范围不够广。随着信息技术的发展，成本核算的方法和工具也发生了变化。

一是移动互联网平台为企业提供了高效的信息管理平台，企业可以在此平台上设置产品、销售、生产等不同业务模块，并将相应的业务信息直接上传至信息管理平台。

二是基于互联网技术构建的ERP系统为企业提供了全面的成本数据，包括采购成本、销售成本、生产成本等。

三是企业可以将与经营决策相关的数据上传至大数据中心，利用大数据分析技术对企业经营行为进行预测，从而优化企业经营决策。

四是物联网技术为企业提供了设备远程监测和故障诊断功能。数字经济时代，由于数据呈现爆炸式增长，这就需要企业采取有效措施来对数据进行管理。

一要建立完善的数据安全体系，确保数据安全；二要建立统一的数据中心，对所有数据进行集中存储和管理；三要构建完善的数据分析模型，提高数据分析效率。

（四）加强对会计人员培养

财务管理人员培养要将信息化作为一个重要手段，将财务管理人员培训成既懂会计又懂信息技术的复合型人才。数字经济时代，企业对于财务管理人员的要求越来越高，这就要求企业要重视，加强对会计人员的培训。

一是要加强对会计人员的思想政治教育，让会计人员树立正确的世界观、人生观、价值观和权力观；二是要加强财务信息系统培训，提高会计人员信息技术水平和系统操作能力；三是要加强会计从业资格和继续教育培训，提高财务人员业务能力；四是要加强职业道德教育和职业道德评价体系建设，提高从业道德水准。只有这样才能满足企业在数字经济时代发展的要求。

（五）加强绩效管理

传统的绩效管理以目标和计划为主要内容，通过考评来确保目标的实现。绩效管理体系通常由组织层、管理层和员工层构成，其中组织层负责制定绩效目标，管理层负责设定考核指标，员工层负责对工作结果进行评价。绩效管理体系的建立过程需要与企业战略相匹配，并由人力资源部门与各业务部门沟通合作，共同制定绩效目标和考核指标。在实施绩效管理过程中，要注重对员工的激励和约束。例如，将绩效考核与薪酬激励相结合，将绩效考核结果与员工晋升、晋级、奖金发放等挂钩。另外，财务人员需要不断提高自身专业素养和综合能力，不仅要掌握财务专业知识、法律法规、会计准则等相关知识，还要对企业业务流程进行了解和熟悉。财务人员在参与企业经营活动的同时也要不断提升自己的职业素养，避免由于业务不熟悉而影响企业财务工作质量。

在数字经济时代，企业面临的市场竞争压力越来越大。为了提升自身的核心竞争力，企业需要不断地进行数字化转型升级，不断地引入新技术来提升企业的管理水平和创新能力。如果财务人员不能具备较强的创新能力和业务能力，就无法适应数字经济时代企业发展的新要求。

四、对财务人才的培养方向和方式进行相应调整

传统的财务人才培养模式，侧重于培养专业的财务会计人员，而对财务管理人员的培养则相对较少，且多是基于会计专业的知识来开展培训。随着企业业务的快速发展，企业在数字经济时代要适应新的发展趋势，在财务人员培养方面要作出相应调整。

首先，财务人员需要转变观念，打破专业壁垒。传统的财务人员培训方式多以会计专业知识为主，且重理论轻实践。数字经济时代要求财务人员要掌握信息化、数据分析、业务流程等多方面知识和技能，这对财务人员的知识结构提出了更高要求。其次，传统的会计专业知识和技能是财务人员最基本的工作要求和工作标准，除了会计专业知识外，还要增加数字技术等方面知识。同时要注重培养会计专业知识与其他学科之间的相互交叉和渗透。只有这样才能培养出具有复合型技能的高素质财务人员。

（一）注重会计与其他学科之间的交叉

会计学科是一门典型的多学科交叉的综合性学科，具有极强的实用性和应用性，而数字经济时代对会计人员的要求也具有多元化和综合性，需要会计人员掌握多学科知识。例如：在进行成本管理时，不仅要掌握财务管理知

识，还要掌握成本核算相关知识；在进行财务分析时，不仅要掌握会计专业知识，还要学习企业经营管理、市场营销、金融投资等方面的专业知识。

一方面，要加强对会计专业知识的培训力度，培养财务人员具备跨领域、跨学科、跨部门的综合素质；另一方面要加强对数字技术知识和技能的培训力度。例如：在进行成本核算时，可以将数据分析与企业经营管理相结合；在进行财务分析时可以将财务分析与企业经营管理相结合。通过加强对各学科知识的培训力度和对不同学科知识的融合力度，培养出具备多学科交叉能力和多领域专业技能的财务人员。

（二）培养财务人员的数据分析能力

数字经济时代，企业财务人员需要具备较强的数据分析能力，因为数字技术在企业财务管理中发挥着越来越重要的作用。数据分析是指运用专业的分析方法对企业经营和财务活动进行分析，以获取有价值的信息，为企业经营管理提供支持的过程。在数字经济时代，数据是企业最重要的资源，也是企业的核心资产。因此，财务人员要培养良好的数据分析能力，这就要求财务人员对传统会计核算和数据分析工作进行转变，将数据转变为价值。传统的会计核算主要是根据会计准则和制度进行，财务人员根据经验和判断进行。在数字经济时代，财务人员要发挥数据分析作用，需要从财务视角对企业经营状况和业务活动进行数据分析。只有通过对数据进行深入挖掘、分析、比较、综合和提炼，才能实现从数据到信息再到知识、能力、智慧等的跨越。同时，数据分析能力也是数字经济时代财务人员必须掌握的一项技能。如果财务人员缺乏对数字技术的学习和应用能力，在数字经济时代就很难实现转型升级和价值创造。

（三）注重培养财务人员的风险意识和风险管控能力

风险管理是企业管理的重要组成部分，财务人员作为企业的“看门人”，对风险进行有效管控是其首要职责。数字经济时代，随着业务的快速发展，企业面临的风险种类日益增多，给企业带来了不小的冲击。因此，培养财务人员风险意识和风险管控能力也成为企业发展中的重要环节。财务人员要对业务风险进行识别、评估和应对。首先，要明确业务风险的类别及类型，明确其对企业价值的影响；其次，要建立并完善风险预警机制和应急预案，降低或规避风险带来的损失；再次，在应对业务风险时，财务人员要积极与业务部门沟通交流，采用多种手段及时掌握业务进展情况和相关数据，从而更好地进行决策和应对。

随着数字经济的发展，企业的财务职能和人才需求也会随之变化，因此，财务人员需要转变观念，主动适应变化，提升自身能力。在数字经济时代，企业的财务管理要实现从核算型向价值创造型转变，而财务人员的能力也要由核算型向价值创造型转变。

除此之外，数字经济时代要求会计人员要掌握更多的技能和知识，提升自身综合素质和能力，从而为企业创造更多的价值。

第三章

财务数字化转型

财务数字化转型是指将传统的财务业务流程和操作转变为数字化形式，利用现代技术和工具来提高财务工作的效率和准确性。这种转型包括使用电子表格、财务软件和在线系统来管理和处理财务数据，以及采用自动化工具来执行财务任务，如财务报表的生成和分析、发票和付款的处理等。财务数字化转型还包括利用人工智能和大数据分析等技术来预测和优化财务绩效，以及实现更高水平的财务决策支持。

企业数字化转型的本质是通过应用数字技术来实现对数据的充分挖掘和利用，释放数据的价值。与传统经济不同，数字化经济不是简单地将实体世界数字化，而是通过对实体经济各要素的数字化来实现对实体世界的改造，实现从传统经济向数字经济的转变。通过实施财务数字化转型，企业可以减少人工错误和重复工作，提高财务团队的效率和生产力，同时也能够更好地满足业务发展的需求和提供更准确的财务报告。

第一节　财务数字化转型的背景和动机

在数字化经济时代，企业的财务数字化转型是一项复杂的系统工程，是数字时代企业转型升级的关键举措和重要引擎。2022 年，国资委印发《关于中央企业加快建设世界一流财务管理体系的指导意见》（以下简称》《意见》），开启了构建新一代智能财务管理系统的新部署。《意见》指出，企业要以数字技术与财务管理深度融合为抓手，主动运用大数据、人工智能、移动互联网、云计算、区块链等新技术，推动财务管理从信息化向数字化、智能化转型。加快财务数字化转型，建设并优化智能财税体系，已成为企业顺应时代要求的战略抉择和实现高质量发展的必由之路。

一、数字经济时代的财务

数字经济时代，“新”的含义有两个方面：一是新技术，二是新产业。随着大数据、云计算、人工智能等技术的发展，数字经济逐渐成为一种重要的经济形态，其产生和发展与信息技术革命和产业变革紧密相关。从信息技术革命到产业变革再到数字经济时代，信息技术的发展经历了一个由弱到强、由小到大、由低级到高级的演进过程。

数字经济时代的财务也在发生着深刻的变化。财务工作由传统会计核算向全面预算、会计分析、管理决策等职能拓展；财务管理由财务共享服务中心向战略管理、运营管理、共享服务转变；财务人员由核算型人才向管理型人才转变。由此可见，会计专业人才向复合型人才转型。

在数字化时代，传统的财务已经不能满足企业对财务人才的需求。在财务数字化转型的过程中，企业需要构建和实施新的组织架构和业务流程，这必然涉及传统财务部门与新部门之间的融合。比如，企业在创建新组织架构时，需要重新构建相关流程，制定相应的制度，在业务流程中引入信息系统，将原来传统会计核算中不太容易实现的一些职能数字化。因此，企业在数字经济时代下进行财务数字化转型时，需要充分考虑现有业务流程和组织架构等因素对数字化转型过程中财务人员管理职能的影响。

（一）财务人员管理职能的变化

财务人员是企业价值的重要创造者，他们在财务管理活动中发挥着至关重要的作用。随着数字化转型和技术进步，财务人员管理职能的内涵也在发生深刻的变化。目前，大多数企业的财务人员主要是从事传统会计核算和报表编制等基础工作，包括成本费用核算、报表编制、预算管理、税务管理、内部控制、资产管理等，其工作内容基本没有发生变化，主要是利用信息化技术来完成财务管理职能。未来财务人员将逐步实现从“记账型会计”向

“管理型会计”转型。财务人员的职能主要是对业务数据进行统计和分析，对业务的发生过程进行记录和监控。当前，很多企业已经将业财融合作为企业数字化转型的重要手段。未来，企业会逐渐把更多精力投入数字化、智能化过程中去，财务人员将从单纯的核算工作转向分析、预测、决策等职能工作，帮助企业实现战略规划、战略执行、运营控制等管理目标。

（二）现有组织架构对财务人员职能的影响

在传统的组织架构下，财务人员主要承担着核算工作，以手工作业为主，业务处理效率低且存在着较大的人为错误风险。随着信息技术的发展，财务工作逐渐实现了从传统核算到全面预算、财务分析和管理决策等职能的拓展，业务处理效率得到了大幅提升。但是，由于信息技术的应用导致财务人员面临着信息孤岛问题。业务部门与财务部门之间、不同业务系统之间、不同地域之间彼此独立，信息难以共享。为了解决这一问题，财务人员需要在不同业务部门、不同系统之间建立数据通道，保证财务数据及时传输到上级单位和其他相关部门，以保证财务信息能够及时用于内部管理。此外，企业的组织架构也会影响财务人员的职能和工作内容。由于组织架构的限制，财务人员一般不能独立完成某个具体业务流程的处理。因此，组织架构和财务人员职能是影响数字化转型过程中财务人员职能转变的重要因素。

二、财务数字化转型的必要性

财务数字化转型，是指传统的财务工作与现代信息技术、计算机技术和人工智能技术的深度融合。在数字化经济时代，企业面临着前所未有的机遇与挑战，企业要想获得持续发展，就需要在数字化时代建立起具有竞争优势的数字化财务管理体系。

从宏观层面来看，在国家不断推进供给侧结构性改革、建设现代化经济体系的大背景下，国家出台了一系列支持企业创新发展的政策，积极鼓励企业加大科技创新投入。同时，随着我国制造业转型升级和科技创新力度不断加大，制造业信息化发展也在不断加速，各行业信息化建设工作在近年来都取得了较大进步。同时，人工智能技术也在逐渐成熟。这些因素都为财务数字化转型提供了良好的外部环境。

从微观层面来看，企业是最典型的市场经济主体之一。财务数字化转型不仅有利于企业内部资源优化配置和精细化管理，还有利于提升企业的市场竞争力和经济效益。

第一，数字化财务可以帮助企业实现全面预算管理。预算是企业进行战略管理的重要工具之一。在数字化经济时代，随着互联网和云计算技术的不断发展，企业的生产经营活动已实现了数字化转型。传统意义上的预算管理已经无法满足企业管理需求。因此，全面预算管理成为新时代下企业进行战略规划和实施管控的重要工具。

第二，数字化财务可以帮助企业进行成本核算、财务分析与控制。在数字化经济时代下，产品生产和销售过程中产生的各种成本数据越来越多。如果不对这些数据进行及时、准确、全面的核算与分析，企业就无法有效地进行成本控制和产品成本核算，也就无法有效地进行财务分析与风险管控。

风险防范和投资决策管理是现代企业管理中非常重要的内容。随着全球化进程、信息技术发展速度的加快，以及科技创新不断取得新突破等因素影响，数字化时代下风险防范和投资决策管理已经成为现代企业管理中非常重要的内容。因此，只有将数字化财务与风险防范和投资决策相结合才能真正发挥出数字化财务在现代企业管理中应有的价值和作用。

随着信息技术在各领域中日益广泛地应用和融合发展，数字技术正成为推动经济社会发展、创新和变革的重要驱动力之一。随着数字化时代的到来和新一代信息技术广泛应用于各领域并发挥越来越重要的作用，数字化财务将成为未来财务工作开展的主要方式。在这样一个大背景下，以大数据、云计算、物联网等为代表的新一代信息技术将对财务工作产生巨大影响。

从微观层面来看，传统的财务管理模式已经不能满足现代企业发展需求，因此，需要通过转型升级来提高其工作效率和服务质量，在此过程中实现财务数字化转型是必经之路。

从宏观层面来看，财务数字化转型是为了适应国家经济发展需求和产业转型升级而提出的战略举措。在这个过程中，企业需要突破原有思维定式和工作习惯上存在的障碍，打破传统会计模式下“重核算、轻管理”以及“重结果、轻过程”等工作思维定式和工作习惯上存在的障碍来推动财务数字化转型进程。

三、财务数字化转型的基础与前提

财务数字化转型是一项系统性、复杂性工程，业财融合是财务数字化转型的基础与前提，也是企业财务数字化转型成功的关键。在业务财务一体化的背景下，企业需要根据自身业务特征、管理特点和流程特点，按照业财融合的原则，梳理出企业业财融合的方案，并以此为基础，以技术为手段、以数据为载体、以业务为目标，开展“业财一体”的实践。在推进“业财一体”实践时，可以采取以下两种方式：

一是通过信息化手段建设“业财一体”业务流程数据平台；二是通过信息化手段建设“业财一体”数据平台。第一种方式适用于较为成熟的企业；第二种方式适用于基础相对薄弱或业务相对简单的企业。

（一）企业需建立业财融合的目标和计划

基于企业战略发展、业务运营及财务管理目标，结合企业发展阶段和业务流程特点，通过分析企业现状和问题，梳理出业财融合的目标、方案及计划。

（1）将业务与财务高度融合，提升财务对业务的支持力度。通过构建业财一体化的业务流程数据平台，业务与财务深度融合，提升对企业各类型业务的支持力度。

（2）通过“业财一体”，实现对企业各类型经营活动的全过程、全方位监控与分析，及时发现并解决经营活动中存在的问题。

（3）通过“业财一体”实现对企业各项经营活动的实时监控和预警分析。通过实时监控，及时发现问题，及时采取有效措施解决问题。

通过事前控制，将风险扼杀在萌芽状态；通过事中控制，及时发现风险点并采取措施将风险控制在可接受范围内；通过事后控制，及时总结经验教训。通过事前、事中和事后三个阶段的分析与评价，为企业经营决策提供支持。

通过对各种经营活动风险指标的监控、对各种经营活动中存在风险点的分析以及对各种经营活动进行风险评估等方式，为企业管理层决策提供支持。

通过对企业各项经营活动进行综合评价，为企业管理层提供支持与建议；通过对企业各项经营活动进行综合评价，为企业管理层提供决策支持。

在业财融合过程中，实现数据在财务、业务和管理三个层面的共享和集成。

（二）业务部门与财务部门需共同参与业务流程和管理流程的梳理

由于财务数字化转型是一项复杂的系统工程，涉及企业管理、业务等多个方面，因此在实施财务数字化转型过程中，需要企业各部门积极参与。

业务部门作为业财融合的重要环节，应积极参与到业务流程和管理流程的梳理工作中来，并与财务部门共同参与到整个流程梳理工作中。具体来讲，企业需要根据自身业务特征、管理特点和流程特点，明确企业在业财融合过程中所要解决的问题及目标。通过梳理工作，找出影响业财融合的瓶颈环节及存在的问题。一方面，财务部门可以通过与业务部门沟通的方式，明确管理、业务流程的梳理要求；另一方面，在管理、业务流程梳理过程中，财务部门可以结合自身的业务流程特点，为业务部门提供有效的支撑和指导。

通过这样的方式可以加快业财融合进程。一方面，财务部门可以通过与业务部门沟通了解业务特点、管理特点和流程特点；另一方面，可以使财务部门了解业务、理解管理、把握流程。只有通过双方共同参与到流程梳理工作中来，才能真正实现财务数字化转型的目标。

企业还可以通过与信息化技术公司合作等方式，构建“业财一体”数据平台和数据中台，使“业财一体”项目得以顺利实施。

（三）打通企业内外部信息系统

财务数字化转型是要将企业的业务、管理和信息系统进行整合，实现财务和业务的深度融合，实现业财一体化管理。财务数字化转型过程中需要打通企业内外部信息系统，通过不同系统的连接、集成和共享，将企业内部财务数据、外部市场数据、行业数据等打通，形成统一的数据平台。这种信息平台的建立，需要实现业财融合所需的业务流程管理系统、财务会计系统和预算管理系统等信息系统的集成与共享。此外，在业财一体化的背景下，企业需要借助财务共享中心和财务共享服务中心来实现对企业内部各类资源的统一调配和管理。通过业财一体化系统建设，可以更好地支持企业内外部客户服务、市场营销、生产制造、资金管理等业务。

（四）将业务数据与财务数据进行有效融合

业务财务一体化的目标是将企业的业务和财务进行统一管理，实现业务与财务的有机结合，而不是仅仅将业务数据与财务数据进行简单的汇总。虽然企业信息化系统的数据量较大，但是由于在业务流程和管理流程上缺乏统一标准，数据没有被有效融合，导致信息孤岛问题严重。在财务数字化转型过程中，要积极地将业务数据与财务数据进行融合。

以业财一体化为导向，构建统一的业务流程数据平台。要在现有信息系统中增加业财一体化模块，将所有业务信息与财务信息进行整合、清洗、处理、汇总，最终形成统一的数据平台。通过统一的数据平台，一方面可以将原有分散在不同系统中的业务流程进行梳理和标准化；另一方面也可以打破不同系统间的壁垒，实现对业务信息和财务信息的深度融合，为业财一体化提供有力的数据支撑。

（五）将业财一体化数据平台建设作为实施的重点

首先，建设业财一体化数据平台是一项长期的工作，需要将其作为企业财务数字化转型的重点工作来抓。在实施“业财一体”的过程中，财务人员需要基于业务流程中的数据进行分析与挖掘，生成能够反映企业运营状况和经营成果的财务数据，这就需要将业财一体化数据平台作为企业“业财一体”的基础设施来建设。同时，该数据平台要能够支持企业在全业务链条上开展业财一体化实践，以实现对业务流程和管理流程的持续优化。因此，从技术层面来看，建设“业财一体”数据平台要从以下几个方面着手：

第一，在软件开发方面，要将业财一体化的功能模块融入系统中，让业务人员、财务人员、管理层都能够通过该系统更好地协同工作。

第二，在数据采集方面，要将业财一体化数据平台所产生的数据作为核心数据源进行采集。这就要求企业要在软件开发上使用统一标准、统一接口，以实现与业务流程相关的数据在该平台中的交互和融合。

第三，在信息传输方面，要通过电子邮件、微信等多种方式将信息实时地传递给各业务部门或各业务岗位人员。

第四，在信息使用方面，要确保企业信息系统和业务流程同步运行、同步更新。因此，企业需要通过多种方式持续地更新完善业务流程及系统数据。

第五，在信息安全方面，企业要建立严格的信息安全管理制度和技术措施。因此需要构建完善的网络安全体系、安全策略和安全管理制度。

第六，在信息共享方面，企业要制定明确的共享标准和接口规范。因此需要对业务流程进行梳理和标准化处理，并制定相应的接口规范来确保业财一体化系统与其他业务系统之间能够实现数据互联互通。

（六）培养与积累企业财政融合的复合型人才

财务数字化转型中的业财融合，需要高素质复合型人才来实施。由于业务财务一体化对财务人员提出了更高的要求，这就需要培养与积累企业业财融合的复合型人才。复合型人才需要具有很强的知识、技能和思维能力，能够在业务和财务之间，在企业内部、企业外部和国际市场之间进行有效沟通和协调。在业财融合的背景下，既懂业务又懂财务的复合型人才是最好的选择。具体而言，具有以下几个方面能力的人才是比较好的：一是能够在业务流程中发现问题，并提出解决问题的建议；二是能够在业财融合过程中提出富有前瞻性、建设性和可操作性的管理建议；三是能够有效推动企业业财融合工作；四是具有较强的组织协调能力和良好的沟通能力；五是具有良好的风险管理意识。

复合型人才可以从以下几个方面进行培养：一是通过会计课程培训，让财务人员掌握业财融合所需要掌握的基本知识和技能；二是通过企业财务管理岗位实践，让财务人员能够通过自己参与管理活动，理解企业业务、财务管理与流程之间关系，以及业务与财务在企业经营中所处地位，并能够在此基础上提出有建设性和可操作性的建议；三是通过企业内部培训，让财务人员了解业务流程、相关知识及对业务流程进行管理分析所需具备的工具和方法；四是通过企业外部培训，让业务人员了解企业生产经营活动中存在哪些问题以及产生这些问题的原因，以及如何通过信息化手段解决这些问题；五是通过外部咨询公司培训，让财务人员了解如何对业务流程进行梳理和优化、如何运用先进的工具和方法等。总之，在业财融合背景下，财务数字化转型需要培养与积累具有专业能力、全面知识和良好思维能力的复合型人才。

四、企业对财务数字化转型的态度与动机

通过对国内外的财务数字化转型研究文献进行分析，可以发现，尽管国

内外对于财务数字化转型的定义与研究视角存在一定差异，但绝大多数学者认为，企业进行财务数字化转型是其履行经济责任的需要。

在相关文献中，已经有不少学者探讨了企业进行财务数字化转型的动机问题。这些研究主要基于对国内外有关财务数字化转型文献的梳理、分析与总结，并结合具体案例进行深入剖析。通过研究发现，不同企业进行财务数字化转型的动机存在差异。同时，这些研究也反映了目前财务数字化转型研究中存在的一些问题，如缺乏对企业进行财务数字化转型动机的深层次挖掘；对财务数字化转型过程中涉及的不同主体（企业、员工、部门等）之间相互作用、相互影响机制等问题缺乏深入分析等。这为当前我国企业进行财务数字化转型提供了理论依据，也为实践提供了有益参考。

（一）履行经济责任

履行经济责任是企业开展经营活动的首要目的。根据《中华人民共和国企业所得税法》《中华人民共和国个人所得税法》《企业财务通则》《企业会计准则》等法律法规的规定，企业有义务通过生产经营活动，创造价值，实现盈利。因此，履行经济责任的核心是通过生产经营活动创造价值。

当前我国经济发展进入新常态，市场竞争日趋激烈，企业必须不断提升自身的竞争力以应对日益激烈的竞争。为了提高自身竞争力，企业必须在生产经营中重视并加强对价值链上各个环节的创新。财务数字化转型是以技术进步和信息技术创新为基础的，具有较强的技术驱动特征。通过财务数字化转型，企业能够有效降低运营成本、提高管理效率、强化风险控制，从而提升企业的核心竞争力。在我国数字经济快速发展的背景下，数字化已经成为引领社会经济发展的新引擎，并日益成为一种新的生产要素。在此背景下，对于我国企业而言，数字化转型已经成为其履行经济责任、实现可持续发展的重要手段。在财务数字化转型过程中，企业可以通过对业务流程进行再造、管理模式与组织架构进行调整等方式不断提升自身竞争力，以适应数字化时代对自身经营管理方式的要求。同时，数字技术为财务数字化转型提供了更多可能。财务数字化转型可以推动财务流程自动化、智能化发展，并能够加速管理职能从后台走向前台。这不仅有利于提升财务工作效率与质量，还有利于提升企业核心竞争力。

（二）履行社会责任

企业是社会经济活动的主要组织，其社会责任也是企业社会责任的重要组成部分。在经济发展新常态下，企业只有积极履行自身社会责任，才能获得更多的发展机遇。近年来，随着我国经济增速放缓，越来越多的企业认识到社会责任对于企业发展的重要性，纷纷通过自身财务数字化转型为企业履行社会责任提供支持。在这些企业中，以顺丰为代表的互联网科技公司凭借其强大的信息技术能力与平台优势，通过财务数字化转型提升自身服务能力与服务水平，实现自身社会责任目标。同时，这些公司也通过开展扶贫、环保、公益等项目，承担起企业社会责任，赢得了较高的口碑与声誉，为企业更好地履行社会责任奠定了基础。

（三）履行环境责任

在我国，企业是国民经济的重要组成部分，也是实现绿色发展、构建和谐社会的重要力量。企业在创造经济价值的同时，需要承担一定的环境责任，而财务数字化转型可以为企业履行环境责任提供有效工具。

对于企业而言，财务数字化转型有助于减少业务活动对环境造成的负面影响，实现经济效益与环境效益的平衡发展。通过对相关文献进行梳理可以发现，在环境保护方面，越来越多的企业通过开展绿色业务活动、开发绿色技术、使用绿色金融工具等方式履行环境责任。同时，企业也在通过建立完善的环保体系、加大对环保设施的投入等方式降低对环境造成的负面影响。例如，华为通过采购绿色产品、使用绿色能源等方式积极践行环保理念。同时，华为也通过构建完善的数据信息管理体系和实施绿色采购体系来降低对环境造成的负面影响。

在履行社会责任方面，财务数字化转型有助于实现经济效益与社会效益的平衡发展。

一方面，企业可以利用财务数字化转型获取更多真实、准确、及时和完整的数据信息，使其能够作出科学合理的决策；另一方面，企业也可以利用数据信息开发出更多更好的产品和服务来满足市场需求。例如：京东利用财务数字化转型掌握了海量客户数据和交易数据，对其商品、服务进行精准定位与定价。同时，京东还利用财务数字化转型为其客户提供“全周期”服务体系，从商品选购到收货再到售后服务等全流程服务。此外，京东还通过大数据分析来指导其运营决策和运营方式改革。例如，京东利用财务数字化转型优化了采购业务流程和成本核算过程中的数据分析水平。

第二节　财务数字化转型的关键要素、风险挑战和实施路径

当前，企业数字化转型进入快车道，财务数字化转型也成为企业数字化转型的重要组成部分。财务数字化转型是利用数字技术和方法来推动财务业务模式转变，通过整合系统和流程实现价值创造的过程。企业如何从“以核算为中心”的传统财务管理模式转变为“以价值创造为中心”的新财务管理模式，进而实现财务数字化转型，成为众多企业需要解决的问题。以下从企业进行财务数字化转型的关键要素、风险挑战以及实施路径三个方面进行阐述。

一、企业进行财务数字化转型的关键要素

财务数字化转型是企业进行数字化转型的重要组成部分，是实现财务共享、提高财务工作效率和质量的必然要求。

（一）对财务数字化转型的必要性有充分认识

财务数字化转型可以帮助企业实现财务共享，使数据能够及时、准确地被收集并整理，从而提高信息收集和处理效率。同时，通过财务共享系统的应用，可以将原有的财务工作流程固化到系统中，使其成为数据处理的标准流程和规范，从而提高数据标准化程度和流程规范化程度。财务数字化转型还可以为业财融合提供基础，通过对业务数据和财务数据进行分类整理和分析，业财融合可以更加全面和深入。另外，还可以通过业财融合进一步优化业务流程，提高企业管理效率。因此，企业在进行财务数字化转型时需要充分认识到其必要性和重要性，并将其纳入企业战略规划之中，积极推动财务数字化转型工作的开展。

（二）明确财务数字化转型的价值和目标

财务数字化转型是为了更好地服务企业，帮助企业实现价值创造。财务数字化转型的价值目标是通过利用先进的技术手段，提升企业的财务管理水平，实现数据驱动下的业财融合。

从财务共享的角度看，企业可以实现数据的自动采集、自动分类、自动归档等功能，通过将财务业务流程和规则固化到系统中，成为企业数据处理的标准流程和规范，从而实现数据的标准化，为后续的智能化管理奠定基础。

从数字化转型的角度看，企业可以通过数据分析构建企业知识图谱，实现对数据资产的管理和利用，有效提高企业数字化程度和知识转化效率。财务数字化转型还可以为企业提供丰富、全面的财务数据资源，帮助企业更好地掌握经济运行规律并为企业经营决策提供支持。例如，可以通过分析企业的应收账款数据，了解企业现金流情况、信用情况等信息，对企业进行风险评估和预警，从而帮助企业制定资金管理计划。

从业财融合的角度看，财务数字化转型可以使业财深度融合。通过业财系统之间的数据共享、业务协同，将业务与财务有机结合起来，从而更好地实现业财融合。同时还可以利用大数据、人工智能等技术对业财数据进行智能分析和挖掘，通过业财信息共享与业务联动、决策支持、流程优化等手段提高财务价值创造能力。

从成本效益的角度看，财务数字化转型可以更好地发挥成本管控作用。财务数字化转型可以将现有财务核算流程再造和优化并固化到系统中去，通过构建智能会计系统来对各业务环节进行管控和监督。通过将自动生成的凭证、报表和相关数据录入到智能会计系统中，不仅可以自动生成凭证、报表等资料，还可以实现对已生成的各类报表进行智能分析并输出相关分析报告。

从业务价值创造来看，财务数字化转型可以通过加强业财融合、优化流程和工具、构建数据共享平台等手段提高企业的财务管理效率和质量。同时，财务数字化转型还可以帮助企业实现降本增效，从而提升企业的盈利能力。例如，通过建立智能业财系统可以将企业财务核算及审核流程固化到系统中去，并通过对各业务环节数据的收集、分类、汇总和分析，实现业财数据共享及业务与财务的无缝对接。在此基础上，通过构建业财融合平台、大数据分析平台和智能会计系统等工具，可以为企业提供更加全面、丰富和精准的数据资源，并帮助企业在经营决策、风险控制和绩效评价等方面实现智能化应用。

从数据价值创造来看，财务数字化转型可以通过构建知识图谱来提高数据的应用价值。知识图谱是将知识实体及其关系用数字化形式表示出来的一种新型数据库，是对海量信息进行快速、高效地检索和分析的工具。通过构建知识图谱，可以帮助企业快速定位企业所需信息并为其提供更高效、精准的服务。例如：通过对财务数据进行分类和提炼，可以构建会计知识图谱来提高数据资产利用效率；通过构建风险管理知识图谱可以提高企业风险识别能力和防范能力；通过构建绩效评价知识图谱可以提高绩效评价能力。

（三）财务数字化转型需要考虑的因素

从当前形势来看，企业开展财务数字化转型是大势所趋，但这并不意味着企业可以忽视或忽略财务数字化转型的相关因素。在财务数字化转型过程中，企业需要重点考虑以下几个因素。

一是管理层的支持。财务数字化转型是一个长期的过程，企业需要管理层的支持与引导。管理层应充分认识到财务数字化转型对于企业发展的重要性，并对此给予必要的重视，通过建立相应的制度和机制来促进财务数字化转型工作顺利开展。

二是技术研发能力。当前，人工智能、大数据等技术已经发展成熟并应用于众多领域，其中以人工智能和大数据技术为主的智能会计系统应用最为广泛。企业应不断加大研发投入，积极培养相关技术人才，以不断提高智能会计系统的应用水平和质量。

三是业财融合能力。财务数字化转型是建立在业财融合基础之上的，因此，企业应积极加强业财融合能力建设。一方面，要不断提高财务人员对业务流程和业务规则的理解与掌握程度；另一方面，要加大对业财融合专业人才的培养力度，通过开展培训和教育活动来提高他们的综合素质和专业能力。

四是数据安全保障能力。随着企业间跨地区、跨行业、跨领域合作的不断深入发展，企业间数据共享成为必然趋势，这就要求企业加强对数据安全保障能力建设。首先要建立健全相关规章制度和操作规范。其次要建立完善的数据安全保障体系并不断加强其建设力度。最后还需要加强对数据安全防护技术和管理人员的培训工作，确保数据安全保障体系有效运行。

五是信息化人才培养能力。在财务数字化转型过程中，信息技术人才是推动财务数字化转型的重要力量。因此，企业应加强对信息化人才的培养力度，通过完善相关制度和机制来激发信息化人才的工作热情和创造力。

六是风险管控能力。随着人工智能、大数据等技术在财务领域应用逐渐深入和成熟化，风险管控能力也应得到相应提升。企业在进行财务数字化转型过程中应尽可能地减少对财务人员人力资源的依赖程度，并不断加大对相关技术应用安全和数据安全方面的投入力度。同时还应建立完善相关制度和机制来有效防范风险，确保财务数字化转型工作能够顺利开展并取得良好效果。

二、财务数字化转型的风险和挑战

随着数字化转型的不断推进，财务数字化转型成为企业在新经济时代实现高质量发展的必然选择，财务数字化转型也存在诸多风险和挑战。

财务数字化转型的风险具体包括：财务人员转型意愿不强，业务人员对数字化转型的认知不足；财务数字化人才缺乏，高端人才和复合型人才匮乏；财务数字化投入成本较高，资金压力较大；相关管理制度不完善，缺少完善的管理制度和流程。

在财务数字化转型过程中，存在的挑战包括以下几个方面：

（1）技术障碍。财务数字化转型的技术包括业务数字化、数据标准化、系统平台化等，这些技术难度大，投入成本高，对企业的信息化能力有较高要求。

（2）人员障碍。财务人员需要具备强大的学习能力、沟通能力、数据分析能力等，但企业缺乏相应的人才培养体系，同时，财务人员对传统业务的熟悉程度也在一定程度上影响了财务数字化转型。

（3）组织障碍。企业需要构建与财务数字化转型相匹配的组织架构和管理模式，改变传统的组织架构和管理模式，但这对现有的业务流程、人力资源等都是挑战。

（4）数据障碍。财务数字化转型需要企业数据管理体系不断完善和升级，对企业原有数据的采集、整理、整合及分析能力提出了更高要求。但在当前数据质量参差不齐、标准不统一等情况下，企业缺乏相应的数据标准和管理制度来规范数据采集和处理过程，这在一定程度上限制了财务数字化转型的步伐。

（5）文化障碍。企业需要建立与财务数字化转型相适应的文化体系，改变原有的文化习惯和行为方式，并建立相应的激励机制来推动财务数字化转型。

在财务数字化转型过程中，企业应注意以下几点：

（1）要科学合理制定财务数字化转型计划和策略，在制订计划的时候要考虑企业的现状和未来发展的战略目标。

（2）要根据实际情况选择合适的实施方案，不能盲目跟风或追求高大上。

（3）要加大资金投入力度，降低对人员管理的要求。

（4）要对财务人员进行职业培训，提升其数字化意识和技能。

（5）要构建完善的财务数字化人才培养体系。

（6）要对数据进行有效管理，避免数据泄露或被滥用。

（7）企业领导和管理者要重视财务数字化转型工作，提供必要的支持和保障。

三、企业进行财务数字化转型的实施路径

随着数字经济的深入发展，企业财务数字化转型已经成为一种趋势。财务数字化转型是指通过应用数字技术，对财务工作流程进行再造，优化资源配置，实现财务价值创造的过程。随着企业数字化转型的深入推进，越来越多的企业认识到财务数字化转型的必要性。然而，大多数企业对于财务数字化转型缺乏清晰的认识和认知，也没有形成行之有效的推进策略。

从企业层面来看，如果缺乏顶层设计和规划、缺少标准流程、缺少数据积累、缺少人才支撑和缺乏技术应用等，将导致财务数字化转型难以落地；从项目层面来看，由于缺乏合适的项目管理工具、缺乏整体项目实施规划、缺乏标准的运营体系和相关人才等，将导致财务数字化转型难以取得实质性进展。因此，企业要从战略上高度重视财务数字化转型工作，并在战略层面将财务数字化转型作为公司运营管理的重要组成部分。

（一）强化顶层设计

财务数字化转型是一个复杂的系统性工程，需要在企业战略的高度上，从业务角度出发，结合企业自身发展情况进行顶层设计。首先，需要企业明确财务数字化转型的目标和定位。财务数字化转型是为了提高财务管理效率、

降低财务成本，进而提升公司价值创造能力，因此，需要在充分考虑公司战略目标和未来发展方向的基础上，结合公司实际情况和财务管理特点，制定符合企业实际发展状况的转型目标和定位。其次，要梳理并明确转型路径。财务数字化转型需要打破传统财务流程，建立高效的数据分析、业务处理及决策支持系统。因此，需要在明确目标定位的基础上，梳理并明确转型路径。企业需要从组织架构、制度体系、业务流程、人员配置等方面入手，制定切实可行的转型方案，并不断根据企业实际情况进行完善和优化。

（二）设置标准流程

标准流程是财务数字化转型的重要支撑，是企业进行财务数字化转型的重要基础。没有标准的流程，就难以实现财务数字化转型。企业要利用信息化和数字化技术，设计并完善符合自身特点和业务发展需求的标准流程，确保所有业务流程均能够被记录、可追踪、可分析，从而保证数据质量，确保系统内信息的一致性和完整性。在此基础上，要不断优化和完善财务数字化转型所需的标准流程，通过数据分析来挖掘数据价值，并将其应用于业务流程的优化升级之中，实现财务数字化转型。

在标准流程设计阶段，企业要结合自身特点和业务需求，对先进企业进行对标研究。具体来说，可以参考行业内已经建立的标准流程，例如会计准则、管理会计指引等；也可以借鉴其他企业已有的标准流程，例如用友公司和金蝶公司在财务共享中心建设方面制定了统一的标准流程。同时，企业在开展财务数字化转型工作时要结合自身实际情况进行个性化创新。例如某制造企业通过对财务数字化转型进行整体规划和系统设计之后，制定了一套符合自身特点和业务发展需求的标准化流程。

（三）加强数据积累

数据是企业数字化转型的基础，没有数据积累，企业无法真正实现数字化转型。因此，财务数字化转型必须要有海量、持续的数据积累，这是财务数字化转型的基础条件。在具体实施过程中，可以采取以下措施：

首先，做好数据收集工作。企业要根据自身发展战略和业务需求，构建完善的数据采集、存储、管理与共享机制，从内部财务系统、外部电子发票系统等多个渠道获取财务数据，并对数据进行清洗和整理，将其转化为满足企业需要的财务指标体系和分析模型。

其次，积极探索财务数字化转型的新模式。企业要根据自身业务发展需求，制定相应的数字化转型规划与实施方案，积极探索数字化转型新模式。例如，在业财一体化方面，企业可以将业财融合与业财一体化有机结合起来；在财税一体化方面，企业可以将会计核算与税务处理相结合；在预算管理方面，企业可以将预算管理与财务核算相结合。

最后，建立完善的数据标准和规范体系。财务数字化转型需要企业内部各业务部门和技术部门共同参与。为了更好地发挥各方作用，企业应制定统一的数据标准和规范体系，使各业务部门、技术部门以及相关管理人员能够按照统一的数据标准进行信息采集和系统操作。同时还应加强信息系统建设与运维管理工作。通过建立统一的数据标准和规范体系，将能够实现对各业务系统间数据的集成与共享，从而保证财务数据的一致性和准确性。

（四）加强财务数字化人才培养与建设

财务数字化转型需要一支高素质、高技能的人才队伍，为财务数字化转型提供强有力的人才支撑。企业应建立健全财务数字化转型所需的人才培养机制，建立完善的人才培养体系，并不断创新人才培养模式，充分利用线上线下相结合的学习方式，开展专业的培训工作，加强复合型人才培养。在知识培训方面，可通过邀请专家授课、安排经验丰富的业务人员分享经验等方式，进行知识培训。在技能培训方面，可通过安排相关专业人员对员工进行技能培训、开展相关专业技术竞赛等方式进行技能培训。此外，可以通过实施轮岗制、外派学习、引入外部专家等方式进行岗位培训。同时，还应积极鼓励员工在工作中学习、在学习中工作，并将学习成果应用到实践中，将财务数字化转型与业务实际相结合。

财务数字化转型的基础是人才建设，没有人就没有数字化，因此，人才建设是财务数字化转型的核心。随着数字化时代的到来，企业的竞争不仅体现在产品或服务的竞争上，也体现在人才的竞争上。随着企业从传统企业向现代企业转变，对人才要求越来越高，不仅要求具备专业的知识技能、还要具有创新能力、跨界整合能力等。此外，企业对人才的需求也不再仅是单一会计专业人员，而是复合型人才。因此，财务数字化转型需要财务人员具备专业的财务知识和技能，同时又要具备数字化思维、技术创新能力以及数据分析能力。为此，企业需要建立完善的人才培养体系和机制，在内部培养和外部引进两方面加强财务数字化人才建设。

一方面要通过内部培训和学习来提高自身专业水平和业务技能；另一方面要加强外部引进力度，吸纳优秀人才加入财务数字化建设中。

（五）加强技术应用

当前，财务数字化转型已经从“小财务”阶段发展到“大财务”阶段，越来越多的企业已经意识到技术对财务数字化转型的重要性，并加强了技术应用。例如，2018 年，联想集团与 IBM、中软国际共同投资成立了一家专注于人工智能与大数据的合资公司，即联想人工智能科技有限公司（简称“AI 公司”），主要为企业提供基于人工智能的管理咨询服务。该合资公司已经开始在金融、制造、能源、零售等领域进行探索与实践。

中国石油天然气集团有限公司（以下简称“中国石油”）是国有特大型石油石化企业集团，截至 2021 年底，中国石油已建成世界一流的智慧油田、智慧管网、智慧管道、智慧炼化和智慧销售等“五智”工程。2020 年 9 月，中国石油与华为签署战略合作协议，双方将在智能制造、科技创新、能源互联网、新业务领域等领域展开深入合作。2021 年 5 月，中国石油与华为公司在北京签署战略合作协议。双方将围绕能源全产业链智能化转型升级开展战略合作。双方将围绕数字赋能能源转型和企业数字化转型需求，推动智能管控体系建设和数字能力提升等领域开展合作。华为公司是全球领先的 ICT（信息与通信）基础设施和智能终端提供商。中国石油与华为公司的战略合作具有里程碑意义，对两大企业的发展具有深远影响。双方的合作将有助于中国石油和华为公司进一步深化在能源转型领域的合作，推动石油石化企业高质量发展。

（六）加强企业文化的变革与创新

企业文化是企业发展的灵魂，是企业长期经营实践中形成的经营理念、价值观念和道德规范的总和。随着时代的发展，企业文化也在不断地发展与变革。在财务数字化转型过程中，企业需要将财务管理、业务运营等各方面融入企业文化中，建立与财务数字化转型相适应的企业文化体系。

首先，财务人员需要转变观念，提升对财务数字化转型的认识水平。在财务数字化转型过程中，需要员工具备一定的计算机知识和操作技能，改变原有的工作习惯，积极适应新技术带来的变化，并建立相应的激励机制。

其次，企业需要建立与财务数字化转型相适应的企业文化体系。一是要树立正确的价值观和经营理念，以用户为中心、以价值创造为导向、以数据为驱动、以创新为手段；二是要建立以共享服务为基础的文化体系。将共享服务作为企业文化的一部分来进行培育和弘扬；三是要建立以数据为驱动、以创新为手段、以文化为支撑、以价值创造为目的的新理念。

总之，财务数字化转型需要企业构建完善的财务数字化转型机制和人才培养机制，形成财务数字化转型所需的人才队伍。只有构建起专业高效、高素质的财务数字化转型人才队伍，才能有效推动企业财务数字化转型工作的顺利实施。只有这样，才能有效提升企业整体财务管理水平和核心竞争力。

通过对财务数字化转型的必要性、实施路径进行阐述，可以发现财务数字化转型是大势所趋，因此企业需要尽早启动财务数字化转型工作。从企业自身角度出发，可以从优化数据基础、完善系统建设、加强人才储备三个方面推进财务数字化转型。通过对现有的流程进行梳理，寻找存在的问题，并通过引入新的技术工具，来提升效率。在财务数字化转型过程中，可能会面临一些挑战，如数据安全、数据隐私、业务连续性等。企业需要明确数字化转型的目标和方向，以问题为导向，明确自身在财务数字化转型中存在的不足之处，并通过不断实践来解决这些问题。

第三节　财务数字化转型的实施策略

企业数字化转型的核心是实现对数据的充分挖掘，释放数据的价值。财务部门是企业经营活动的重要参与者，从传统财务向数字化财务转型是大势所趋。为了帮助财务部门更好地适应企业数字化转型的要求，以数字经济时代的企业数字化转型为背景，针对如何科学合理地制定财务数字化转型计划和策略，以及在实施过程中可能会遇到的风险进行了探讨。

一、财务数字化转型的策略

从财务部门角度来看，数字化转型首先需要对企业未来的发展趋势进行预测。根据国际上普遍认可的研究成果和行业经验，未来企业要想取得更好发展，需要做到以下几点：

第一，要从以产品为中心转向以客户为中心。目前国内大部分企业都是以产品为中心来管理经营业务，客户需求不能得到很好满足；

第二，要从注重产品的功能和质量转向重视服务和体验；

第三，要从注重销售转向重视营销；

第四，要从关注成本转向关注价值创造；

第五，要从注重生产管理转向注重供应链管理；

第六，要从注重线下经营转向线上线下协同发展。

财务部门作为企业的经济活动参与者之一，也需要适应未来发展趋势进行转型。具体来说，财务部门应充分利用自身优势，可通过以下几个方面推进数字化转型。

（一）通过大数据分析提高财务管理效率

企业在财务管理过程中，需要对大量数据进行处理和分析。例如，对企业的应收账款、应付账款、存货等进行分类管理；对企业的融资情况、投资回报情况等进行分析；对企业的财务状况和经营成果进行评价，这些工作都需要通过财务分析来实现。

财务部门可以利用大数据分析工具对这些数据进行处理和分析，从而找到潜在的问题，为企业未来发展提供参考。例如，某房地产开发公司在采用“大数据”技术对房地产开发项目进行全过程管控后，通过数据分析，发现存在资金使用效率不高、项目风险大、项目收益低等问题。公司通过采取调整建设计划、调整工程进度计划、调整营销方案等措施，使房地产开发项目的资金使用效率和项目风险得到了有效控制。例如，某汽车销售公司在使用“大数据”技术对客户购买行为进行分析后，发现新能源汽车的市场潜力很大，并据此制定了未来三年的发展计划。

（二）通过流程标准化和数据标准化提高财务管理质量

流程标准化和数据标准化是财务数字化转型的核心内容，是通过制定各种规范流程和数据标准来推动财务工作流程优化、提高财务工作效率和质量的过程。在流程标准化方面，根据业务发展需要制定企业的标准业务流程。

标准业务流程能够帮助企业减少资源浪费，减少重复性劳动，提高工作效率，降低成本。标准业务流程不是一成不变的，其随着企业业务发展、组织结构调整以及人员变化等都会不断更新优化。在制定标准业务流程时要注意以下几点：第一，要充分考虑到不同规模、不同发展阶段的企业对不同标准业务流程的需求；第二，要根据企业实际情况制定标准化的工作流程，而不是简单地照搬照抄；第三，要充分考虑到企业战略规划和经营计划的变化。

在数据标准化方面，首先，要制定统一的数据标准。数据标准是指不同的系统之间所共享和使用的数据格式、编码规则和属性设置等方面的共同规定。在制定数据标准时需要注意以下几点：第一，要确保数据标准适用于不同系统之间；第二，要保证数据标准能够有效地在不同系统之间流通；第三，要确保不同系统中的数据具有一致性。其次，要对数据进行分类和分级。对不同类型的数据进行分类，如按时间、按部门、按内容等；对不同类型的数据进行分级，如按来源、按目的、按范围等。在进行数据分类和分级时应注意以下几点：第一，分类和分级必须全面，在分类过程中不仅要考虑到各业务单元之间存在的共性问题，还要考虑到业务单元之间存在的差异性问题；第二，分类和分级必须全面、准确，分类和分级应该充分考虑企业自身实际情况和外部市场环境等因素；第三，分类和分级必须科学、合理，在进行分类和分级时应充分考虑企业发展战略、行业特点、竞争状况等因素；第四，分类和分级必须具有可操作性，在进行分类和分级时应充分考虑不同类型数据在不同系统之间流通所需要时间和成本，以及采用不同系统时所需要的维护成本等问题。

（三）通过自动化和智能化手段提高财务管理水平

数字化转型需要通过应用自动化和智能化技术来提高财务管理效率。目前很多企业都已经开始应用财务机器人，实现对日常工作的自动化处理，如自动生成凭证、自动生成报表、自动开具发票等。这些应用极大地提高了财务工作的效率和质量，大大减轻了财务人员的工作负担，让财务人员从大量烦琐的日常事务性工作中解脱出来。财务机器人可以把企业运营管理的各环节抽象为数学模型，通过大量数据的模拟运算来实现对各个环节的自动控制。例如，财务机器人可以通过对业务数据进行分析来预测未来成本和费用支出，从而帮助企业进行成本控制；财务机器人还可以通过模拟人工操作实现对企业生产经营流程的自动控制。

智能系统可以实现财务管理工作的智能化。目前国内很多企业都在应用基于云计算、大数据和人工智能技术打造的智能化系统。例如，中国石油集团推出“数智中台”，将分散在各个业务领域的数据资源进行整合和加工，形成统一的数据标准和模型。企业通过将标准化后的数据资源导入“数智中台”，然后通过云计算、大数据等技术对数据进行深度分析，最后将分析结果呈现给用户。中国石化集团建立了一套基于大数据、人工智能技术打造的智能化系统，实现了从预算编制、资产管理、成本管控、资金管理等各方面的智能化应用。中国建筑集团通过构建“建筑工业化+信息化”工程，建立了“智慧工地”信息系统平台，实现了工程项目施工现场“无纸化”作业和远程监控管理。智能技术还可以在企业运营管理中发挥重要作用。智能技术可以提高财务工作效率和质量，例如：通过运用机器人来自动完成报账流程；通过运用智能识别技术来识别发票真伪；通过运用大数据技术来对客户交易行为进行分析预测；通过运用 RPA 技术来实现财务报销流程自动化等。这些应用可以大大提高企业运营管理效率和质量。

智能化系统和机器人可以为企业提供智能化决策支持，例如基于大数据分析来预测未来成本、基于 RPA 技术来自动生成报表等。智能系统和机器人还可以帮助企业提高客户服务水平，如通过在线客服系统与客户进行在线沟通，从而为客户提供更好的服务。

二、财务数字化转型的重点任务

随着新一代信息技术的发展，数字经济的不断涌现，数字化转型已成为企业实现战略目标的必然选择。财务数字化转型是实现企业战略目标、构建财务竞争优势的必然要求。从目前数字化转型实践来看，财务部门需要在财务数字化转型的战略规划、组织变革、技术应用、流程再造和文化建设等方面采取一系列举措。

在战略规划方面，企业需要进行整体规划，在此基础上对不同业务进行分层，并将整个战略目标分解为财务目标和业务目标。通过对企业内部各部门的现状进行分析，制定相应的战略规划，以确保企业的各项业务能够高效、精准地运行。

在组织变革方面，企业需要设立数字化转型组织架构，构建包括数字化领导小组、数字化转型委员会和数字化转型办公室等在内的数字转型组织体系。此外，企业还需要建立数字化人才队伍，以确保数字技术和业务需求能够有效对接。

在技术应用方面，企业需要推进财务数据中台建设、流程自动化改造、财务机器人研发、智能风控系统建设等工作。

（一）财务数据中台建设

财务数据中台是指以数据为基础，通过对企业的财务数据、业务数据等进行整理、加工、存储和应用，将海量的财务数据和非结构化数据统一转换为企业可用的高质量数据，并进一步支撑企业的分析决策、经营管理和风险控制等业务活动，从而使企业能够实现业财融合，推动企业的数字化转型。

财务数据中台通过建立统一的底层数据架构、规范财务指标口径、打通业财壁垒，实现业财数据一体化，帮助企业实现业财融合。财务数据中台可以分为财务云平台和财务中台两个部分。前者主要包括业务中台、数据中台和应用中台等，主要为业务人员提供便捷的服务；后者主要包括共享服务中心和智能风控系统等，主要为管理层提供决策支持。

在财务中台建设过程中，需要对企业内部各部门进行深入调研和分析，并结合业务需求确定财务中台建设方案。在方案确定后，需要通过实施项目来验证财务中台的效果。同时，企业还需要选择合适的平台工具对财务数据进行采集和加工，以确保财务数据的质量。

（二）流程自动化改造和财务机器人研发

财务流程自动化改造和财务机器人研发，是指在现有的业务流程基础上，通过应用计算机技术、人工智能技术等，对企业现有的财务业务流程进行重新设计，并引入智能机器人等新技术，以提高财务作业效率和质量。

目前，很多企业已经开始着手进行流程自动化改造。例如，用友公司的“业财一体”模式就是对企业传统业务流程的再造，通过业财融合将传统财务业务流程与互联网结合起来。另外，中国移动也在财务领域进行了流程自动化改造的探索。

财务机器人是一种以计算机程序为基础的新型自动化设备，它可以替代财务人员完成重复性、高风险、耗时长的工作任务。近年来，一些大型企业已经开始了财务机器人研发工作。例如，海尔集团已经完成了对“云镜”财务机器人的开发工作，并已在其业务中进行了广泛应用。除此之外，海尔集团还在进行其他类型的财务机器人研发工作。例如，华为公司已经研发出了一款名为“阿法狗”的财务机器人，该机器人可以完成部分人工岗位的工作任务。

三、数字化战略的制定

数字化战略是企业的长期发展战略，是企业发展到一定阶段后，需要考虑如何进一步提升自身核心竞争力而制定的。企业在制定数字化战略时，可以从以下几个方面进行考虑：

（一）从全局层面进行统筹规划

数字化转型不是一场局部的运动，而是一场长期的变革。企业需要从战略层面进行统筹规划，不能将其局限在某个部门或者某个区域的某项业务上，而是需要从全局来思考数字化转型这件事，统筹规划企业的整体发展方向。同时，在推进数字化转型时，也需要将数字技术融入企业整体战略和业务布局中，实现数字化转型的体系化推进。

（二）明确数字技术应用的目标和重点

企业需要根据自身的实际情况和发展战略确定数字化技术应用，并且根据目标和重点选择适合自己的数字技术，避免重复投资和资源浪费。

（三）将数字技术应用到不同业务领域中去

企业在进行数字化转型时，要选择适合自己企业实际情况的数字化技术应用场景，将数字技术应用到企业各业务领域中去。在数字化转型初期，由于缺乏相应的经验，很多企业会选择使用外部成熟的数字化技术来解决业务问题，但这种做法存在很大的风险。

一方面由于外部成熟数字技术可能不能满足企业业务发展需要，导致企业无法获得预期的商业回报；另一方面外部成熟数字技术往往缺乏足够的时间和精力去进一步改进和优化。

（四）根据企业战略调整数字化转型战略

当企业制定了明确具体且具有实际指导意义的数字化转型战略后，需要结合自身实际情况对数字化转型战略进行调整。比如：当企业处于高速增长阶段时，需要保证业务规模、市场份额和收入利润等关键指标不断增长；当企业处于快速发展阶段时，需要保证业务规模和收入利润等关键指标不断增长；当企业处于成熟稳定阶段时，需要确保业务规模和收入利润等关键指标保持稳定增长。

（五）加强数字化人才队伍建设

在数字化转型过程中，对人才的需求十分迫切。但是不同行业、不同规模、不同业态、不同业务领域对于人才需求的要求各不相同。因此要根据企业实际情况制定科学合理的人才招聘计划，并在日常工作中注重对员工数字技术应用能力的培养和考核。同时要加强人才队伍建设工作中数字化转型意识的培养和宣传力度。

（六）建立有效的数字技术应用流程和机制

制定符合本企业实际情况和特点的数字技术应用流程和机制是确保数字化转型能够顺利推进、取得成效的关键因素。只有建立了科学合理、符合本企业实际情况的数字化技术应用流程和机制，才能确保各项数字化转型措施落到实处、取得实效，帮助企业在激烈市场竞争中立于不败之地。

四、数字技术与业务融合的关键举措

（一）数字技术方面

数字技术是企业实现财务数字化转型的重要支撑，企业可以通过搭建数字化平台来整合资源，优化财务流程，推动业财融合。其中，大数据技术和云计算技术是两大关键支撑。

大数据技术的主要应用包括对海量数据的采集、存储和分析，如对财务信息进行清洗、加工和转换，以便进行下一步的财务分析。云计算技术则是将不同来源、不同类型的数据进行整合，并按需提供给不同用户使用。比如，企业可以将其内部和外部数据资源进行整合，利用大数据技术对其内部信息进行采集、存储和分析。人工智能则是通过计算机对数据进行学习和分析，从而实现对业务流程的自动化处理。

财务数字化转型还离不开区块链技术的应用。区块链技术能够保证数字交易的安全性、可靠性和不可篡改性。同时，区块链技术具有分布式数据存储、点对点传输、共识机制、智能合约等特点，能够很好地满足财务数字化转型中业务流程自动化、数据共享以及数据安全等方面的需求。

目前，国内外很多企业都在积极探索区块链技术在财务数字化转型中的应用。例如：2016 年，中国工商银行就开始实施了基于区块链的资金管理项目；2018 年 11 月，海尔集团引入区块链技术并将其应用于财务管理中；2020 年 3 月，中国建设银行也采用了区块链技术进行资金管理；2020 年 10 月，中国工商银行又推出了“工银 e 信”区块链平台。各企业在财务数字化转型中运用区块链技术是一种新的尝试，但其优势也十分明显。

（二）财务知识方面

一是具备财务知识。首先，应熟悉企业的组织架构、业务流程和部门职责；其次，应掌握财务知识，包括会计核算、税务处理、财务管理、内部控制、成本核算和预算管理等方面的知识，尤其是要掌握企业的生产经营活动所涉及的各类财务数据；再次，应具备财务思维，能够站在企业的角度思考问题，了解企业生产经营活动所涉及的各类财务数据及信息。

二是具有较强的业务能力。首先，应熟悉企业日常的财务业务流程；其次，应能够对企业运营过程中涉及的各类业务数据进行准确收集和处理；再次，应能够将所收集到的各类数据与其他信息进行有效集成，并对集成后的数据进行深度分析和挖掘，从而发现其中蕴含的商业价值和机会。

三是掌握数字技术。在数字经济时代，数字技术是推动企业进行数字化转型的重要手段。在数字化转型过程中，企业需要深入理解并掌握数据分析、流程自动化、人工智能等数字技术，以及其在业务中的应用场景、关键步骤和注意事项等。

四是具有一定组织能力和创新意识。首先，能高效管理财务数据，优化财务流程，有效规划、协调关系以及控制进度的能力；其次，不断探索和应用新的财务管理工具和技术，提升工作效率，面对问题、挑战或机遇时，能主动寻求新颖、独特且有效的解决方案。

五是具备良好职业操守。首先，应具备良好职业操守；其次，在工作中能够恪守职业道德规范；再次，应具有较强风险意识和责任意识。

（三）业务能力方面

业务能力的培养应该贯穿于财务数字化转型的整个过程，即通过不同的数字化技术手段，帮助财务人员完成从数据输入到输出的全过程，从而提高财务人员的业务能力。在这个过程中，财务人员需要从以下几个方面提升自身的业务能力。

第一，拓展知识面，提升数字化认知水平。在数字化转型过程中，财务人员应主动了解并学习最新的数字技术、数字化手段，掌握相应的数字技能，以适应数字时代带来的新变化。

第二，了解企业经营业务流程，掌握数据分析工具和方法。财务人员应熟练掌握各类数据分析工具和方法，同时也要具备一定的数据处理能力。在处理数据时，要善于从数据中提取有价值的信息和结论，并将其转换为可执行的操作和报表。

第三，具备沟通协调能力。在数字化转型过程中，财务人员应具备良好的沟通协调能力。只有当各部门能够从全局角度出发进行思考和决策时，才能将数字化转型的目标落在实处。

第四，提升信息化能力。在数字化转型过程中，企业需要借助各种信息系统来实现企业各个部门之间以及各部门与外部合作伙伴之间的数据共享、信息传递和业务协同等，这就需要财务人员具备较强的信息化能力。

第五，不断学习新技术。在数字化转型过程中，财务人员应紧跟时代步伐和行业发展趋势，不断学习和掌握最新技术手段并应用于工作中去，从而实现对数字化技术与企业业务深度融合所带来的影响作出快速反应。

（四）战略规划方面

数字化转型是一项复杂的系统工程，需要企业各个部门共同参与，这就需要财务部门制定相应的战略规划，从顶层设计、组织架构、流程制度等方面进行规划，确保战略目标得以贯彻执行。在此基础上，财务部门还需要注意以下几点：

1. 将数字技术应用于企业的业务流程

财务部门可将数据分析工具、流程自动化工具、人工智能、区块链等技术应用到企业的业务流程中，从而实现数据和业务的深度融合，这就要求财务人员具备很强的业务能力和数据分析能力，从而提高财务数字化转型的质量。

2. 构建业务驱动的信息系统

从当前的情况来看，很多企业在推行财务数字化转型时往往陷入了“先信息化再数字化”的误区。其实，企业可以先构建一个高效运转、灵活可扩展且符合企业业务特点的信息化系统，让信息系统能够“自主思考”，充分发挥财务部门的职能。当企业各部门需要使用信息系统时，也能够快速地从信息化系统中调取数据。

3. 建立科学合理的信息化架构

在建立财务数字化转型战略规划时，应综合考虑企业内外部环境以及数字技术本身的特点等因素，对企业信息化架构进行顶层设计。通过合理地规划信息化建设流程、标准、预算和应用场景等内容，构建出适合企业自身发展需求的信息系统架构。同时要充分考虑各种因素之间的关联性以及系统之间数据的兼容性、互通性等问题，为企业各部门提供统一、标准、透明和完整的信息服务平台。

4. 实现数字技术与业务融合

在数字化转型过程中，企业应实现财务信息和业务信息之间的相互融合、数据共享。通过数据分析工具及流程自动化工具将财务信息与业务信息进行匹配和集成，进而提高数据分析和处理效率；通过人工智能、区块链等技术将业务数据转化为可操作、可执行的数据模型，并实现流程自动化；通过 BI 报表等工具将财务信息和业务信息进行融合集成；通过大数据分析平台实现对各类业务数据的多维度分析和预测；通过可视化展现手段实现对数字化财务转型成果进行可视化呈现。

5. 加强信息安全建设

数字技术本身具有脆弱性和不稳定性，因此企业必须加强信息安全建设，建立一套完整的安全保障体系。在此基础上，应采用技术手段保障数字化转型过程中涉及的个人隐私和企业商业机密不被泄露。

6. 培养复合型人才

企业应在数字化转型过程中为财务数字化转型提供相应的人才支持。财务数字化转型离不开高素质人才队伍的支撑。因此，企业需要重点培养既掌握数字技术，又具备财务知识、了解业务流程、善于沟通协作、具有一定组织能力和创新意识及开拓能力、具备良好职业操守的复合型人才队伍，以满足企业数字化转型过程中对复合型人才的需求。

第四节　财务数字化转型的企业实践和案例分析

财务数字化转型的目标是通过利用新一代信息技术，实现财务运营的转型升级，并对业务流程进行数字化重塑。财务数字化转型的核心是业财融合，以此为基础，打造具有竞争优势的数据管理体系，发挥数据要素价值。其中，业财融合的核心是业财一体化，以财务共享服务中心为基础，构建智能财务基础设施和服务体系。

我国企业要实现财务数字化转型，必须以战略为指引，以流程再造为手段，以数据治理为核心，打造具有竞争优势的数据管理体系和服务体系。结合国内外标杆企业的案例分析，重点从业务、技术、组织、流程四个层面探索我国企业实施财务数字化转型的最佳实践和案例。

一、业务层面

（一）数字化转型的阶段

财务数字化转型的基础是财务与业务的一体化，即业务流程数字化，并实现业财融合。这一过程可以分为三个阶段：第一标准化，第二自动化，第三智能化。目前，我国部分企业已经开始了这一过程。

第一阶段标准化，主要体现在基础设施建设阶段，重点是建设以网络为核心的数据基础设施，通过打造高速、可靠、安全、智能化的信息网络来支撑企业进行数字化转型。

第二阶段是自动化，主要为平台搭建阶段，重点是打造数据中台和业务中台，实现跨业务领域、跨组织层级、跨业务互通，让不同类型的数据实现价值共创。

第三阶段智能化，主要是能力建设阶段，重点是构建生态体系和行业生态，实现数据的跨产业流转和价值共创。在第三阶段中，企业需要充分发挥数字化技术优势，实现数据资产价值。具体来说，企业需要把数据作为一种重要资产来经营管理，通过数字化技术和方法去发掘数据中蕴含的价值。通过挖掘数据中蕴藏的价值来更好地服务客户和创造价值。

目前国内已经有不少企业通过信息化建设的方式开展了第一和第二阶段。例如：阿里巴巴集团推出了“天翎”信息安全管理系统；腾讯公司推出了“云+安全”战略，整合腾讯云、腾讯网、安全大脑、终端安全、企业微信等多个产品和技术，构建以数字中台为核心的生态体系；中国移动推出“飞信”业务。

（二）海尔集团对的数字化转型实践探索

目前，财务数字化转型已成为财务管理变革的主流趋势，传统企业和新兴企业都在积极探索财务数字化转型。海尔集团在财务数字化转型方面作出了一些探索，并取得了一定成效。海尔集团构建了以财务共享中心为核心，以大数据、人工智能和物联网等新技术为支撑的先进财务管理体系，全面应用财务数字化技术，打通数据壁垒，实现了信息的共享和业务的融合。海尔集团的“1+2+3”组织模式中，第一个“1”即一个战略，第二个“2”即两个中心，第三个“3”即三个平台。海尔的共享服务中心建设就是按照业务流程标准化的要求进行的。该中心通过构建大数据平台、客户关系平台、服务生产平台等三大共享服务平台，将全集团范围内的财务信息统一接入共享中心进行管理和服务，从而实现了财务与业务一体化管理。

在实践中，海尔集团通过建立业财一体化平台、建立集中的共享服务中心、建设业务财务一体化平台等方式，实现了业务与财务的融合。此外，海尔集团还通过建立数据仓库、构建数据模型、打通数据孤岛等方式，为业务提供支撑，实现数据驱动。

1. 建设财务共享中心

海尔集团建立了以财务共享服务中心为核心的先进财务管理体系，将全球各地分散的核算、费用报销、财务报表等财务服务集中到财务共享中心，为全球各个区域的分支机构提供服务，实现了信息的共享和业务的融合。

在海尔集团内部，有很多独立核算的小型企业，他们使用着各自独立的会计科目进行核算。在传统模式下，这些企业很难找到可以共享财务数据的途径，因此这些小型企业无法享受到海尔集团在管理上带来的便利。海尔集团通过建立集中的共享服务中心，将这些小型企业纳入到海尔集团财务共享中心体系中。通过共享服务中心，这些小型企业可以获得统一规范、标准统一的数据源，从而享受到财务数据集中带来的便利。

海尔集团从 2013 年开始在集团范围内推行财务共享服务中心建设，并于 2017 年 10 月正式对外发布了财务共享服务中心规划和实施方案。海尔的财务共享服务中心建设遵循两个基本原则：

第一，与企业战略保持一致。海尔集团在推行财务共享服务中心时，首先要明确集团的战略目标，围绕企业战略目标，整合所有业务单元的资源，明确各个业务单元在集团中的定位和角色。

第二，与企业现有组织架构保持一致。海尔集团以客户为中心、以流程为导向建立了统一的财务管理体系。具体来说，海尔集团的财务管理体系包括两个层面：第一个层面是集团总部财务管理部门的职能；第二个层面是基于统一的管理标准、流程和技术形成的共享服务中心。在这两个层面下，海尔建立了覆盖集团总部、分子公司、业务单元等不同层级的财务共享服务中心。

2. 大数据的应用

海尔集团财务共享中心运用大数据技术，构建了以经营为导向的数据仓库，实现了财务数据与业务数据的融合。通过建立财务数据仓库，可以实现财务与业务数据的一体化处理。首先，从业务端获取数据，根据企业的需求对这些业务数据进行清洗、处理和建模，形成相应的数据模型。其次，将这些模型用于分析、预测和控制业务活动。通过大数据技术的应用，能够准确地预测企业未来的经营情况，及时发现问题并采取相应措施进行调整，从而实现对财务风险的有效管控。

海尔集团建立了财务共享中心大数据平台、经营分析系统和资产管理系统。具体来说，通过建立财务共享中心大数据平台，可以实现对财务凭证、交易单据、资金流水等基础信息的集中处理和分析；通过建立经营分析系统，可以对企业的销售收入、成本费用、资金情况等进行全面分析和监控；通过建立资产管理系统，可以对企业资产进行集中管理和核算。通过这三大系统的建设，不仅能够有效地解决信息不对称问题，而且能够准确地识别企业潜在风险并及时采取相应措施进行控制。

同时，海尔集团还将大数据分析技术应用于企业管理决策过程中。首先是大数据分析技术可以有效地降低决策过程中产生的失误率；其次是可以通过大数据技术对企业生产经营过程中的各种信息进行综合分析，从而形成更加准确有效的决策建议。

3. 数据驱动

海尔集团基于业财融合的管理理念，充分运用财务数字化技术，实现数据驱动。首先，建立数据仓库，实现数据的采集、存储和分析。海尔集团在集团层面建立了财务共享中心，搭建了覆盖各业务单位的统一数据仓库。通过整合内部流程系统中的各类业务数据和财务数据，构建了符合自身特点的“多维数据库”，形成了财务共享服务中心的数据资源池。其次，构建数据模型，实现财务管理智能化。海尔集团将业务系统中的各类单据和报表进行结构化处理，根据不同业务部门对信息的需求不同，分别建立了三大类分析模型：财务分析模型、业务分析模型和战略分析模型。最后，打通数据孤岛，实现业务与财务之间的共享。海尔集团以财务共享服务中心为载体，基于业财融合理念搭建了统一的数据库，打通了各部门之间的数据孤岛，实现了业务与财务之间的信息共享。

（三）中国铁建对的数字化转型实践探索

中国铁建在财务数字化转型方面也进行了一些探索。首先是财务管理从基于预算管理向基于战略目标管理转变。其次是以会计核算为核心的传统财务向以价值创造为核心的价值型财务转变。再次是会计核算从注重事后核算向注重事前预测和事中控制转变。最后是从被动的财务管理向主动的战略规划与执行转变。这四个方面的转变都是以业务流程数字化为基础的，中国铁建在数字化转型实践探索过程中，主要体现在以下六个方面。

1. 实施预算管理

预算是财务管理的核心，通过预算管理，可以有效地控制成本、提高效率、提升业绩。在数字化时代，传统的预算管理模式已经不能适应当前发展的需要。近年来，预算管理的理念发生了较大变化，由原来的以财务资源为中心向以价值创造为中心转变。而财务资源管理、价值创造是一个企业不断发展壮大的重要因素。全面预算管理具有全面性、协调性、系统性和动态性等特点，在企业战略目标实现过程中发挥着重要作用。

中国铁建较早就开始推行全面预算管理，并在此基础上打造了以战略为导向的“3+1”（三大核心、一个体系）全面预算体系，使其从“粗放型”向“集约型”转型升级。首先是树立“零”预算理念；其次是实现从传统财务到战略财务、业务财务和价值创造财务的转型；最后是推进全员参与、全过程管控和全要素整合的全面预算体系建设。

2. 向价值型财务转型

价值型财务是指财务人员能够为企业创造更多价值，包括创造业务价值、财务管理价值、战略决策价值和风险管控价值等。随着大数据、人工智能、云计算、区块链等新兴技术的发展，数字化技术在财务领域的应用日趋广泛。比如，财务共享中心、ERP 系统、大数据系统和智能机器人等都是实现财务数字化转型的重要手段。其中，大数据系统是指企业通过搭建大数据平台，运用各种分析技术从海量数据中提取有用信息，并结合企业的战略目标和业务流程构建一个完整的信息系统，进而对业务过程和决策进行支持。ERP 系统是指将企业日常经营管理活动中所涉及的各个环节有机地连接起来，以实现企业经营过程的一体化。智能机器人则是指在大数据平台支持下，利用人工智能技术实现对企业业务流程的智能化处理。

价值型财务要求财务人员不仅要对财务数据进行加工处理，更要发挥财务在业务层面的指导作用，与业务人员共同制定企业战略，对未来进行预测和规划，并在具体经营活动中监督检查。

3. 财务共享服务中心

中国铁建在集团层面推进财务共享服务中心建设时，第一是明确该中心的定位和功能，第二是要梳理和优化业务流程，第三是建设统一的信息平台，第四是建设统一的内部控制体系。

中国铁建在推进财务共享服务中心建设过程中还应用了一些新技术，比如建立了智能语音机器人，用于处理日常事务；构建了数据分析平台，用于分析决策支持；构建了移动应用系统，用于移动办公和移动学习；搭建了智能报销系统，用于加强业财融合；构建了智能审核系统，用于加强财务监管和风险防控。

中国铁建在推进财务共享服务中心建设过程中还注重利用大数据技术，通过建立数据仓库和数据湖实现数据治理与应用。中国铁建在大数据技术方面有两个比较突出的应用场景：一是建立以客户为中心、以流程为导向、以数据为支撑的大数据平台；二是实现对数据资源的有效利用和价值挖掘。

4. 业财一体化

业财一体化是企业财务数字化转型的基础，是企业实现价值创造的重要手段。业财一体化的过程就是财务与业务流程融合，将业务数据转换为财务数据，再将财务数据转换为业务数据的过程。这一过程包括两个步骤：第一步是将业财数据融合；第二步是将业务数据转化为财务数据。

近年来，大多数中国企业都在推进业财一体化。以中国铁建为例，该集团已经实现了全流程自动化和智能化管理，业财一体化已成为该集团的管理常态。该集团正在大力推进数字化转型，通过建设大数据中心、推动业财融合、搭建共享平台等方式，实现业务流程和财务流程的数字化改造。

目前，中国企业在推进业财一体化方面主要有两种做法：一是利用 RPA（机器人流程自动化）技术实现业财一体化；二是利用人工智能技术实现业财一体化。前者主要应用于内部管理流程自动化，后者主要应用于外部业务流程自动化。从国外企业的实践看，在推进业财一体化过程中，都会根据不同的业务类型选择不同的方法。

5. 智能化

智能化是指通过分析、数据挖掘等技术，实现对业务的全面分析与预测，并为企业的经营决策提供支持。这一阶段的业务流程智能化主要包括以下三个方面：

一是信息系统智能化，如运用大数据、人工智能等技术，实现财务管理的自动化。

二是智能决策支持系统，如运用自然语言处理、机器学习、知识图谱等技术，实现财务业务的智能化决策支持。

三是智能风控系统，如运用大数据、人工智能等技术，实现对风险的实时监测。在这一阶段，企业应该首先将财务数字化转型作为战略目标加以推动，并建立相应的组织机制。其次要强化人才支撑。最后要建立配套的制度和标准体系。

6. 业财融合

业财融合是财务数字化转型的核心。财务数字化转型的本质是让企业从财务的视角看待业务，并将业务与财务有效融合，从而实现财务的价值创造。业财融合包括两个层次，一是基于大数据和人工智能技术，实现业财数据的实时交互，并提供分析决策支持；二是基于业务与财务一体化思维，建立业财数据模型，实现业务与财务数据的高效传递。

目前，我国企业在这方面已经有所尝试。比如，中国铁建利用大数据技术和人工智能技术构建了项目全过程管理系统。该系统通过对项目各阶段关键环节的数据进行采集、处理和分析，可为项目建设全过程提供全方位支持。该系统具有四大功能：一是项目全生命周期管理；二是项目合同管理；三是项目资产管理；四是项目成本管理。同时，该系统还具有风险预警功能和分析功能。项目全生命周期管理包括资金、合同、资产、质量等四大模块。资金模块实现了与银行系统的对接，合同模块实现了与政府采购系统的对接；资产模块实现了与物资系统的对接；质量模块实现了与质量检验系统的对接。

中国铁建利用大数据技术和人工智能技术建立了成本预算管理系统，该系统可将预算数据接入到预算编制平台中。预算编制平台是以作业成本法为基础的，其中包括会计科目和成本中心两个核心功能。该平台通过对历史数据进行分析和挖掘，可准确测算出历史数据中存在的成本偏差以及变动趋势，从而为预算编制提供指导和参考。此外，该平台还具有分析功能。

财务数字化转型是一个循序渐进的过程，不可能一蹴而就，所以在财务数字化转型过程中应注意把握好节奏和力度。

二、技术层面

我国企业在财务数字化转型的过程中，要充分利用好新一代信息技术，通过底层数据模型和技术架构的构建，形成底层基础设施，并基于此基础设施打造智能财务平台。我国企业实施财务数字化转型的过程中，在底层数据模型和技术架构的构建中，需要重点关注以下三个方面。

（一）系统架构设计

系统架构设计是指在底层数据模型的指导下，结合业务需求，将基础设施、业务平台、应用服务等集成，形成一体化的系统解决方案。我国企业在实施财务数字化转型的过程中，需要根据实际情况采用合适的技术架构。

传统财务系统和智能财务平台在架构设计上有较大区别。传统财务系统主要是以数据仓库、数据集市等技术为核心构建而成，而智能财务平台则是以数据中台和业务中台为核心构建而成。

在此基础上，中国企业可以根据实际业务需求和业务场景来选择合适的技术架构。例如，对于大型企业来说，可以采用基于分布式架构的智能财务平台；对于中小型企业来说，可以采用基于微服务架构的智能财务平台；对于互联网企业来说，可以采用云计算、大数据、人工智能等技术来构建智能财务平台。

（二）数据访问机制设计

中国企业在实施财务数字化转型的过程中，要结合底层数据模型的设计，对智能财务平台进行分层设计。企业在对财务数据进行采集、存储、加工等处理时，要基于底层数据模型进行分析处理。例如：对于销售费用支出、采购费用支出等财务核算类业务，可以基于销售管理系统的销售收入数据、采购管理系统的采购费用数据进行分析处理；对于应收账款管理、应付账款管理等业务处理类业务，可以基于应收账款管理系统的应收账款数据、应付账款管理系统的应付账款数据进行分析处理。

底层数据模型可以分为基础层、业务层、管理层三层。基础层是智能财务平台的最底层，主要负责对财务数据进行采集、存储和加工处理；业务层是智能财务平台的中间层，主要负责将基础层的业务数据转化为智能财务平台需要的财务数据；管理层是智能财务平台的最高层，主要负责基于底层数据模型，对企业整体业务活动进行分析和决策。在实际应用中，中国企业可以根据自身的需求对底层数据模型进行分层设计，并对其进行封装。

企业可以按照应用系统对底层数据访问的方式进行划分，从而实现应用系统对底层数据模型的访问。例如，对于基础层和业务层都需要使用到的财务应用系统，可以将其分为两类：一类是基础层系统，包括销售管理系统、人力资源管理系统等；另一类是业务应用系统，包括固定资产管理系统、投资管理系统等。企业在构建智能财务平台时，要考虑底层数据模型和技术架构的设计。

（三）系统安全策略设计

安全是智能财务平台设计中的一个重要方面，主要体现在用户安全、系统安全、数据安全和应用安全等方面。用户安全方面，主要关注用户身份识别、授权机制、登录验证机制和登录权限控制等方面。应用安全方面，主要关注应用系统的系统访问控制、应用程序漏洞保护等方面。

中国企业在财务数字化转型的过程中，应在底层数据模型和技术架构的构建过程中，充分考虑技术安全策略的设计，并结合企业自身实际情况，制定相应的安全策略。例如，对于基于云平台构建的智能财务平台，可以考虑通过将财务系统与企业内其他系统（如 ERP、CRM 等）进行整合来实现；对于基于大数据分析技术构建的智能财务平台，可以考虑通过将大数据分析技术与财务系统进行整合来实现；对于基于人工智能技术构建的智能财务平台，可以考虑将人工智能技术与财务系统进行整合来实现。同时，在底层数据模型和技术架构设计过程中，要充分考虑应用层、数据层和基础设施层之间的关系。只有三者相互配合才能更好地实现企业智能化管理。

三、组织层面

在组织层面，企业应围绕财务数字化转型的战略目标，加快组织结构的调整和优化，构建财务数字化转型所需要的组织保障体系。在传统财务组织架构基础上，应以共享服务中心为核心，在公司各部门设置财务共享服务中心。比如，华为将共享服务中心设置在全球各办事处，并设置了财务共享服务中心的总经理、运营副总裁等不同层级的财务领导，分别负责财务业务统筹协调和日常管理工作。

同时，企业应加强数据管理组织体系建设，构建数据管理体系和治理机制。如 IBM 集团通过建立以首席数据官为核心的数据治理组织体系，以及“以客户为中心”的数字化业务运营平台等，不断完善数据管理机制和组织体系。

在数字化时代，企业应积极推进数字化转型人才培养计划，通过加强对员工进行数字化素养培训，构建完善的数字化转型人才培养体系。同时，企业应积极搭建数字化转型文化平台，营造开放、共享、创新的文化氛围；加强人才梯队建设，形成优秀的数字人才梯队，营造全员参与数字化转型的企业文化氛围。

（一）通过财务共享服务中心建设，优化资源配置

财务共享服务中心是将企业的财务工作集中到一起，实现“一个标准、一套流程、一个系统”。在企业发展过程中，财务共享服务中心的建立能够有效提升财务服务质量、降低企业运营成本，进而为企业的数字化转型奠定基础。我国大型央企目前已基本实现了财务集中管理，通过构建统一的会计核算平台、统一的资金结算平台、统一的会计档案管理平台，实现了各分公司财务数据集中收集和共享。如中国联通建立了集团统一的共享服务中心，实现了集团本部会计核算工作集中处理、业务信息集中存储和信息系统统一管理，通过构建统一的信息化平台，实现了集团财务信息共享。

目前，越来越多的企业开始利用财务共享服务中心建立数据共享平台和业务处理中心。通过建立数据共享平台，可以实现对不同层级不同部门的数据进行采集和清洗，实现跨部门之间的业务协作和信息共享。通过建立业务处理中心，可以为业务部门提供标准化、规范化、标准化的业务处理服务。在数据共享平台和业务处理中心基础上，企业可以利用大数据技术建立企业数据分析模型和预测模型，根据企业未来发展需要制定相应战略规划和投资计划，实现数据驱动下的商业决策模式创新。如中国电信建设了“财务共享服务中心+智能大数据分析平台”。

（二）通过数据管理组织体系建设，实现数据价值挖掘

首先，企业应加快构建数据管理组织体系。通过设立数据管理委员会，由公司首席执行官或首席信息官领导，负责统筹制定公司数据战略，识别并评估公司的数据需求，建立并维护数据标准，确保公司的所有数据都被理解和有效使用。同时，建立有效的数据质量管理体系，确保所有输入、输出和流程都具有高质量的完整性、准确性和一致性。其次，企业应建立科学有效的数据治理机制。通过制定完善的数据标准、建立规范的数据治理流程，以及完善的内控管理制度等方式，加强对业务部门和 IT 部门相关人员的培训教

育和人才培养，从而确保公司所有数据都被正确使用。最后，企业应建立与数据管理组织体系相匹配的业务运营平台。通过运用云计算、大数据等技术手段，搭建公司数字化平台，实现对业务运营、财务核算、财务分析等多种类型业务场景的全面支持和管理。

（三）通过人才培养计划，培养复合型财务人才

数字化时代，企业财务数字化转型人才需求与传统财务人员之间存在着较大差异。在传统财务人员转型为数字化财务人员的过程中，由于缺乏必要的信息技术基础和知识储备，其在转型过程中存在一定困难。而对于数字化转型人才的需求，企业可通过开展员工数字化素养培训，为企业培养出一批能够熟练掌握数字化技术的复合型财务人才。

在财务数字化转型过程中，企业应加快培养复合型数字人才，为企业转型提供强有力的人才支撑。一方面，企业可通过加强对员工进行数字化素养培训，积极引导员工了解和掌握信息技术和大数据等新技术知识。如海尔集团通过组织全员参加数字化培训，为员工提供新一代信息技术、物联网等方面的培训内容和资源支持。另一方面，企业可加强对员工进行数字化创新思维培养。在企业中引入数字创新实验室等活动，通过组织开展创意设计比赛、分享会等活动，培养员工对数字技术的兴趣与应用能力。同时，企业应在实践中不断优化创新机制，鼓励员工积极参与到企业数字化转型建设中来。如华为公司通过开展创新大赛、鼓励员工积极参与各种创新活动等方式激发员工的创新能力。

四、流程层面

企业实施财务数字化转型，必须从流程层面入手，聚焦业务流程再造，构建业财一体化的运营模式，优化资源配置，推动财务从核算向管理转型升级。

1. 加快“业财一体”转型升级

以提升管理效率为目标，以业务流程再造为手段，以财务数字化技术为支撑，将业务部门与财务部门的工作融合起来。通过对业务流程的梳理和再造，实现从会计核算到管理会计再到战略财务的转型升级。例如，中国东方

航空公司以“业财一体”为目标，通过不断推进业财一体化建设，促进财务数字化转型升级。

2. 整合流程资源实现共享服务

传统企业中的财务部门与业务部门是分离的，主要职能是核算与监督，不能直接参与业务运营。财务数字化转型后，将通过对流程的重组和再造，实现共享服务中心向“共享+运营”的转型升级。例如：海尔集团通过建立共享服务中心，对各单位的财务核算及其他业务进行集中处理；对战略管理部门提出的需求进行及时响应与反馈；建立全面预算管理机制等方式实现业财一体化。

3. 优化流程实现动态管控

通过搭建业财融合平台，将业务运营数据与财务核算数据打通、统一归集，形成高效、实时的动态数据分析能力；建立以经营决策为核心的预警系统和风控系统，实现企业实时、动态、全面的风险管控；搭建资金管控平台和预算管理系统，实现对资金流、信息流和实物流的统一管控。

4. 以信息化手段提升流程效率

企业应根据业务流程变化情况和经营管理需求进行流程优化再造。例如，中国石化在“十三五”期间启动了信息化建设工作，以“新一代”信息系统为基础平台，全面推动财务数字化转型升级。例如，中国南方电网在集团层面搭建了财务共享服务中心，实现集团资金管理、会计核算、财务分析、投资管理等功能，在区域层面建立了 7 个财务共享服务中心，在项目层面建立了 23 个项目共享服务中心。同时，建立了包括系统集成平台、数据应用平台在内的信息系统架构体系和安全保障体系等一系列信息系统保障措施。

5. 引入人工智能提升流程效率

通过引入人工智能技术来自动处理大量重复性工作的方式来替代人工作业。例如：中国移动引入基于深度学习的人工智能技术，通过大量数据训练和学习积累，实现对员工行为特征分析、自动化识别员工异常行为并发出预警、自动化处理员工问题等功能；通过构建财务流程中台系统，自动处理业务单据数据、智能生成财务报告等功能。

6. 实现流程自动化降低企业成本

通过运用人工智能技术和物联网技术对各类设备进行数据采集和监控，

实现智能调度和运营管控。例如：中国中铁公司利用人工智能技术实现对工程项目进行高效管控；利用物联网技术实现对工程物资的监控、对项目质量的评估以及对运营数据的采集等功能。

企业财务数字化转型的最终目标是通过构建智能化的财务基础设施和服务体系，充分发挥数据要素价值，促进企业创新发展，提升经营管理水平。企业财务数字化转型是一项系统工程，财务数字化转型要从战略层面做好顶层设计，需要从业务、技术、组织和流程四个层面实施推进，每个层面又分别有不同的实践策略，需要综合考虑。

企业在推进财务数字化转型时，要根据自身情况和条件选择合适的转型路径，不能盲目跟风。财务数字化转型是一个长期过程，各企业应该根据自身实际情况，合理制定转型路线图和时间表，逐步推进财务数字化转型。

第二篇 数智财务人才培养

第四章

数字经济下会计教育研究

随着信息技术的迅猛发展，数字经济正在深刻地影响着全球社会的方方面面。尤其是近年来，数字技术不断在会计领域的应用与推广，大大提高了会计信息的处理速度、准确度和精确度。会计教育面临着前所未有的挑战和困境。数字经济的特点是信息化、智能化、全球化和创新驱动，这些特点对会计教育提出了新的要求和挑战。传统的会计教育模式已经无法满足数字经济时代的需求，会计教育面临着如何与时俱进、适应新技术和新业态的迫切问题。

数字经济给会计教育带来了机遇和挑战，只有积极应对和适应数字经济的发展，才能保持会计教育的活力和竞争力。本章旨在通过对数字经济下会计教育的困境和应对策略的探讨，为会计教育工作者、学者以及政策制定者提供有价值的见解和指导，以共同推动会计教育的发展和创新。

第一节　数字经济给会计教育带来的挑战和困境

数字经济对会计人才的需求与目前高校会计专业教育培养的会计人才在知识结构、能力素质、实践经验等方面存在一定差异，数字经济对会计教育提出了挑战。我国高校会计教育应以培养应用型、复合型人才为目标，创新会计教育模式，构建满足数字经济发展需要的新型会计专业体系，适应数字经济发展需求，培养高质量会计专业人才。

2020 年 10 月，中共中央、国务院联合印发了《深化新时代教育评价改革总体方案》，该方案指出，要建立健全基于数据分析的教育督导评估制度，改进结果评价，强化过程评价，探索增值评价，健全综合评价。在高等教育领域，为更好地促进数字经济发展与教育改革，教育部于 2018 年 4 月发布了《高等学校人工智能创新行动计划》。该计划指出，要加强人工智能理论研究和应用研究，推动人工智能技术与各学科专业深度融合。为了落实国家发展战略以及应对数字经济时代对人才需求的变化，国家出台了多项政策文件为高校培养适应数字经济发展的会计专业人才提供支持。然而，目前我国高校的会计教育体系仍然存在一定的问题。一方面，由于部分高校会计专业培养的会计人才不能适应数字经济时代对人才的需求，导致培养出来的会计专业人才并不能完全满足社会对数字经济发展所需要的复合型、应用型会计人才的需求；另一方面，由于部分高校会计教育培养出来的会计专业人才并不能很好地适应数字经济发展对人才的需求。因此，迫切需要转变高校会计教育模式与方法来培养更多满足数字经济发展要求和社会需求的会计专业人才。

一、数字经济下会计教育研究的现状和意义

（一）数字经济发展对会计教育的影响

数字经济的发展促进了数字技术的应用，推动了数字经济和传统产业融合发展，使传统产业更加智能化。在数字经济的大背景下，会计活动也产生了重大的变革，主要体现在两个方面：

一是会计工作对象发生了变化。数字技术的广泛应用使企业的生产经营活动变得更加智能化、数字化。在这样的背景下，会计工作对象也相应地发生了变化，由传统的企业经营活动转变为企业生产经营活动与互联网信息技术相结合。

二是会计工作内容发生了变化。在数字经济时代，企业生产经营活动更加智能化，传统会计工作主要包括了记账、算账、报账等工作内容。随着智能技术在会计领域的广泛应用，传统会计工作内容逐渐被人工智能取代。在数字经济时代，企业需要更加注重智能化、数字化发展，传统的手工记账方式已不能满足企业发展需要。

数字经济与传统产业融合发展改变了企业经营模式和生产方式，进而改变了企业的管理模式和会计工作的组织形式，也影响到会计教育的模式、目标以及内容等方面。

(二) 数字经济下会计教育研究现状

自《中国教育现代化2035》中提出“加快数字化发展，建设数字中国”以来，数字化发展已成为国家战略的重要内容。数字经济时代下，信息技术快速发展，为我国经济社会带来了新的机遇与挑战。在这种背景下，相关领域的研究也逐渐增多。李丽、刘天璐等人从信息技术发展、企业会计变革以及对会计人才需求三个方面分析了数字经济时代下我国企业会计变革的特点及影响；王艳辉、张敏等人从国家治理现代化、数字化转型以及对财务人员专业能力要求三个方面分析了我国企业会计变革的特点及影响；段伟等人从财务管理、会计信息系统、人工智能三个方面分析了数字经济时代对会计人才的需求特点。

近年来，针对高校会计专业人才培养模式与方法的研究成果逐渐增多。杨子江等人认为高校应该将信息技术融入会计专业课程体系，以适应数字经济时代对会计人才的需求；汪浩等人指出要适应数字经济时代对财务人员专业技能要求的变化，高校应改变传统的人才培养模式，增加对数字技术应用能力的培养；贾莉等人认为高校应加强对新一代信息技术在财务领域中的应用研究，以应对数字经济时代对财务人才的需求变化；何雅玲等人指出要利用互联网、大数据等信息技术优化企业管理与服务模式，以应对数字经济时代对会计专业人才能力结构与知识结构的变化。综上所述，现有研究主要是从不同视角出发分析数字经济时代企业会计变革以及高校会计专业人才培养模式与方法的研究，而鲜有文献将二者结合起来进行分析。同时，现有研究主要是针对传统企业会计教育体系提出了一些改革意见和建议，如提出要加大信息技术在会计教学中的应用、强化“互联网+”教育教学模式、开设数字化创新创业课程等。这些改革意见或建议虽然可以对传统企业会计教育进行一些改革，但其对数字经济时代高校会计专业人才培养模式与方法所带来的冲击和挑战还没有引起足够的重视。因此，笔者将以数字经济为背景，从高校会计教育体系出发，研究数字经济对高校会计专业人才培养所带来的挑战和困境。

（三）数字经济下会计教育研究意义

随着数字经济的不断发展，会计作为一种重要的信息管理活动，已经开始由传统的手工记账模式向以计算机和网络为依托的信息技术方向转变。随着信息技术的发展，会计组织开始由传统的、相对封闭的手工模式向信息化、开放化发展。会计信息化已经成为会计发展和创新的重要驱动力。与此同时，数字经济在国民经济中发挥着越来越重要的作用，而会计信息化也成为数字经济时代不可或缺的重要组成部分。目前我国对于数字经济所涉及的各个方面都已经进行了深入研究，因此，如何培养适应数字经济发展需要的会计人才已经成为高校培养会计专业人才必须解决的问题。

在新冠疫情这一特殊时期，世界各国都意识到数字化转型对于数字经济发展的重要性。早在 2020 年 10 月，在《中共中央关于制定国民经济和社会发展第十四个五年规划和二〇三五年远景目标的建议》中明确指出要加快数字化发展，建设数字中国。该计划指出，要加快人工智能领域学科建设，要加强高校人工智能领域师资队伍建设，加强高校与企业在人工智能技术应用方面深度合作，推进高校人工智能专业建设。由此可见，数字化转型已经成为我国经济发展新常态下不得不提的一项重要议题。

在数字经济时代，企业和组织都将面临数字化转型和升级。而企业在数字化转型过程中需要大量具有信息技术能力和相关专业知识技能的会计人才作为支撑。在这个背景下，既懂会计又懂信息化技术、又懂财务管理、又懂法律和税务知识、还能从事财务管理相关工作的复合型、应用型会计人才成为数字经济时代对会计教育提出的新要求。但是，由于部分高校会计专业人才培养模式和方法不能很好地适应数字经济发展对人才需求变化所带来的挑战与困境，导致部分高校培养出来的会计专业人才并不能很好地适应数字经济时代对人才需求变化所带来的挑战与困境。

因此，笔者认为“数字化转型”将成为数字经济发展背景下高校培养适应数字经济发展需要会计人才必须解决的重要问题。本章首先对数字经济时代对会计人才提出了什么新要求进行分析，然后基于对数字经济时代企业、组织和个人面临数字化转型需要解决哪些问题以及高校应该如何培养适应数字经济发展需要会计专业人才等问题进行分析，最后对如何培养适应数字经济发展要求的复合型、应用型会计专业人才提出了相关建议。

二、数字经济对会计人才的要求

随着数字经济时代的到来，会计人才需要具备怎样的素质和能力，才能适应数字经济的发展呢？传统的会计专业人才培养方案大多侧重于知识结构和能力结构方面，而对于数字经济环境下的会计人才需要具备怎样的素质和能力却没有做详细说明。因此，要解决这个问题，需要从数字经济发展的视角出发，重新审视传统会计专业人才培养方案，并结合数字经济的特点进行完善和补充。通过分析可以发现，在数字经济环境下，企业不仅需要掌握财务知识和技能的会计专业人才，还需要具备一定的创新意识、协调能力、沟通能力以及数据分析和处理能力等综合素质和能力。在企业管理决策中，会计专业人才既要能够依据企业特点作出准确的财务决策，又要能够运用数字技术对财务数据进行分析并提出合理化建议。因此，对会计专业人才的能力素质要求也有了新的变化。

（一）数据分析和处理能力

数字经济时代，数据已成为企业最重要的生产要素之一，数字技术的应用使得数据分析和处理已经成为会计人才最重要的能力之一。在企业财务管理中，会计人员不仅需要对企业的生产经营活动进行记录、分析、预测和控制，还需要通过对数据的分析和处理来进行价值管理。会计人员要能够将各种类型的数据整合在一起，并能够通过数据分析结果对企业经营活动进行有效管理，以实现企业价值最大化。

在数字经济时代，会计人员需要将自己掌握的财务知识与其他企业相关数据相结合，运用不同的分析方法对数据进行分析和处理，对企业生产经营活动进行全面、科学、准确的了解和把握。由于数字经济环境下数据类型和结构多样化，会计人员必须具备一定的数据分析和处理能力才能开展数据分析工作。因此，在数字经济时代，会计人员除了需要具备一定的财务知识和技能外，还需要掌握一定的数据挖掘技术、数据挖掘模型等方面的知识。同时，会计人员还需要具备一定的数据分析和处理能力，能够依据企业生产经营活动中产生的各项财务数据，对企业的生产经营活动进行科学、准确的预测和控制。最后是数据处理能力。数字经济时代的到来使得企业产生大量数据。在进行数据处理时，需要会计人员能够灵活运用各种不同的数据处理技术来对数据进行处理、分析和存储。

（二）创新意识和创新能力

数字经济时代，企业对会计人才的创新意识和创新能力提出了新的要求，从传统会计向管理会计转型是其重要标志。所谓管理会计，是指在传统的财务会计基础上，融合了价值增值、预算管理、全面预算和绩效评价等管理职能，能够为企业带来价值增值的活动。从传统财务向管理会计转型过程中，需要一大批创新意识和创新能力较强的人才作为支撑。数字经济环境下，企业在决策时除了要考虑企业整体效益外，还要关注财务数据和业务数据之间的相关性、企业与外部环境之间的关系等因素。因此，管理会计不再是财务会计的简单延伸和拓展，而是需要会计人员将财务数据分析和挖掘作为自身工作职责的一部分。因此，创新意识和创新能力成为管理会计人才必须具备的素质。数字经济环境下企业更加注重市场营销、客户服务和品牌建设等方面。因此，在对财务人员进行考核时，需要将其创新意识和创新能力作为重要指标进行考察，并将其作为相应岗位的任职要求之一。在实际工作中，需要以培养创新意识和创新能力为目标对会计人员进行培养。

（三）沟通能力和协调能力

在传统经济时代，企业管理和财务管理主要是针对会计核算和监督，会计人员对企业财务情况的了解往往局限于会计核算与监督的环节。在数字经济环境下，随着人工智能、大数据技术的发展，会计核算工作不再仅限于传统的手工会计核算，而可以通过信息技术将财务信息自动处理，同时生成各种报表和数据，不仅减少了财务人员的工作量，而且使得会计人员与管理者之间能够进行及时、有效的沟通和交流。在这一过程中，需要大量的财会人员参与其中。首先，是沟通能力。数字经济环境下，企业内部各部门之间、不同企业之间都存在着信息不对称和数据不共享等问题，因此需要会计人员能够以有效的方式进行沟通、协作，实现财务信息资源的共享。其次，是协调能力。在传统经济环境下，企业之间通过各种会议、协议等方式来进行协调和沟通。但是在数字经济环境下，由于各种经济主体之间的关系越来越复杂和多样化，因此需要会计人员能够有效地进行沟通和协作。

三、我国高校会计专业教育在数字经济环境下面临的困境

（一）我国高校会计专业教育培养的会计人才与数字经济发展需求存在差异

目前我国高校会计专业教育主要培养应用型、复合型人才，这些人才对数字技术的了解程度不深，掌握的知识和技能也比较单一，难以满足企业在新时代的要求。随着数字化转型加快，企业在数字技术应用方面会越来越多。目前我国高校会计专业教育培养的会计人才很难适应这些变化，难以满足企业数字化转型带来的新需求。

（二）传统的教学模式难以适应数字经济对会计人才培养的新要求

目前我国高校会计专业教育主要通过传统教学模式来培养学生，这种教学模式存在较多弊端，难以适应数字经济发展需求。

一是教学方式单一。目前我国高校会计专业教育主要以教学模式，采用传统课堂讲授方式开展课程教学工作。传统的会计教育方法和教学手段相对单一，在这种教学模式下，教师只能将所学知识传授给学生，不能充分发挥学生的主观能动性，无法培养学生的综合能力和创新精神，难以培养出具备实践能力和创新精神的高素质会计专业人才。数字经济时代需要具备跨学科知识和创新思维的会计人才，而传统的教学方法往往局限在纸上谈兵和死记硬背的范畴。传统的会计教育课程内容相对陈旧，无法涵盖数字经济时代的新兴技术和业务模式。例如，人工智能、大数据分析、区块链等新技术在数字经济中扮演着重要角色，但在传统的会计教育中几乎没有涉及。

二是理论与实践脱节。传统的会计教育与实际工作需求脱节，学生毕业后往往需要花费大量时间和精力去适应实际工作环境。目前我国高校会计专业教育主要以理论知识学习为主，偏重理论知识教学和实践操作能力训练，忽视对学生创新能力、实践能力和综合素质的培养。数字经济时代的会计工作已经发生了翻天覆地的变化，但传统的会计教育依然停留在过去的模式中。当前我国高校会计专业教育主要注重对学生专业理论知识的培养，而缺乏对学生实践能力和创新精神的培养，这就导致学生在走向工作岗位后难以快速适应企业数字化转型需求。

三是高校会计专业教育难以培养出具备实践能力和创新精神、适应数字

经济发展需求的高素质人才。

四、适应数字经济发展要求，创新会计人才培养路径

我国高校会计教育应以培养应用型、复合型人才为目标，创新会计人才培养模式，构建适应数字经济发展需求的新型会计专业体系。

一是创新人才培养理念，加强对数字技术与会计相融合的研究，突出数据分析、决策支持、智能会计等方面的人才培养目标，推动传统会计教育向应用型、复合型教育转型。

二是创新专业教学模式，完善课程设置，提高课程教学质量，实现会计人才培养和数字经济发展的深度融合。

三是创新实践教学模式，加强产教融合和校企合作，建立多层次的实践教学平台，创新实践教学方式方法。

四是创新人才培养考核模式，改革传统的人才评价方式，突出能力素质评价。

五是创新师资队伍建设模式。通过引进高素质高水平的师资队伍、加强教师培训、完善绩效考核机制等方式优化教师队伍结构，提高教师队伍整体素质。

第二节　会计教育改革的需求和方向

会计是社会经济发展的产物，在经济发展的过程中，会计也随之不断地进行变革。伴随着市场经济体制的建立和完善，对会计人才的需求也发生了巨大变化，会计教育必须适应这种变化进行相应的改革。在当前市场经济体制不断完善的情况下，会计教育在培养高层次会计人才方面具有不可替代的重要作用。从我国目前的会计教育状况来看，我国在培养高层次会计人才方面还存在很多问题和不足，这与我国当前经济社会发展对高层次会计人才的需求存在着较大差距。因此，我们要从教育理念、教学内容、教学方法、师资队伍等方面着手，加快我国会计教育改革步伐。

一、转变教育理念，树立高层次会计人才培养目标

长期以来，我国高校一直沿用传统的会计教育理念，这种教育理念注重

学生专业知识的积累和技能的掌握，对学生的个性发展和创新能力缺乏关注。由于这种教育理念与时代发展的需求不相适应，因此，我们必须要进行相应的改革。首先，要明确会计人才培养目标。当前，我国社会经济正处于快速发展时期，会计工作也发生了深刻变化。我国在加入世界贸易组织之后，会计行业将与国际接轨，同时随着我国加入 WTO 后相关法律法规的出台和实施，我国将面临越来越多的来自国际会计惯例和准则变化带来的挑战。因此，会计人才培养目标必须与国际接轨。其次，要更新教育观念。在现代社会中，会计工作越来越广泛地渗透到社会生产和生活各个领域之中。因此，对于会计人员而言，要想在社会中立足发展，必须不断地进行知识更新、知识积累和能力培养。在新形势下要想培养高层次会计人才必须树立终身学习的理念。

在教育理念方面要转变过去那种重理论、轻实践的传统教育模式。由于我国大学毕业生普遍存在着实践能力差等问题，因此，高校应当转变教育观念、调整教学内容、改革教学方法和手段等措施来培养高层次会计人才。最后，我们要改革传统的教学模式和评价体系。当前高校培养高层次会计人才的方法主要有两种：一是传统的课堂讲授式；二是网络教育式。但是不管采用哪种模式都必须要保证学生学习质量和效果。

（一）传统的课堂讲授式教学模式要求教师在教学过程中不仅要把自己所讲授的内容传授给学生，而且要鼓励学生参与教学活动

教师应当积极鼓励学生参与课堂讨论，教师在课堂上也要发挥好主导作用。但是在传统的课堂讲授式教学过程中，教师和学生往往是处于对立的地位。在这种情况下，学生往往不能积极主动地参与到教学活动中来。而在网络教育式教学模式中，教师和学生是处于同一平台上的，两者是互相影响、互相促进的关系。在这种情况下，教师可以通过组织学生参加网络课堂讨论、课程设计等形式来充分调动学生参与教学活动的积极性和主动性。

传统的课堂讲授式教学模式下，对教师考核评价指标主要有三个：第一个指标是理论知识的掌握程度；第二个指标是动手操作能力；第三个指标是实际解决问题的能力。从以上看出，网络教育式教学模式下对教师考核评价的标准更加全面。因此，高校在培养高层次会计人才时可以利用网络教育式教学模式来弥补传统课堂讲授式教学模式下的不足。

当然，在传统课堂讲授式教学过程中，要想确保学生能够真正参与到教

学活动中来还需要教师作出许多努力。首先，教师要改变过去那种以讲为主的教学模式，提倡以学生为主体的教学方式。其次，在课堂上要给学生充分发表自己意见的机会，充分调动学生学习积极性。最后，在考试方式上要改变传统考试方式。

（二）网络教育式教学模式要求学生通过网络学习、交流和讨论

网络教育式教学模式要求教师要充分利用现代教育技术手段，包括多媒体教室、网络教学系统、虚拟实验室、远程教育等手段进行教学，这就需要教师要对传统的教学模式进行改革。同时，教师还要根据不同学生的特点和学习能力设计不同的教学方法，充分发挥学生的主观能动性，让学生成为教学过程的主体。

当然，对于学生而言，学习评价是提高其学习效率和学习质量的一个重要方面。因此，必须建立科学合理的评价体系。首先，要建立多元化、综合性的评价方式。要充分利用先进的评价技术如网络评价系统、虚拟实验室等来进行会计人才培养评价。其次，要建立科学合理的教学质量考核标准和方法。目前我国高校教育质量考核标准主要以考试成绩为主，这种考核方式显然与现代教育思想不相适应。最后，要加强教师队伍建设。当前我国会计人才培养已经逐渐转向以实践能力为主，因此，教师队伍建设必须要加强，需要构建一支高素质、复合型的师资队伍。会计人才培养是一个系统工程，涉及学校各部门和广大教师与学生等多个方面的问题。因此在会计教育改革过程中必须要加强学校各部门以及广大教师和学生之间的沟通与交流工作。

（三）评价体系方面，在传统的评价体系中，教师通常是以考试成绩作为学生学习效果的主要评价指标

随着经济全球化和国际间经济贸易合作的日益频繁，会计工作国际化趋势日益明显，这就要求高校必须改革传统的评价体系。传统的评价体系中，教师在评价学生学习效果时更多地关注其知识的掌握和技能的提高，而忽视了其个性发展和创新能力培养。因此，应该把考试成绩、平时成绩和实践成绩相结合来制定学生学习效果的评价体系。在网络教育模式下，由于具有开放性、互动性和自由性等特点，因此，应该把学习效果的评价指标改为学生学习过程中所表现出来的综合素质。在实践教学方面，可以把实践环节中所

表现出来的创新能力作为评价学生学习效果的重要指标。只有这样才能保证学生学习效果得到真正提高。

二、更新教学内容，体现高层次会计人才培养要求

当前，我国会计教育中存在着课程设置与企业会计实务严重脱节的问题。目前，我国的会计教育在课程设置方面，仍然沿用着传统的“三大主干课程”，即“基础会计、财务会计、管理会计”。这种课程设置与企业所需要的高层次会计人才的能力和素质要求不相适应。因此，在教学中必须进行改革。

（一）优化课程体系，以培养学生的职业素质为核心

目前，我国的会计教育模式主要有两种，即传统的“三大主干课程”模式和“三大课程”模式。随着现代经济社会的发展，这两种会计教育模式都有其自身的不足。传统“三大主干课程”模式存在着重理论、轻实践的弊端，而“三大课程”模式则存在着重技能、轻素质的弊端。因此，在会计教育改革中，应该坚持以培养学生职业素质为核心，加强会计教育中理论和实践的联系，深化教学内容改革，从而更好地适应社会对高层次会计人才的需求。

首先，要优化会计理论与实践课程体系，在教学内容方面，要适当增加一些新技术和新知识。理论课程设置应以会计学科知识体系为核心，增加计算机、信息处理、网络技术、金融等方面的内容；实践课程应以培养学生解决问题能力为核心，增加会计实务财务管理、审计和税收等方面的内容。其次，要注重实践能力和创新精神的培养。将实践教学和理论教学有机地结合起来，采用“案例教学法”、“模拟实习法”等多种教学方法，培养学生的实际操作能力。再次，要加强现代教育技术与会计教育教学的结合，现代教育技术手段是会计教育改革的重要组成部分。

（二）加强实践教学环节，培养学生的实践能力

要培养具有高层次会计人才，必须重视实践教学环节。实践教学是培养学生实践能力的重要途径，也是提高学生创新能力和综合素质的重要环节。要加强会计实践教学，关键是要建立一套完善的会计实验体系和实验方法，并通过多种形式的会计实践活动提高学生的操作能力。要按照会计工作过程来组织教学内容，不仅要注重理论教学，更要注重实践教学。当前，我国高

校普遍重视理论教学，对实践教学重视不够。这不仅会导致学生缺乏实际操作能力，而且还会使学生不能将所学知识应用于实践中。因此，加强实践教学环节，提高学生的实践能力势在必行。

在教学方法上，要充分利用网络教育资源，改变传统教学方法中以教师讲授为主的做法，积极探索多种形式的教学方法和手段。在教学过程中，要充分利用现代教育技术手段进行辅助教学，改变传统教学手段中以黑板和粉笔为主的单一方式。另外，要加强会计电算化课程建设，使学生通过计算机操作培养学生分析问题和解决问题的能力。

加强会计实践教学有多种途径，其中以建立和完善会计实验室为主要内容。要建立和完善会计实验中心、实验室、会计模拟实验室等实习基地；通过开设专门课程、建立专业网站等形式进行课程设置、教学方式改革；进行实验室管理制度和操作规范的制定等。

同时，学校要通过组织学生参加社会调查、社会服务等形式增强学生的实践能力。学校可以组织学生到企业进行参观实习活动，让学生了解企业实际生产经营情况和会计核算情况；也可以让学生到基层参加社会服务工作或从事会计调查活动；还可以让学生到相关部门进行参观实习活动等。

总之，加强会计实践教学环节是提高学生综合素质的重要途径之一。只有加强会计实践教学，才能培养出具有较强动手能力和综合素质的高层次会计人才。而要做到这些，就必须要从教育思想、课程设置和教学方法等方面进行改革。

（三）强化职业道德教育，树立良好的职业道德观念

我国会计人员职业道德教育主要包括两个方面的内容，一是职业道德观念的培养，二是职业道德素质的培养。这两个方面在会计教育中应作为一个有机整体来进行。职业道德观念的培养是会计教育中最重要的内容。在会计教育中，应以提高会计人员职业道德观念为核心，对学生进行全面系统的思想品德教育和道德品质教育。在教学中，应以提高学生思想品德素质为中心，培养学生具有高尚的职业道德和良好的心理素质。

在实际工作中，应结合具体工作实际对学生进行思想品德教育。例如：通过开展“遵纪守法”“廉洁自律”等内容的思想道德教育活动，学生牢固树立依法理财和廉洁自律意识；通过开展“爱岗敬业”的思想道德教育活动，

学生牢固树立诚信为本、服务至上的理念；通过开展“爱岗敬业”“严谨治学”“精益求精”等内容的思想道德教育活动，学生牢固树立严谨治学意识，学生牢固树立会计职业意识、会计职业道德观念和社会责任感；通过开展“办事公道”“服务群众”等内容的思想道德教育活动，学生牢固树立全心全意为人民服务和对社会负责精神。

三、改革教学方法，注重学生的实践能力培养

在会计教育中，传统的教学方法主要有讲授法、谈话法等，这些方法虽然能够调动学生的积极性，但由于缺乏足够的趣味性和知识性，往往难以达到理想的效果。因此，会计教育应大力推广讨论式教学、案例教学、实验法等方法，注重学生的实践能力培养。

讨论式教学是目前会计教育中采用最多的一种教学方法，它能使学生主动参与到教学活动中来，提高他们的学习兴趣。例如，在讲到会计核算方法时，可以通过将会计凭证和会计账簿放在一起，让学生分组讨论。通过讨论交流，学生可以从多角度、多层次地认识和理解会计核算方法和手段。在讨论过程中，学生可以充分发挥主观能动性，积极发表自己的见解，也可以通过互相之间的讨论交流，对各种不同观点进行充分交流和辩论。这种讨论式教学方法不仅能使学生掌握会计核算方法和手段，还能提高他们分析问题、解决问题的能力。

案例教学法是教师通过收集一定数量的典型案例或最新发生的类似案例以及分析案例中的问题来培养学生分析问题、解决问题能力的一种方法。案例教学法一般以一个完整的案例为主线进行展开，通过对这个案例的深入分析使学生掌握所学内容。这种教学方法可以培养学生分析问题、解决问题以及理论联系实际等综合能力。例如，在讲到会计信息系统时，可以将某 A 公司作为研究对象进行案例分析。该公司在 2023 年 2 月发生了一笔经济业务：从 2023 年 1 月 1 日开始至 1 月 31 日，A 公司分别销售货物给客户（B）、客户（C）和客户（D）。其中，B、C 和 D 客户均有应收账款和预付账款。销售货物时该公司没有开具发票，货物发出后销售收入全部在 A 公司某账户中结转，收到货款后销售成本也在 A 账户中结转。由于退货数量较多且金额较大，所以没有开具发票。根据《中华人民共和国发票管理办法》规定：开具发票应当按照规定的时限、项目、内容及填制办法开具发票，不得跨项目或超范

围开具发票。因此，该公司应该在 2023 年 1 月 1 日至 2023 年 1 月 31 日期间发生的业务均应在 A 公司该账户中进行核算和反映。

在案例教学过程中，教师要根据教学目的和学生实际情况合理安排案例内容、提问方式、讲解方法、讨论方法等。在案例讲解中要尽量采用多媒体教学手段来辅助讲解。由于多媒体教学手段可以将文字、图片和视频等多种媒体信息有机结合起来，具有形象生动的特点。因此，教师应积极使用多媒体手段来辅助教学活动。例如，在讲授“应收账款”这一知识点时，教师可以使用课件来演示 A 公司收到 B 公司货款后应该如何记账。又如在讲授“存货跌价准备”这一知识点时，可以将企业的存货清单及相关会计凭证发送给学生进行学习和讨论。

实验法是教学中最常用的教学方法之一，它具有提高学生学习兴趣、加深学生对知识的理解和巩固所学知识的作用。在传统的会计教育中，会计实验往往以课堂理论教学为主，实验课程与理论课程的比例严重失衡。近年来随着我国高校会计专业实验室建设工作的推进，越来越多的高校会计专业开设了实验室或实训基地。因此，在会计教育中应将实验课程与理论课程结合起来进行教学活动，以达到提高学生实践能力和培养学生创新精神和创新能力的目的。

四、加强师资队伍建设，提高教师的专业素质

师资队伍建设是高等教育改革的重要内容。要使我国会计教育不断适应新形势的发展，培养出高层次会计人才，师资队伍建设必须得到高度重视。提高师资队伍的专业素质，不仅是提高会计教育质量的重要保证，而且也是适应社会经济发展需要的必然要求。因为只有高素质、高水平的教师才能培养出适应社会需要的高层次会计人才。因此，必须加强教师队伍建设，提高教师整体素质。首先，要制定切实可行的措施鼓励和引导在职会计人员参加会计从业资格考试，并取得相应证书。其次，要通过多种渠道培养“双师型”教师。目前高校教师中具有“双师型”资格的比例偏低。学校应根据不同层次、不同学科、不同专业学生的实际情况，制定相应培训计划，聘请理论水平较高、实践经验丰富、教学效果较好的兼职教师给学生授课，从而提高教学质量。

五、加强国际合作与交流，提高学生的国际化视野

随着世界经济一体化的不断加深，会计行业的国际交流与合作也越来越频繁。在全球化经济的背景下，会计行业必须进一步加强与国际会计准则的协调，以实现全球会计信息系统的一致。因此，为了适应世界经济一体化进程，培养高层次会计人才，就必须加强国际合作与交流。

首先，在人才培养上要加强国际化。目前我国有大量的会计专业留学生在国外学习，他们由于受到各国法律法规及教育制度等方面的限制，所学课程不能满足社会对他们的需求。因此，要加强国际交流与合作，让留学生到国外学习先进的会计理论和技术。其次，在教学上要注重培养学生的国际化视野。目前我国的会计教育普遍存在重理论轻实践、重专业轻人文等问题，这就需要我们加强对学生国际化视野的培养。学校要鼓励教师到国外学习先进的教育理念和教学方法，鼓励学生到国外实习、交流和实践。学校应积极与国际会计准则制定机构、会计师事务所等进行合作，促进我国会计教育与国际会计准则体系接轨。

第五章

数智财务人才培养需求与现状

随着数字化时代的到来，数智财务已经成为企业发展的重要驱动力之一。数智财务是指通过应用先进的技术和数据分析方法，实现财务数据的集成、分析和决策支持，以提高财务管理效率和决策质量。在这个数字化时代，企业需要具备数智财务人才来应对日益复杂的财务管理挑战。

然而，目前数智财务人才的供给与需求存在不平衡的现象。一方面，随着企业数字化转型的加速，对数智财务人才的需求不断增长。企业需要专业的财务人员能够熟练运用数据分析工具和技术，从大量的财务数据中提取有价值的信息，为企业决策提供支持。另一方面，目前市场上的数智财务人才供给相对不足。传统的财务教育体系往往注重理论知识的传授，对于数智财务技能的培养较为欠缺。

为了满足企业对数智财务人才的需求，培养高质量的数智财务人才已经成为当务之急。培养数智财务人才需要改革传统的财务教育模式，注重实践能力的培养和数据分析技术的应用。同时，还需要加强与企业的合作，将实际案例引入课堂，提供实践锻炼的机会，帮助学生将所学的知识应用到实际工作中。

本章将从数智财务人才培养的需求与现状方面进行探讨。首先，将分析企业对数智财务人才的需求特点和趋势，探讨数智财务人才的核心能力和技能要求。然后，将介绍当前数智财务人才供给的现状和存在的问题，分析传统财务教育模式的不足之处。最后，将提出针对数智财务人才培养的改革和发展建议，以期能够为培养高质量的数智财务人才提供参考。

第一节　数智财务人才的需求和特征

数智财务是一个新领域，是当前财务管理的热点，但在实现数智财务过程中需要一大批精通财务、懂业务、会技术的高素质复合型人才。为实现数智财务目标，需要通过数字技术的应用、数据驱动的业务模式创新来驱动企业数字化转型。

财务作为企业管理的核心职能之一，如何通过数字技术的应用、数据驱动的业务模式创新来驱动企业数字化转型，实现财务管理创新成为企业所面临的重要课题。2021 年 11 月，财政部印发的《会计改革与发展“十四五”规划纲要》中指出，“十四五”时期政府会计工作将坚持创新驱动，以服务高质量发展为目标，以共享服务为重点，着力构建与现代政府治理体系相适应的中国特色现代会计制度。为落实好上述指导意见精神，促进我国会计工作与现代科技深度融合，提高政府会计信息质量和政府会计管理水平，在此背景下探讨了数智财务人才的需求特征。

一、数智财务人才培养的时代背景和需求

（一）时代背景

随着数字化、智能化进程的加速，数字化转型已经成为企业管理发展的必然趋势，而财务作为企业管理中的核心职能之一，其数字化转型也已成了企业管理创新的重要领域。据中国信息通信研究院发布的《中国数字经济就业发展研究报告：新形态、新模式、新趋势》显示，到 2025 年，数字经济占我国 GDP 的比重将达到 70%，我国数字经济总量将突破 60 万亿元。随着大数据、云计算、人工智能等技术的不断发展，企业管理数字化转型步伐也在不断加快。2015 年，《国务院关于积极推进“互联网+”行动的指导意见》提出推动企业数字化转型升级；2015 年，国务院印发《促进大数据发展行动纲要》，明确提出加快培育数据要素市场；2020 年 9 月，国务院办公厅印发《关于加快推进政务服务“跨省通办”的指导意见》，明确了全国一体化政务

服务平台“跨省通办”事项清单和办事指南；2022 年 2 月，国务院办公厅印发《关于加快推进政务服务标准化规范化便利化的指导意见》提出加快政务数据资源开发利用；2017 年 1 月，财政部印发《政府会计准则——基本准则》，同年 10 月印发了《政府会计制度——行政事业单位会计科目和报表》。由此可见，数字技术正在逐渐重塑着企业管理与运营。

（二）财务转型升级对数智财务人才的需求

财务作为企业管理的核心，是企业实现价值创造的关键因素，在当前数字化转型趋势下，企业财务要实现从传统财务到数智财务的转型，需要通过组织、流程和技术三个层面的变革来驱动企业财务管理模式的创新，进而实现企业价值的提升。在组织层面，随着业财融合发展不断深化，企业对财务人员提出了更高要求，尤其是在当前“双碳”背景下，企业需要建立以价值创造为核心的预算、核算、报告等财务管理体系。在流程层面，由于传统财务管理模式存在着难以解决的流程孤岛问题，因此需要借助“数智”技术来重塑财务业务流程和管理机制，实现业财融合下的流程优化和管理变革。在技术层面，由于数智财务涉及海量数据的采集、处理、分析、展示等一系列技术应用场景，因此，需要各类专业人才来支撑数智财务建设。人才是保障数智财务发展的基础，故数智财务人才需求量不断增加。基于此背景下，企业对于数智财务人才的需求主要体现在三个方面：一是能够掌握会计和信息化基础知识；二是能够掌握大数据、云计算、人工智能等新技术；三是具有较强的分析能力和创新能力。

从以上可以看出，数智财务人才所需具备的能力更加全面和综合。传统的财务人员通常只关注会计核算和报表编制等方面内容，而数智财务人才则能够进行数据分析、决策支持等工作。同时，数智财务人才需要具备一定的创新能力和协作精神，能够与其他专业人员共同完成数字化转型项目。

（三）数智财务人才培养面临的挑战

近年来，伴随着现代信息技术的快速发展，企业的财务工作也逐渐从传统的记账、算账、报账等财务会计职能向“业财融合”“业财一体”方向转变，而随着财务工作职能转变，财务人员也必须具备更强的数字化能力，才能更好地适应时代发展需求。然而，目前我国企业数智财务人才培养仍面临着很多挑战。

首先，我国企业现有的人才培养体系不能满足企业数智财务发展需求。目前我国企业多数还是以传统会计人员为主，缺乏具备现代数字技术知识与技能的复合型人才，同时现有的人才培养体系侧重于理论教学，缺乏实践操作技能的培养，也未能满足当前企业数智财务发展需求。其次，传统人才培养体系中“重理论、轻实践”的问题依然存在。由于传统高校教育培养方式主要以课堂讲授为主，学生在课堂上所接受到的知识大多是理论知识而非实践操作经验，这与企业数智财务发展需求存在很大差距。最后，数智财务人才培养与企业需求脱节严重。当前大部分企业对于数智财务人才的需求并没有进行充分调研，导致企业无法根据自身情况进行及时调整，由于数智财务人才培养缺乏专业指导、课程体系缺乏实践性等原因导致大多数企业难以准确把握数智财务人才培养方向和目标。

（四）数智财务人才培养趋势与展望

随着全球经济进入数字经济时代，以大数据、云计算、人工智能为代表的新一代信息技术快速发展，正在对经济社会的各个领域产生深远影响，数据已经成为推动经济社会发展的核心生产要素，数据驱动的业务模式创新不断涌现。在此背景下，企业对财务人才提出了更高要求。未来数智财务人才将以数字化、智能化的思维模式，运用最新的财务知识和管理知识，从事财务信息分析、数据管理、价值创造等工作，从而推动企业转型升级。

同时，在数智财务人才培养方面还存在一些问题，主要表现在：一方面，企业内部的传统财务人员对数字化思维和信息化能力理解不够深入；另一方面，我国高校关于数智财务人才的培养方案相对滞后，与市场需求存在差距。为更好地推进数智财务人才培养工作，企业需要加强对数智财务人才的培养体系建设。

在未来的数智财务人才培养体系中，一方面要明确企业对数智财务人才的需求，深化产教融合、校企合作；另一方面要加大对企业数字化转型所需相关人才的培训力度。同时，高校应结合数智财务人才需求进行课程体系、教学模式、教学内容等方面的改革创新。此外，政府应通过政策引导和支持等方式进一步推动企业加强对数智财务人才培养工作的支持力度。

二、数字技术在财务领域中的应用和价值

数字技术在财务领域中的应用和价值，主要体现在以下几个方面：一是财务共享服务中心，包括财务共享中心、会计结算中心和审计稽核中心等，这些共享服务中心以业务需求为导向，利用大数据技术将财务人员从繁杂的事务性工作中解放出来，提高财务工作效率；二是财务机器人，包括智能机器人、机器人流程自动化（Robotic Process Automation，RPA）、人工智能（Artificial Intelligence，AI）等，这些财务机器人可以替代基础的重复性工作，提升业务效率；三是智能算法，包括深度学习算法、机器学习算法等，这些算法可以实现对业务流程的智能化改造和优化；四是智能财税，包括电子发票管理系统、智能语音识别系统等，这些系统能够实现对财税数据的全流程管理和自动化处理；五是智能报表和分析，例如通过对企业经营数据的采集分析实现对业务经营状况的智能化洞察；六是数据中台和数字生态，通过数据中台和数字生态实现了从数据到信息再到知识的转化，可以更好地支撑财务管理的决策分析工作。

数智财务是指运用人工智能、物联网（Internet of Things，IoT）、区块链、云计算、大数据分析等数字技术和工具，结合企业业务特点进行流程再造和流程优化，从而使业务运营更加智能高效，决策更加科学精准。在数字化转型过程中，财务领域需要一大批精通财务、懂业务、会技术的高素质复合型人才。

（一）财务人员需要具有数字思维和创新意识

当前，传统财务面临着新形势下的挑战，企业面临的经济环境复杂多变、行业竞争加剧、技术迭代升级快等问题对企业提出了更高要求。同时，在数字经济时代，信息技术对企业的影响日益深远，企业需要掌握信息技术、数字技术和管理技术的复合型人才。这类人才既要具有深厚的财务专业知识，又要有对信息技术和管理技术的深刻理解。由于传统财务的职能定位是提供信息支持，因此，对财务人员的知识结构要求相对较低。而对于企业来讲，随着市场环境日益复杂多变、商业模式不断创新、市场竞争日趋激烈、技术迭代速度加快等问题出现，财务人员需要具备数字思维和创新意识。例如，数字思维就是将数字化、网络化和智能化作为一种基本思维方式。数字思维

能帮助财务人员更好地理解数据背后的含义，通过对数据的深入分析，对业务经营提供决策支持。

此外，数字思维还能帮助财务人员更好地理解企业内外部环境变化对企业造成的影响，从而能够为企业提供更好的价值创造方案。例如：在成本管控方面，通过分析数据可以发现哪些费用可以节约或者需要控制；在产品研发方面，通过对市场需求数据和产品销售数据进行分析可以发现哪些产品可能会存在滞销或者滞销风险；在营销活动方面，通过对市场营销效果的分析可以发现哪些营销方式存在问题或风险。这些分析都需要财务人员具备一定的大数据分析能力和创新意识。只有具备了数字思维和创新意识的财务人员才能更好地满足企业日益复杂多变的需求。

（二）财务人员需要具备多维复合知识体系

财务人员除了需要具备丰富的财务知识，还需要了解业务，知道业务的逻辑和数据的来源、形成过程和应用场景，了解业务部门的经营情况和风险控制状况。同时，财务人员还需要具备丰富的财会知识，了解会计准则和会计制度，熟悉国家相关法律法规，能够根据企业的实际情况设计有效、合理的财务流程、会计科目以及相关的会计核算体系。在数字化转型过程中，财务人员需要对云计算、大数据、区块链、人工智能等技术有较深了解，能够运用这些技术对财务数据进行实时分析和深度挖掘，从而为企业决策提供支持。

财务人员一方面要了解金融行业的相关法律法规和金融基础知识。在当前国际形势下，汇率、利率等风险越来越大，财务人员要了解和掌握汇率波动风险防范与控制，加强风险意识；另一方面要了解企业管理知识。因为财务人员在企业中承担着核算、监督和分析等职能，其工作性质决定了其必须具备较强的业务能力和专业技能。这就要求财务人员要熟练掌握会计核算的相关知识、税务筹划知识以及成本管理、绩效评价等业务管理知识。同时还要了解企业生产经营中各个环节所涉及的各种金融工具在不同经济环境下所表现出的特性。

（三）财务人员需要具备跨界沟通能力

在传统财务管理领域，财务人员多为财务会计专业背景，他们主要从事记账、报账等会计核算工作，同时也要关注业务的执行情况，了解相关业务的背景。随着数智化时代的到来，财务人员需要掌握企业的业务运营、数据分析等能力，因此对人才的综合素质要求也越来越高。目前很多企业已经将数字化转型纳入战略规划之中，并设置了相应的组织和岗位来推动数智化转型。从长远来看，企业数字化转型必然需要更多数字化人才。数字化转型需要对业务、技术和流程进行深度融合，这就要求财务人员能够深入了解业务背景、业务流程、数据和技术应用等方面的知识，同时也需要掌握一定的财务知识和技能，具备跨界沟通能力。

在数智化时代，财务人员需要将自己的工作从会计核算扩展到经营分析、决策支持等方面。例如：在数据分析方面，财务人员需要将财务数据转换为业务数据，再从中提取有价值的信息；在决策支持方面，财务人员需要对企业运营过程进行分析和预测，提出应对措施。

（四）财务人员需要有良好的职业操守

职业操守是指在职业活动中应该遵守的行为准则。《会计职业德道规范》明确规定，会计人员应当忠于职守，坚持原则，履行诚信义务。《中国注册会计师职业道德守则第 1 号——职业德道基本原则》规定，财务人员要有良好的职业操守，遵守国家有关财经法律法规和行业职业规范。在日常工作中，要严格按照《中华人民共和国会计法》《企业会计准则》等相关法律法规和制度开展会计工作，加强业务学习，不断提升专业技能和业务水平。在企业内部，财务人员要树立诚信为本的理念，对自己负责、对企业负责；在与外部机构打交道时，要诚实守信、客观公正、信守承诺。

数智财务的核心是数据驱动决策。财务人员需要从数据的角度思考问题。在进行数据分析时，首先要看数据是否准确可靠。其次要看数据的来源是否可靠，分析结果是否准确可靠。在财务决策过程中，应尽可能地运用多种数据源进行交叉验证分析以确保分析结果的可靠性。最后还需要对结果进行解释和说明，以帮助决策者理解分析结果。为了实现这个目标，财务人员需要了解公司的运营模式、业务流程、经营状况和盈利情况等信息，同时还需要了解竞争对手的运营模式和盈利情况等信息。

三、数智财务人才的定义和培养目标

从上面的分析可以看出，数智财务人才必须是精通财务、懂业务、会技术的复合型人才，数智财务人才的培养目标是具有战略思维、懂技术的高素质复合型人才，但仅仅会财务管理是不够的。数智财务人才必须能够实现数据驱动的业务模式创新，利用先进数字技术驱动企业数字化转型，帮助企业实现数据驱动的业务模式创新，这就要求数智财务人才具有战略思维、懂业务、会技术等方面的能力。

数智财务是企业数字化转型过程中必然经历的阶段。当前企业对数智财务人才需求呈现多样化和差异化，包括高水平复合型数智财务人才、高质量业务和复合型创新能力型数智财务人才。随着技术进步和数字化转型加快，数智财务发展将呈现出从低阶向高阶、从职能型向管理型、从管理向运营、从局部向整体转变等趋势，培养一大批具备战略思维、懂业务、会技术的高素质复合型数智财务人才将是企业实现数字化转型过程中必经之路。

四、企业对数智财务人才的需求特征

首先，数智财务人才要能够熟练应用财务、会计、税务等知识。财务人员应熟练掌握会计准则及相关法规，精通财务核算业务，熟悉税务政策和流程，同时应熟悉国家经济政策、税法法规和会计准则等相关知识。

在人才培养方面，企业可以采取以下措施：

一是加强对员工的数字技能培训。企业可以通过构建数字化平台，组织员工开展在线学习活动，例如，建立在线学习小组、开设数字化课程等方式来提高员工的数字技能。

二是加强与高校合作。企业可以与高校合作开展数字技能培训，例如，与高校联合培养数字化财务人才。

在实践中可以通过建立企业内部数据资源库等方式来培养员工的数智思维；还可以通过引入专业咨询服务机构的方式来为员工提供专业辅导和培训；同时也可以通过引入外部数字化培训机构来为员工提供数智思维训练。

（一）能力特征

根据《智能财务白皮书》对财务机器人的定义，财务机器人是指基于人工智能技术和大数据应用，并结合财务管理的具体业务场景，能够快速处理日常重复、烦琐的会计核算、凭证录入、凭证审核等工作的智能机器或系统。因此，数智财务人才需要具备以下能力特征：一是能够应用新一代信息技术，包括云计算、大数据、人工智能、移动互联网等数字技术，能够基于数字技术进行数据收集与处理。二是能够深度参与业务，数智财务人才要既能理解企业的业务流程、运作机制和商业模式，又能熟练运用数字化手段进行数据分析与挖掘；既能对企业内部经营活动进行全面预算管理，又能参与企业的外部战略规划；既能深入研究企业运营管理的关键因素，又能对业务运营和经营决策提供准确的信息支撑。三是能够发挥财务管理价值创造作用，从企业战略决策、成本控制、风险管理到资金运营和资本运作等各环节的财务管理工作都要发挥重要作用，要能够对企业的业务进行有效的支持和协同，并能够及时识别风险和机遇。

对于数智财务人才而言，首先，要具备数据分析能力。在传统会计信息系统中，数据采集、数据加工和数据分析都由不同岗位的不同人员完成，其主要工作是将会计核算过程中产生的原始数据进行加工整理和分类汇总；而在数智财务环境下，企业通过构建数据资源库、加强数据挖掘等方式，可以在海量的数据中寻找并提取有价值的信息。其次，要具备多模态分析能力。随着人工智能技术在会计领域的应用范围越来越广，对于会计人员来说，需要将多种不同模态的信息整合起来，形成综合信息系统。多模态分析是指利用各种不同类型的数据源（包括文字、图像、音频、视频等）对不同来源、不同类型的数据进行集成和融合分析，从而生成相应的分析结果。最后，要具备沟通能力。在企业中，财务人员与其他部门（法务部门、人力资源部门等）之间存在着各种各样的信息沟通和交流渠道。数智财务人才需要具备良好的表达能力和倾听能力，能够理解对方所表达的意思并进行有效反馈。同时还需要具备良好的团队合作能力和人际交往能力，能够与其他部门进行有效沟通和协作。

（二）需求特征

根据以上分析，可以将企业对数智财务人才的需求特征概括如下：

第一，在技能要求上，财务人员需要掌握多种财务知识和技能，包括财务、会计、税务等专业知识以及数据分析和处理技能等。

第二，在知识要求上，财务人员需要具备扎实的理论基础和专业知识。具体而言，企业需要具备对行业政策和法律法规的理解能力；需要具备对企业经营过程中的业务活动、交易事项及商业模式等问题进行分析、判断和决策的能力；还需要具备运用各类数字技术解决各类财务问题的能力。

第三，在思维能力上，企业需要培养具备高度的数据意识的数智财务人才，使其能够运用数据进行决策分析和判断。具体而言，企业培养的数智财务人才需要具备大数据意识和运用大数据思维来进行决策分析的能力，具有将业务数据转化为企业价值创造的能力，具有通过数据挖掘和分析来发现业务问题、挖掘数据价值的能力。

第四，在智能要求上，企业需要培养数智财务人才能够利用人工智能、区块链等新一代数字技术来支持企业各类业务活动，并能够基于业务数据和流程自动化进行智能化分析和决策。

第五，在道德要求上，企业培养的数智财务人才需要具有高度的职业道德素养。具体而言，企业培养的数智财务人才需要具备高度的社会责任感、良好的职业操守和较强的职业能力，还需要具有较强的自我约束意识和职业道德水平。

五、数智财务人才发展趋势

当前，越来越多的企业将人工智能、大数据、云计算等技术应用到财务中，在企业内部培养和使用数字人才是大势所趋。

一方面，各企业纷纷加大对数字化人才的投入力度，通过建立企业数字人才培养体系，聘请专家进行线上线下培训等方式，加强对数字人才的培养。另一方面，一些大型企业还探索利用外部数字化资源来帮助企业培养数智财务人才。例如，用友公司将由原来的培训为主向培训、咨询、顾问等全方位服务转变；泛微网络公司建立了一支由高管带队、各领域专家组成的数字人才团队，并将数字技术与业务场景相结合，为客户提供定制化的数字化解决方案；京东集团搭建了“京东云+AI”人才培养体系，以“专业能力+创新能力”为核心打造数智财务人才。此外，一些大型企业也开始与高校开展合作培养数智财务人才。例如，中国电信与清华大学共建“5G+工业互联网”联合实验室；华为公司与武汉大学合作成立“智能财务实验室”等。相信在未来几年内会有更多的企业建立自己的数智财务人才培养体系，为企业的数字化转型提供更多高素质复合型数智财务人才。

随着企业财务管理由传统的核算型管理向价值创造型管理的转变，以及互联网、大数据、人工智能、云计算等新一代数字技术的快速发展，传统的财务人员已不能满足企业财务管理的需求，需要有专业能力的高素质财务人员来支撑企业财务管理的转型和发展。为此，企业需要不断加强对数智财务人才的培养，以适应时代发展的需要。

企业在培养数智财务人才时要坚持两个原则：一是以高标准严格要求培养数智财务人才。数智财务人才不仅要有良好的专业能力，更要有高度的综合素质，能够对复杂多变的经营环境作出正确判断，并能够深入分析企业内部存在的风险和机遇；同时还要具备一定的领导能力，能够带领团队有效实现目标。二是坚持“以人为本”的原则。数智财务人才不是技术专家和业务专家，而是更多地与数据打交道、善于学习、具备一定创新能力和沟通协调能力、善于利用新技术提升管理效率与效益的复合型人才。在培养数智财务人才时要注重发挥“人”的作用，尊重人、关心人和激励人，营造和谐愉快、积极向上的工作氛围。

第二节　数智财务人才市场的现状和就业形势

财务转型已经成为企业发展的大势所趋。数字化时代，数据将成为企业竞争的核心要素，而财务则是企业数据的“仓库”。数智时代的到来，对财务人才提出了更高的要求。在当前大环境下，财务转型之路已经不是那么容易。

但无论怎样，数字化浪潮正以一种势不可当的趋势席卷而来，有必要在这个大背景下审视当前财务人才市场的现状和就业形势，为未来更好地发展提供更多的可能性。

一、财务人才现状

随着“会计机器人”“财务共享中心”等新业态的出现，企业财务工作被广泛地认为是机械重复性的工作，已经不能适应现代企业的发展需求。所以，一大批财务人员被淘汰出局，而财务人员在市场上的数量并没有明显增长。以互联网企业为例，根据智联招聘发布的《2021 人才流动与迁徙大数据报告》，在 2020 年企业招聘人数最多的职位中，会计专业相关职位占了 27%。

根据国家统计局最新数据显示，截至 2020 年底，我国取得初级会计专业技术资格的人数为 670. 2 万人。此外，预计“十四五”时期，即到 2025 年，具备初级会计资格的人员规模将增加至 900 万人以上。这表明，初级会计人才的数量正在稳步增长，以满足市场的需求。

同时，值得注意的是，注册会计师的数量也在持续增长。截至 2022 年 12 月 31 日，我国注册会计师共计 335593 人，相较于 2021 年底增加了 25752 人，增长率为 8.31%。这一增长趋势反映了会计行业对专业人才的迫切需求以及行业的发展态势。

（一）财务人员工作重复，缺乏创新

财务人员的工作内容主要包括四个方面：现金管理、成本控制、预算管理和会计核算。其中，成本控制和预算管理是财务人员的核心工作。目前，大多数企业的财务工作仍然是按照传统的核算模式开展，主要包括：基础工作、凭证录入、报表编制、会计核算等。这些工作需要财务人员花费大量时间和精力，所以很多财务人员为了完成工作任务而不得不“加班加点”。然而，随着我国会计信息化水平的不断提高，我国企业的财务信息化水平也在不断提升。在企业内部，不少企业都已建立起了自己的财务共享中心。这些共享中心能够对企业的会计凭证、账簿、报表等进行有效处理。在此过程中，大部分企业的会计核算流程都能够得到很好的控制，因此这些共享中心就可以大大提高企业会计工作效率。

此外，随着信息技术的发展，各种智能化工具开始被应用到财务管理工作中。例如，一些软件能够帮助企业快速地处理财务数据。与此同时，智能机器人也逐渐走进了人们的生活。虽然智能机器人在会计处理方面确实可以大大提高财务效率，但由于机器人在处理数据时无法分析数据背后的信息，因此很多机器人在进行会计核算时只会“机械”地做账。

而未来会计行业也将面临一次巨大变革。目前许多传统企业正在努力实现数字化转型以提高企业运营效率。因此，许多传统企业也开始投入大量资金建设自己的会计系统和数据库。然而，由于传统会计系统和数据库大多是人工操作完成的，因此传统企业很难及时对自己数据进行分析和整理。而且这些传统企业所使用的系统大都是由人工操作完成的，所以在操作过程中极容易出现错误或疏漏等问题。而且在这个过程中很多传统企业并没有及时进行数据分析和整理，导致大量财务数据在数据库中堆积无法及时被处理，因此这些传统企业也需要花费大量时间对自己内部数据进行整理和分析以提高

自己的工作效率和质量。

（二）财务人员专业知识不足，缺乏职业技能

随着互联网时代的到来，企业财务管理模式也发生了翻天覆地的变化。从传统财务向电子商务财务、互联网财务的转型，不仅使财务数据更加透明，而且促使会计工作从大量烦琐的重复性劳动中解放出来，使财务工作更加有效率，更好地为企业发展提供保障。

但是，部分财务人员却不能及时更新自己的知识体系，不能及时适应企业发展的需要。目前我国会计人员学历普遍偏低，没有经过正规系统学习或培训。这就导致了一批不具备会计专业知识的人员从事财务工作。这些人不仅对自己负责的会计工作不够了解，还会影响整个企业会计信息质量。

同时，在实际工作中，由于种种原因，财务人员对电脑及网络技术不熟悉，在处理一些需要大量手工操作的工作时，会因操作不熟练而造成效率低下。再加上现在财务人员面临着年龄增长、人员流失等问题，这些因素都在不断降低着会计人员的工作效率。如果不及时更新知识体系和更新工作技能，财务人员就会逐渐被时代淘汰。因此，只有不断学习新知识、掌握新技能才能在职场中立于不败之地。

1. 工作中缺乏创新意识

创新是企业生存和发展的根本，而财务工作也不例外。面对新形势，财务人员应不断创新工作模式和方法，优化工作流程，以提高工作效率，并通过科学的分析方法，为企业创造更大价值。但是，目前一些企业的财务人员往往还停留在“记账”的阶段，不能根据市场变化及时调整会计信息。尤其是对于那些新出现的业务模式和管理方式，财务人员往往不能及时地提出一些合理的意见和建议，而只能按传统的会计方法进行处理。因此，对于新业务、新模式和新管理方式，企业应该加强学习和培训力度。通过对这些新问题进行研究和分析，可以丰富财务人员的知识储备，提高他们的业务水平和能力。这样才能有效地发挥财务人员的作用。

2. 知识结构陈旧，难以适应新时代的要求

随着我国经济的高速发展，企业的管理理念也发生了巨大变化，要求财务人员不断更新自己的知识结构，以适应时代发展的需要。然而，由于我国

目前实行的是应试教育，许多学校只注重对学生进行应试能力的培养，而忽视了对学生实际能力的培养，这就导致学生学习效果差。在这样的教育环境下，学生不仅要具备扎实的基础知识，还要有较高的综合素质。而我国目前大部分财务人员都是受过专业教育、从事多年财务工作的人。他们虽然有一定的专业基础知识和丰富的工作经验，但缺少对现代经济、现代管理和现代科技知识等方面知识与技能的学习。他们往往只了解自己所从事财务工作领域中某一个或某几个方面的知识与技能，难以将这些知识与技能有效地融合起来，从而影响财务信息质量。因此，在这种情况下，财务人员就很难适应新时代要求。

（三）财务人员自我提升意识薄弱

随着大数据、人工智能等技术的发展，企业对于财务人员的要求越来越高。企业对财务人员的要求不仅包括了高质量的会计核算和财务分析能力，更要求其能够利用信息技术对企业经营活动进行预测和分析。财务人员不仅需要具备会计专业知识，还要掌握一定的金融、市场、管理等知识。这些要求不仅仅是对财务人员业务能力的要求，也是对财务人员综合素质和管理能力的要求。

但由于传统会计行业的工作性质，使得部分财务人员安于现状，缺乏自我提升意识，没有及时更新知识结构，这也是造成当前企业会计人才稀缺的重要原因。同时，由于企业管理能力和内部控制意识的欠缺，使得很多财务人员在工作过程中缺少自我约束能力，导致出现一些贪污腐败现象。另外，由于当前我国会计人才培养体系不完善，导致很多学生毕业后无法满足企业需求。同时由于企业缺乏相应培训和考核机制等原因，很多学生进入企业后需要花费大量时间和精力进行培训和学习。

据《中国会计报》报道，从 2017 年 1 月到 2018 年 5 月期间，财政部共对全国 68 家单位进行了专项检查。通过调查发现：六成以上单位财务人员继续教育和职业培训重视程度不够；80%以上单位财务人员接受继续教育的时间少于 2 年；98%以上单位财务人员在学习内容上主要停留在记账、算账、报账阶段。由此可见，目前我国企业中 90%以上的财务人员未接受过专业培训或只接受过一次培训。这也导致很多财务人员在工作过程中缺乏创新意识和创新能力，无法适应市场竞争所带来的变化和挑战。

二、财务人才供需矛盾

财务人才的供需矛盾，一方面表现在，目前我国企业财务人员存在结构性短缺，这就使得部分财务人员被迫转行。而另一方面，由于管理会计、财务管理等概念的普及，也使得从事相关岗位的人才供不应求。

对企业来说，急需的是既懂业务又懂管理的复合型人才，而不是只会核算、记账、报账的财务人员。而从市场角度来看，目前我国企业普遍存在着人才过剩与人才不足的情况。

在专业方面，会计、审计等专业会计人才一直处于“供不应求”状态；在业务方面，大部分企业却存在着“供需失衡”的情况。

根据《中国企业财务共享的创新与升级调研报告（2021）》显示，从从业人员数量来看，2021 年底我国财务共享服务中心从业人员数量持续增长，具体数据未明确提供，但可以推测随着财务共享服务中心的数字化转型和业务扩展，从业人员规模有所增加。从从业人员质量来看，依然有较高比例的企业（81.3%）认为当前财务共享服务中心人员素质与企业需求存在不匹配的情况；在人员来源方面，依然有一定比例的企业（64.6%）表示需要从外部招聘大量具备专业技能的人才；从岗位分布来看，大部分企业（70.8%）需要集中精力处理日常业务事项；从业务种类方面来看，绝大多数企业（91.7%）需要集中处理包括标准和非标准在内的不同类型业务。在我国企业中，约有 20%的企业需要通过外包形式处理非标准业务，以满足特定的服务需求和提升运营效率。

从财务人才来源看，从现有人员来看，主要是以下两类：

（1）传统会计人员转型到管理会计岗位；

（2）部分企业引进了一些既懂财务又懂业务的复合型人才。据有关调查显示：约有 60.7%的企业会招聘具有一定财务和业务知识背景，同时具备一定管理思维和经验的复合型财务人才；而只有 11.3%的企业会招聘纯会计出身且没有管理思维和经验的复合型财务人才。

三、财务人才发展方向

在此背景下，如何才能找到符合企业要求、适合自身职业发展方向且高质量就业的财务人才呢？对于这一问题，笔者主要从以下几个方面进行思考。

（一）明确财务职能

财务职能要明确。从会计的职能来看，会计核算、会计监督等传统职能都是其基础职能。随着企业对管理会计重视程度的提高，管理会计的职能也逐渐发生了变化。例如，在财务管理方面，管理会计主要包括财务战略、资金运营、预算控制等内容。此外，在企业经营过程中，由于要对大量的业务进行处理，所以企业的财务也要具备一定的管理意识。

传统的财务工作通常都是按照时间顺序来进行的，即在年度终了时根据会计准则等规定，将财务报表按时间顺序汇总起来，作为企业领导进行决策、分析、考核的依据。但是在数字时代到来后，企业的经营环境也在发生着改变，因此传统财务工作流程需要进行调整。例如，在当前新技术下，企业面临着成本上升、盈利下降等问题。此时企业要想生存和发展就必须要通过加强管理来提高效率和效益。此时传统的核算工作就无法满足企业发展需要。因此，企业需要对核算工作进行调整，将传统会计中单一的核算职能转变为管理会计中基于数据分析、决策支持、价值创造等方面的职能。

对企业而言，财务部门不是简单地核算部门，而是承担着战略、决策、预算管理等职能的综合性部门。因此在传统财务职能基础上增加战略管理和预算管理等内容就显得尤为重要。此外，随着数字化转型和智能化发展，新技术和新工具也对财务人员提出了新的要求。

（二）学习管理知识

在现代社会，财务人员在企业中不仅扮演着核算与监督的角色，更应该具备一定的管理能力。因此，财务人员不能仅仅局限于自身岗位，应积极主动地学习管理知识。

首先，财务人员应从财务部门走向业务部门。财务人员在财务部门所学的知识和技能只是基础，如果想要成为业务专家，就必须走出财务部门，走进业务部门。只有走出了财务部门，才能更好地了解业务、理解业务。其次，企业对财务人员的要求不仅局限于核算与监督，而是在此基础上提出了更高的要求。只有不断学习管理知识，提升管理能力，增长管理经验，才能成为合格的财务人才。

（三）掌握管理技能

由于财务管理与业务管理的密切程度，财务人才在企业中的作用逐渐由“核算”转向“管理”，主要体现在三个方面：

1. 从财务管理向财务战略转变

传统会计侧重于财务管理，关注的是企业利润的实现和收入、成本等指标的完成情况，对企业战略、业务模式和组织架构等内容缺乏关注。而从战略角度来看，财务人员应主动参与到企业发展规划、经营模式、组织架构和资源配置等方面，进而为企业战略目标的实现作出贡献。从价值创造角度来看，财务人员应主动参与到企业战略制定和执行过程中，促进业务和财务有机融合。

2. 从内部控制向风险管理转变

随着信息技术的发展，特别是大数据、人工智能、区块链等技术的发展，使得企业面临越来越大的经营风险，这就要求财务人员从控制风险转向管理风险。控制风险是指为了避免或减少风险损失所采取的各种措施，比如通过业务流程再造等措施来控制费用、通过建立健全内控制度等来控制风险等。管理风险是指为了实现经营目标而采取的各种措施所产生的一系列后果，比如为了实现绩效目标而进行绩效考核所产生的一系列后果。在此背景下，企业对财务人员提出了更高的要求：不仅要掌握会计基础知识和企业财务制度等相关知识，还要具备风险管理技能、战略决策技能、业务运营技能、数据分析技能等。

3. 从专业人才向管理人才转变

在传统会计时代，财务人员作为一个专业人才参与到企业经营管理中，而在互联网时代下，管理会计成为企业重要的战略决策工具之一。目前，有越来越多的企业开始重视管理会计。管理会计是基于信息技术条件下对企业资源进行整合与优化配置，以实现企业价值最大化为目标的管理活动。因此财务人员只有转变思维模式，加强对管理理论、技术、方法等知识体系的学习和掌握，才能更好地适应企业发展要求，并为企业创造更大价值。

（四）加强沟通交流

随着社会的发展，我国的市场经济体制也在不断完善，财务管理活动越来越多，而企业的规模也在不断扩大，这就使得企业内部财务管理工作也越来越复杂。为了适应市场竞争、降低企业成本、提高企业效益，企业需要不断优化财务管理工作流程。这就要求企业的财务人员能够通过沟通交流来了解业务需求，参与到业务活动中去。

同时，随着信息技术的不断发展，会计核算手段不断更新，管理会计工具也在不断创新。因此财务人员只有掌握先进的技术手段，才能更好地服务于业务活动。可以说，新技术、新工具给财务人员的工作带来了巨大变化，对其来说也是一次新挑战，需要时刻关注现代科技发展动态，熟练掌握最新技术手段和工具。只有这样才能更好地适应变化、适应市场需求。

基于此，财务人员需要主动与业务部门沟通交流。一方面是了解企业目前面临的问题和困难；另一方面是要对企业业务发展进行预测。通过沟通交流了解到业务部门未来可能会遇到的问题、产生的影响和解决方法。

需要注意的是，在与业务部门沟通交流过程中一定要做到坦诚、公开、公平和公正。要注意保护自己的合法权益不受侵害，同时要尊重他人隐私，尊重对方商业机密等。对于一些敏感问题或涉及企业利益的问题要及时向上级汇报并获得上级授权。

通过加强与业务部门沟通交流，财务人员不仅能够更好地了解到业务需求，还可以提高自身财务知识水平，加强职业技能水平和综合能力水平，为企业提供更高质量、更高水平的会计服务。

四、财务岗位分析

不同类型的企业，其财务岗位设置也存在较大差异。大型企业财务岗位主要设置在组织结构的上层，主要由总部财务部和业务部门组成。中小型企业财务岗位则主要设置在组织结构的中层，如销售会计、采购会计、生产会计等。

随着企业规模的不断扩大，越来越多的企业开始采用了“财务共享中心”的组织模式，这种模式为企业财务人员提供了更多的就业机会和更灵活的职业发展空间。目前，我国大型企业中的财务共享中心建设已经步入“快车道”，在未来将有更多企业开展财务共享中心建设工作。

为了帮助大家了解各类型企业在进行财务共享中心建设时所面临的挑战与机遇，笔者将不同类型企业中财务岗位设置情况进行了归纳总结。

（一）大型企业

大型企业的规模较大，企业内部组织结构也较为复杂，其财务岗位主要由总部财务部和业务部门组成。在建设财务共享中心时，需要搭建从总部到基层业务单位的“多层次、立体式”财务管理架构，以实现对各层级、各环节财务活动的有效管控。

此外，大型企业还需要根据自身实际情况来确定财务共享中心的建设方向。如果是采取“自上而下”的方式进行财务共享中心建设，则需要明确共享中心的建设目标和建设范围；如果采取“自下而上”的方式进行财务共享中心建设，则需要明确各层级、各环节财务活动的管控范围和管控内容。

以海尔集团为例。海尔集团自成立以来，一直致力于成为全球领先的美好生活解决方案提供者。为实现这一目标，海尔集团不断进行管理变革和流程优化。海尔集团在全国建立了六大区域分部，并按照业务规模和区域进行层级划分，实行扁平化管理。区域分部中又设置了 10 个职能中心，分别承担不同职能的管理职责。海尔集团采用了“多层次、立体化”的财务管理架构，并根据业务流程将各层级、各环节的财务活动进行了细分和管理。

由此可见，企业要想实现数字化转型、实现价值创造并真正走上良性发展轨道，就必须将财务部门和业务部门进行“一体化”规划和建设。

（二）中小型企业

与大型企业不同，中小型企业中的财务人员往往同时具备业务知识和财务知识，这使他们具备了一定的财务分析能力，但由于中小型企业财务岗位设置不够合理，这些财务人员往往只能从事简单的会计工作，这在一定程度上限制了他们的职业发展。

而采用“财务共享中心”组织模式的企业由于其规模较小，可以将大量财务工作交由共享中心处理，这就为这些财务人员提供了更多的职业发展机会。同时，在财务共享中心中，员工可以同时从事多项业务，这为他们提供了更大的职业发展空间。

但随着中小型企业规模不断扩大，其“小、散、弱”的问题也越发明显。这导致了中小型企业难以对各个业务领域进行有效管理，无法对市场变化作出及时反应。而采用“财务共享中心”模式的企业则可以通过财务共享中心对各个业务领域进行集中管理和统一调配资源，从而增强了企业的竞争力。因此，在未来中小型企业中将会涌现出更多能够在“财务共享中心”中工作的人员。

（三）创新型企业

创新型企业通常具备较高的经营风险，在业务扩张和市场竞争过程中，需要建立起一套全面、高效、及时的财务管理体系。针对这类企业，笔者对其财务岗位设置情况进行了归纳总结。

总体而言，创新型企业的财务人员主要集中于公司的研发部门，这一类企业在发展初期通常会组建专门的财务部门，对研发项目进行全流程管理。随着企业规模的扩大，部分创新型企业会成立财务共享中心。在此基础上，为了降低经营风险和提升管理效率，部分创新型企业会选择与外部专业机构合作建立共享服务中心，为外部客户提供相应的服务。

通过与外部专业机构合作建设财务共享中心，创新型企业可以实现从内部流程优化到外部数据整合、从经营风险控制到战略目标实现等一系列过程管理。笔者认为未来这类企业将会成为我国财务共享中心建设的主要发展趋势之一，其发展前景也将十分广阔。

五、企业对财务的需求分析

财务在企业中的定位和作用，主要有核算与监督、成本控制、企业经营决策支持三个方面，从这三个方面可以看出，财务工作的价值主要体现在：通过核算与监督，为企业各项经营决策提供真实可靠的依据，并对企业经营活动进行监管；通过成本控制，对企业各项经营活动进行成本控制，降低企业运营成本；为企业经营决策提供支持，通过分析财务数据，帮助企业作出更好的决策。

数字化时代，财务职能转变的一个重要特征是：从以核算为核心转向以数据为核心，从成本会计转向业财融合，从注重事前控制到注重事中及事后控制，从监督控制转向更多地参与到经营决策中，更多地提供支撑。这就要求财务人员必须紧跟时代潮流，通过数字化转型实现财务职能转变。财务转型已经成为企业发展的必然选择，而财务人才也必将成为企业所需的高级管理人才。

六、当前企业招聘情况

在人才市场上，传统企业正面临着巨大的冲击。一方面，数字化转型对企业财务人员提出了新的要求；另一方面，受疫情影响，企业不得不“砍”掉一些非核心业务，这就导致了传统企业中的财务人员面临失业危机。

面对这种情况，越来越多的传统企业开始调整组织架构、精简人员配置。从2020年开始，多家大型企业如华为、腾讯等纷纷向内部人才开放了数智财务岗位招聘，这些企业对数智财务岗位的招聘数量都很大。

第三节　数智财务人才培养的重要性和紧迫性

财务人才的培养是一个长期的系统工程，需要财务人员、企业、高校三方共同努力，而不是单靠某一方就能解决。企业需要具备相应的财务管理知识与技能，高校要在实践中培养学生的财务职业素养。只有这样，才能让财务人员与企业需求保持良好的衔接。对于高校来说，培养学生的财务职业素养是一个长远的系统工程。因此，在培养学生时不能只看当下，还要立足于长远，要有战略思维，从系统角度全面地思考和规划人才培养。对于企业而言，不仅要培养具有“工匠精神”的企业财务管理人才，还需要具有高智商、高情商和高逆商的数智财务人才。

一、企业财务管理人员的能力需求

企业财务管理人员需要具备一定的专业知识，如财务会计、财务管理、成本会计、税法等专业知识。同时，还需要了解市场行情，懂得企业内部业务流程，熟悉企业经营策略，熟悉相关法律法规等。此外，还要具备一定的分析能力。企业的财务管理人员要能够利用所学专业知识，对企业经营活动进行预测、规划、决策、控制与评价等。

为了更好地满足企业对财务管理人员的需求，高校应当根据国家政策要求和社会发展趋势，适时调整和完善财务管理专业人才培养方案。在高校人才培养过程中，应当积极推进产教融合、校企合作。这不仅有助于学校教学水平的提升，还可以提升企业对人才的需求度。通过这种方式可以让学生与企业需求更好地衔接起来。高校要重视实践教学环节，通过实地实习等方式让学生熟悉和掌握财务管理工作流程与技能。

（一）专业能力

专业能力是企业财务管理人员在财务管理过程中所需要具备的能力。专业能力是财务管理人员必须掌握的基础知识，只有将这些基础知识掌握好，才能够更好地开展财务管理工作。

1. 熟练运用会计准则与制度

企业财务管理人员需要学习并掌握会计准则与制度，才能够保证自己能够在工作中严格按照相关规定进行操作，从而保证企业的合法权益不受损害。

2. 熟练掌握成本核算与分析

财务管理人员需要熟练掌握成本核算与分析的方法，只有掌握了这两项技能，才能够进行成本核算与分析，为企业提供真实可靠的数据，从而保证企业的利益不受损害。

3. 熟练掌握会计信息化软件操作

随着信息技术的不断发展，企业的会计信息化水平越来越高，需要财务管理人员熟练掌握会计信息化软件操作方法。

4. 了解市场行情

企业的财务管理人员需要具备市场意识和风险意识，能够了解市场行情，能够预测市场需求，并结合市场需求制定相应的发展策略。这对于企业在激烈的市场竞争中取胜是非常重要的。

（二）社会能力

企业的财务管理人员必须具备一定的社会能力，因为财务管理工作需要与企业其他部门和外部机构打交道，如企业的会计部门、审计部门、税务部门等。在这一过程中，企业财务管理人员需要具备一定的沟通能力。因为财务管理人员不仅要对公司内部的财务状况进行监督与控制，还需要与外部机构进行沟通与交流。因此，财务管理人员在工作中必须具备一定的沟通能力，要能够了解各种外部机构的要求以及相关规定等，还要能够及时处理好内外部关系。因为企业内部的财务管理人员是企业整体工作安排的执行者，只有具备一定协调能力才能更好地开展各项工作。

财务管理工作是一项系统性、专业性很强的工作，需要具有创新意识。这就要求企业财务管理人员要能够不断进行知识更新和业务创新，还要能够具有一定的战略眼光和前瞻意识。这是因为财务管理工作是企业发展过程中必然会涉及的一个工作内容。如果没有创新意识就不能够满足企业发展需求，也不能满足社会发展需求。

（三）职业发展能力

企业财务管理人员的职业发展能力包括职业道德、财务技能、沟通协调能力等。首先，职业道德是指在一定的社会规范基础上，与职业要求相联系的人的思想品德和行为表现。良好的职业道德可以使企业财务管理人员在工作中保持高度的责任感、荣誉感、使命感等，这是企业财务管理人员与其他岗位不同的地方。其次，财务技能是指在企业财务管理过程中，财务管理人员运用会计手段和方法对企业内部资金运动进行计划、组织、协调、控制和监督，保证企业生产经营活动健康有序进行所必备的专业知识和技能。企业财务管理人员在处理具体业务时，需要与企业各部门进行沟通交流，因此沟通协调能力非常重要。最后，财务技能是指在企业财务管理过程中，企业财务管理人员通过对大量信息进行综合分析，做出正确判断和决策的能力。

随着我国经济进入高质量发展阶段，社会经济发展模式不断创新，新一代信息技术加速向各行业渗透融合。新一代信息技术不仅改变着社会生产方式、生活方式和思维方式，也为经济高质量发展提供了新动力。在新一代信息技术发展过程中，需要通过企业内部各个部门的积极配合与支持来推动业务创新。为了实现这一目标，企业需要加强内部控制和风险防范机制建设，提高核心竞争力。作为财务管理人员必须要对财务信息系统的架构、功能和应用等有全面了解与掌握，只有这样才能在业务流程中实现高效沟通和协同作业。

（四）道德和职业操守

道德是人类社会和人们在长期的生活实践中逐渐形成的，反映了人们共同的价值观念、行为规范和社会道德意识，对人们的思想意识、价值观念具有约束和规范作用。财务管理人员必须要有良好的职业道德，这样才能保证财务信息的真实性，也才能保障企业经营活动的安全性。如果财务人员存在道德问题，那么会使企业遭受损失。财务管理人员应当具有较强的职业道德观念，能够做到爱岗敬业，不徇私舞弊，不贪污腐败，不泄露商业机密。如果财务管理人员缺乏职业操守，就会在工作过程中做出违反道德的事情，甚至会故意欺骗上级领导和相关人员，影响企业健康发展。因此，高校应当在日常教学过程中强化学生的职业道德教育。

二、高校财务专业人才培养目标

高校作为培养人才的主阵地，其人才培养目标必须适应经济社会发展和企业需求，以服务国家战略为导向，以全面提升财务人员的综合素质为目标。高校财务专业应明确人才培养的目标定位，合理构建财务专业课程体系。因此，高校应根据自身定位及市场需求，在明确财务专业人才培养目标时，必须从实际出发，以社会需求为导向。首先，要分析本地区或行业的发展需求，明确未来发展方向。其次，要分析企业对人才的需求，从而确定培养什么样的人才。最后，要分析学生个人特点及优势。只有将这些要素综合起来考虑，才能制定出符合社会需求、个人特点及学生优势的专业培养目标。

以江西财经大学为例，该校在制定财务专业人才培养目标时，立足江西经济社会发展和企业需求，构建了以“厚基础、强能力、精专业、宽视野”为核心的课程体系。其基本定位是：以“厚基础、强能力、精专业、宽视野”为核心，以“厚基础”为前提，以“强能力”为保障，以“精专业”为特色，培养适应经济社会发展需要的财务专业人才。

（一）厚基础

厚基础就是要求学生系统学习财务相关课程，提升学生的专业能力。在

《普通高等学校本科专业类教学质量国家标准》中，对“厚基础”有明确的要求：学生应掌握马克思主义的基本理论、基本知识和基本技能，掌握数学、自然科学和工程技术等方面的基础理论和基本方法，了解人文社会科学和自然科学相关的基础理论和基本技能，具有从事相关工作的知识、能力和素质；具有较强的问题意识、创新意识和实践能力；具备良好的道德品质以及适应经济社会发展需要的综合素质。结合该校财务专业人才培养目标，“厚基础”主要包括以下两方面内容：

1. 系统地学习财务相关课程

在我国现有高校财务专业中，会计学仍是主流专业方向，该方向一般包括会计学原理、中级财务会计、成本会计、管理会计等专业核心课程。这些课程都是高校财务专业人才培养所必需的课程。学生只有系统地学习了这些课程，才能打下坚实的专业基础。但在实际教学中，一些高校往往只重视专业课教学而忽视基础课教学，这就导致学生对大学基础理论知识掌握不牢。因此，学校应加强对基础课教学的重视程度，通过理论与实践相结合的方式不断提高学生的专业能力和综合素质。

2. 不断提升实践技能

实践技能是大学生应具备的重要能力之一，它能够提高大学生解决实际问题的能力。对于财务专业毕业生而言，必须掌握一定的实践技能才能适应企业对人才的需求。但从目前高校财务专业培养来看，学生普遍缺乏实践能力。因此，学校应加强对学生实践技能的培养力度，提高学生解决实际问题的能力。

江西财经大学财务专业注重学生实践技能培养，并取得了一定成效。一是开设了大量实践性强的课程及项目。该校财务专业在课程教学中注重加强与企业、政府等单位联系，开展各类科研项目和实习基地建设活动。二是组织开展多形式、多层次的学生社会实践活动。学校每年都组织学生参加各类社会实践活动，如“挑战杯”创业计划竞赛、数学建模大赛、英语演讲比赛、创新创业大赛等。三是积极鼓励学生参与各类社会实践活动。学校每年都组织学生参加大学生暑期“三下乡”社会实践活动，如赴吉安井冈山开展“红色寻根”暑期社会实践活动，赴南昌大学开展“红色研学行”暑期社会实践活动等。

（二）强能力

高校应结合自身实际，将学生创新创业能力和团队协作能力作为重要培养目标。首先，高校应在财务专业课程体系中融入创新创业教育，为学生提供相关实践平台，让学生积极参与创新创业实践活动。其次，高校应结合企业需求，将财务专业课程设置为企业案例分析、财务管理软件操作、企业经营管理模拟等实践课程。最后，高校应大力推进校企合作，让学生有机会参加学校组织的各类科研竞赛、创新创业竞赛等。

在沟通表达能力方面，高校应将团队协作能力和沟通表达能力作为重要培养目标。首先，高校应构建良好的沟通渠道，比如定期召开班会、班会报告等。其次，高校应让学生参与各种辩论活动、辩论赛等。最后，高校应鼓励学生积极参加各类社交活动，锻炼其与人沟通和合作的能力。总之，高校应全面提升财务专业学生的综合素质和创新创业能力，从而实现“厚基础、强能力”的专业培养目标。

（三）精专业

专业是人才培养的根本，也是高校办学的特色。精业才能强业，专业才能致远。学校以培养“精专业、强能力”的财务人才为目标，构建了以“精专业、强能力”为核心的课程体系，其具体内容包括以下两方面：

第一，开设以“财务会计”“财务管理”等为主干的专业核心课程。这些课程涉及会计、管理、金融等多个学科，学科交叉特征明显，知识体系复杂。这些专业核心课程不仅能够帮助学生掌握相关理论知识，而且能够让学生了解和掌握各种专业工具和方法，为学生掌握财务领域的各种工具和方法奠定基础。

第二，在财务领域开设相关的选修课。这些选修课是学校在财务专业人才培养中最具特色的地方，主要包括“财务战略管理”“金融工具应用”“信息技术与大数据应用”“大数据分析与决策”等。这些选修课不仅能够帮助学生了解财务领域的新理论和新技术，而且能够让学生了解财务领域在国民经济发展中所扮演的重要角色。这不仅有利于学生掌握各种财务工具和方法，而且还有利于培养学生的综合能力。

（四）宽视野

所谓宽视野，就是要培养学生能够将学科专业知识、政策法规和现代信息技术相融合，具备良好的信息处理、数据分析、综合研判和决策能力。目前，社会经济发展呈现出数字化、网络化和智能化趋势，信息技术的进步也将对财务工作产生重要影响。因此，财务人员要具备良好的信息处理、数据分析、综合研判和决策能力，为企业管理提供有力支撑。

人才培养是一项系统工程，既需要教师的努力，也需要学生的积极参与。在课程设计方面，学生要根据自身情况确定学习目标，并通过系统的课程学习来掌握理论知识和技能。在教学过程中，教师要改变传统的教学模式，通过多种形式将理论知识传授给学生，让学生在理解的基础上能够灵活运用。同时，教师也要鼓励学生自主学习。学生既要在课堂上积极参与讨论和互动，也要通过课外自主学习来扩展知识面。

同时，学校应加强与国内外高校及科研机构的合作交流。通过与国内外高校及科研机构开展合作交流活动，拓宽学生的知识面和视野，提升学生的综合素质。例如，江西财经大学与武汉大学、浙江大学等高校就产学研合作展开了广泛交流和合作。此外，学校还可以积极利用互联网和信息化技术建立各种产学研平台，将课堂学习、自主学习、交流讨论、竞赛等多种形式有机结合起来。通过这种方式可以提高学生的实践能力和创新创业能力，为培养高素质财务人才打下良好基础。

三、"双一流"建设的推动

2018 年 8 月，教育部、财政部、国家发展改革委印发了《关于高等学校加快"双一流"建设的指导意见》（以下简称《意见》）。《意见》要求，要从战略高度认识新时代加强高校思想政治工作和思想政治理论课建设的重大意义，把思想政治工作贯穿教育教学全过程，实现全程育人、全方位育人，努力培养担当民族复兴大任的时代新人。《意见》明确了一流大学和一流学科建设高校及建设学科的遴选条件、遴选程序和管理办法。同时，《意见》明确了"双一流"建设的目标任务是：通过 5 年左右时间，建成一批具有中国特色、世界水平的一流大学和一流学科。具体目标任务包括以下五个方面。

一是深化人才培养模式改革。优化人才培养体系，深入实施"八大行动"

“新工科”“新医科”“新农科”等战略行动计划，加强学科交叉融合，创新人才培养机制。在哲学社会科学领域，加强马克思主义理论学科建设，推进马克思主义中国化、时代化、大众化。完善哲学社会科学一级学科设置，加强对哲学社会科学发展具有重要影响的学术方向、学术组织、学术队伍和学术活动的统筹管理。加快完善哲学社会科学一级学科博士学位授权点遴选和调整机制。完善哲学社会科学人才培养质量标准体系，建立健全哲学社会科学学科专业动态调整机制。

二是推进一流本科教育。修订《普通高等学校本科专业类教学质量国家标准》，推进分类培养、分类评价，提高人才培养针对性和实效性。推动实施《教育部关于加快建设高水平本科教育 全面提高人才培养能力的意见》，深化“新工科”“新医科”“新农科”“新文科”建设。以一流本科教育为基础构建高校现代产业学院和交叉学科专业集群建设体系。推进习近平新时代中国特色社会主义思想进教材、进课堂、进头脑。

三是加快一流研究生教育。深化研究生教育改革创新行动计划，调整优化招生计划结构，扩大专业学位研究生招生规模，着力提高培养质量。推进学科交叉融合研究，支持交叉学科建设和发展。完善研究生课程体系、学术评价体系和创新创业教育体系，加强学位论文全过程管理和质量保障。

四是加强国际化人才培养。支持高校围绕“一带一路”建设和构建人类命运共同体的重大战略需求开展创新创业教育和实践教学活动。支持高校开展全球治理、国际组织、区域国别等领域的教学和科研合作，加强建设，推进跨学科专业综合改革试点工作。建设具有中国特色、世界水平的国际组织人才培养基地和国际组织实习基地，加快培养具有国际视野、熟悉国际规则的国际化高层次人才。

四、人才培养的途径和方法

学校要为学生提供高质量的数智财务相关课程，让学生在学习过程中能够掌握相关的理论知识，并结合实践不断地进行验证、更新和完善，从而逐步提高财务人员的综合素养。在此过程中，学校也可以提供相应的实践基地，让学生在学习过程中能够进行动手操作和实践。

企业要根据自身发展的需求和行业人才需求，制定相应的人才培养方案，明确所需人才的能力要求。企业不仅需要具备“工匠精神”的财务人员，还需要具有高智商、高情商和高逆商的财务人员。因此，企业要根据自身发展的需求，培养符合企业需求的财务人员。

高校要在学生进入高校后为他们提供实践基地和科研平台，让学生有机会在实践过程中提升自己的技能。同时，高校也可以为学生提供一些财务管理研究项目，让学生在学习过程中不断地进行创新。另外，高校还可以定期举办一些企业沙龙、交流会等活动，让学生了解行业发展现状和趋势，为其以后进入企业奠定坚实的基础。

（一）数智财务是企业数字化转型的重要抓手

企业的财务管理工作在过去几年里发生了巨大变化，从过去单纯的财务核算到现在的价值创造、价值实现和价值评价，其中的每一步都离不开数智技术的应用。当前，我国正处于经济社会发展转型升级的关键时期，在新一轮科技革命和产业变革背景下，企业也面临着重大挑战。因此，企业应该抓住机遇，积极转变财务工作方式，逐步实现从传统财务到数智财务的转变。

财务管理是企业管理工作的核心内容，企业要想在激烈的市场竞争中赢得一席之地，就必须重视财务管理工作。对于大多数企业来说，其所面临的问题主要是：一方面，企业缺乏专门的财务管理机构和人员；另一方面，企业内部存在大量烦琐、重复和低效率的工作。为了解决上述问题，许多企业都采取了一系列措施，例如，建立内部控制制度、加强预算管理、建立资金集中管理等，然而这些措施都是治标不治本。因此，企业要想实现数字化转型就必须找到一条从根本上解决问题的途径。

目前国内外出现了一些数智财务方面的创新成果和实践案例。例如，IBM将“商业智能”技术应用到了其数据分析中，通过分析海量数据来找出业务问题。这些数据包括财务和非财务数据、市场数据和内部运营数据等。此外，IBM 还将这些数据用于预测未来趋势和对业务活动进行分析。在 IBM 看来，随着未来科技进步和经济全球化发展等因素影响下，企业必须不断加强自身的数字化转型与升级。而在企业数字化转型过程中最重要的就是要构建一个完善、高效和透明的数智财务管理体系。因此，数智财务管理成了企业数字化转型的重要抓手和关键环节之一。

（二）数智财务是企业可持续发展的重要支撑

未来，企业财务管理将会实现全面智能化，并成为企业可持续发展的重要支撑。首先，全面智能化的财务管理体现在对数据的充分利用上，未来企业需要将各种财务数据进行深度分析和挖掘，从而为企业决策提供参考。其次，全面智能化的财务管理也体现在对财务业务流程的高度整合上，企业可以通过数字化、智能化以及自动化手段，让财务工作实现更快、更准、更高效率地运转。再次，全面智能化的财务管理还体现在对人员素质和能力的全面提升上，未来企业需要培养一批既懂会计又懂业务的复合型人才，为企业全面智能化管理提供保障。最后，全面智能化的财务管理还体现在对企业文化和理念的塑造上。未来企业要将数智技术与其他技术结合起来，让每一位员工都能够充分了解数智技术带来的变化和价值，从而激发他们工作的积极性。

（三）数智财务人才是国家建设的重要力量

我国的财务管理人员普遍缺乏数智财务的能力，更缺乏将数智财务知识运用到企业运营和管理中的能力。因此，在培养数智财务人才方面，企业需要进行相应的投入，提升他们的技能水平。只有这样，才能培养出适合国家建设所需的数智财务人才。数智财务人才不仅要有工匠精神，还要有创新意识和能力。他们不仅需要了解相关的理论知识和技能，还需要具备将这些知识运用到企业运营和管理中的能力。此外，数智财务人才还需要具备高情商、高逆商的特质。在这方面，企业需要为他们提供一个良好的发展环境。

目前，我国已在部分领域开展了数智财务人才培养计划，如华为、中国移动、中国农业银行等企业已经在财务系统中引入了数智技术。在这些企业中，数智技术已经得到了广泛的应用和推广。例如：中国农业银行正在推行“慧记账”项目，该项目能够有效地降低人力成本和提升工作效率；中国移动推出“5G+AI+大数据”应用系统，该系统能够帮助企业解决经营过程中遇到的问题；中国农业银行还推出了“慧信贷”项目，该项目能够有效地提升企业贷款效率。

2021 年 10 月，中共中央、国务院印发了《成渝地区双城经济圈建设规划纲要》，赋予成渝地区双城经济圈“全国高质量发展重要增长极”的战略定位。成渝地区双城经济圈建设是新时代推动西部大开发形成新格局的重要抓手，也是构建以国内大循环为主体、国内国际双循环相互促进的新发展格局的重要举措。在这样一个重要历史机遇期，对企业的财务管理能力提出了更高要求。从某种意义上讲，财务管理能力是企业竞争力的重要组成部分。对此，高校、企业、政府需要形成合力，共同推动财务人员队伍素质的提升。

综上所述，数智技术正在成为企业未来发展和转型升级的重要驱动力，未来财务管理将会朝着更加智能化、数字化和自动化方向发展。因此，培养高质量的数智财务人才成为当务之急。

第六章

学科交叉融合下数智财务人才培养思路

在当今快速发展的信息时代，数智财务已经成为金融行业的新趋势。随着人工智能、大数据和云计算等技术的不断发展，传统的财务方法已经无法满足日益复杂的商业环境和金融市场的需求。因此，交叉融合学科培养数智财务人才的思路变得尤为重要。

数智财务是财务领域与数据科学、计算机科学、统计学等学科的结合，通过运用先进的技术和方法，将大数据分析、人工智能、机器学习等技术应用于财务决策和风险管理中，从而提高财务管理的效率和准确性。

传统的财务教育主要注重财务理论和实践技能的培养，但在数智时代，仅仅掌握传统的财务知识已经远远不够。数智财务人才需要具备广泛的知识背景和技术能力，包括财务知识、数据分析技能、编程能力等。因此，交叉融合学科的培养思路成为培养数智财务人才的关键。交叉融合学科培养数智财务人才的思路有以下几个方面：一是构建跨学科课程体系，设计包含财务、信息技术、数据分析、人工智能等多学科内容的课程，以确保学生能够掌握数智财务所需的综合知识，课程应注重理论与实践相结合，加强案例分析和实际操作。二是强化技术应用能力，重点培养学生在财务信息系统、大数据处理、云计算、区块链等技术方面的应用能力。通过实验室实践、项目驱动学习等方式，让学生在真实的技术环境中学习和成长。三是促进创新思维与问题解决能力，鼓励学生运用跨学科知识进行创新思维，培养他们解决复杂财务问题的能力。可以通过举办创新竞赛、实地调研、思维训练课程等形式激发学生的创造力。四是加强职业道德与法规教育，在数智财务人才培养中，注重职业道德教育和相关法规的传授，确保学生在掌握先进技术的同时，也能够遵循行业标准和法律法规。五是推动产学研合作，与企业、研究机构建立合作关系，为学生提供实习、实训机会，使学生能够接触行业前沿，了解企业实际需求，增强其就业竞争力。六是培养国际视野，在全球化背景下，数智财务人才需要具备国际视野，理解不同国家和地区的财务规则和市场环境，可以通过国际交流项目、学习外语、研究国际案例等方式拓宽学生的国际视野。七是注重领导力与团队协作能力的培养，数智财务人才不仅要有专业技能，还需要具备领导力和团队协作能力。通过团队项目、领导力培训等活动，培养学生的组织协调和团队合作精神。通过上述多方面的思路，可以培养出既懂财务又具备数字技能的复合型数智财务人才，满足未来经济发展的需求。

第一节　学科交叉融合的概念和意义

学科交叉融合是推动大学、科研院所等单位在人才培养、科学研究和社会服务等方面相互交融，促进知识体系不断更新的重要途径，是加快推进学科交叉融合，形成新的学科增长点的重要举措。“学科交叉融合”一词在不同场合使用时，含义也不尽相同。《教育部关于加快建设高水平本科教育 全面提高人才培养能力的意见》中，“学科交叉融合”是本科教育改革的一个关键词，意指学科之间相互渗透、相互结合、相互促进、共同发展，它强调人才培养需要交叉融合，要打破传统学科之间的壁垒，将学科作为一个整体进行研究与建设。在学校层面上，“学科交叉融合”既包括各学科内部各专业之间的融合，也包括各学科内部不同专业之间的交叉融合。

一、促进知识体系更新

知识体系更新是一个不断发展、更新的过程。不同时代的知识体系都具有鲜明的时代特色，反映了当时社会发展的需要。当前，人类社会进入新发展阶段，世界科技革命和产业变革深入发展，各种新兴技术不断涌现，知识创新层出不穷。人类在认识自然、改造自然和社会实践中所产生的新思想、新理念、新观点，不仅推动了科学研究的进步，也极大地促进了科学体系的完善。但是，人类在认识世界和改造世界的过程中所积累起来的知识并不是永恒不变的。科学研究和技术发展不断带来新问题、新挑战，人类社会也不断涌现新知识。正因为如此，人类社会需要不断更新知识体系以适应发展变化的现实需要。

学科交叉融合就是要打破不同学科之间原有的知识壁垒，在研究内容、研究对象、研究方法等方面加强交流与合作。在具体实施过程中，要注重不同学科间的交流与合作，引导不同学科参与到学科交叉融合中来。通过学科交叉融合，不同学科之间可以互相借鉴经验和成果，相互借鉴研究方法、研究手段、技术等方面的成果，使知识体系得到不断更新和完善。

（一）丰富知识内容

知识体系是人类在认识世界和改造世界的过程中所积累起来的经验和理论，反映了人类认识世界和改造世界的基本规律，反映了人类对客观世界的本质和规律的把握。知识体系是一个动态发展过程，随着社会经济、政治、文化等方面的变化，人类对客观世界的认识也在不断地发生变化。人类社会总是在不断进步，随着生产力的发展，生产实践经验总结和理论分析逐渐成为人们研究社会问题的主要手段。随着科学研究活动日益复杂化，学科之间交叉融合现象日趋明显，这就要求各学科必须对研究对象进行深入探讨，从不同角度去揭示知识体系产生、发展与完善的规律。各学科都有自己特定的研究领域，比如教育学、心理学等都是与教育相关的学科。但是，这些学科本身也都有自己的特定领域和知识范围。教育学、心理学等学科在研究内容上也存在交叉之处。因此，各学科在研究内容上有较大程度的重叠和交叉。正是由于不同学科之间存在着交叉融合现象，各学科之间才能在相互，借鉴的过程中获得新知识，从而丰富知识体系。

当前，人类社会正在进入以科技创新为核心的知识经济时代，在此背景下，传统学科知识体系面临着挑战和变革。

一方面，各种新兴技术不断涌现，知识创新日新月异，另一方面，传统学科知识体系也面临着变革和转型升级。人工智能、大数据、云计算等技术正在深刻影响着社会生产生活方式、工作方式、思维方式等方面；信息革命推动人类社会进入智能化时代；绿色革命推动人类社会进入可持续发展阶段；

生命科学推动人类社会进入生物工程时代；社会科学推动人类社会进入现代国家治理时代。这些变革对传统学科体系提出了巨大挑战，同时也为其他学科发展提供了广阔空间。因此，要推进各学科交叉融合发展以满足知识经济时代对不同领域知识需求的变化。

（二）提升知识质量

知识体系的更新是一个动态的过程，包括知识生产、知识传播、知识应用和知识创新。其中，知识生产是知识更新的前提和基础，也是知识创新的过程和核心。从这个意义上说，没有知识生产，就没有人类社会的进步与发展。随着科学技术的不断发展和社会经济的不断进步，人类社会对各种新问题、新挑战不断提出新的解决方案。这些解决方案中必然包括对旧问题或新问题所产生的新知识，这就要求人类不断提升知识质量。这些新问题或新挑战必然需要相关学科来研究、解决，从而推动了学科交叉融合。

例如，由于交通拥堵问题的出现，从 20 世纪 90 年代开始，美国斯坦福大学、加州大学伯克利分校等高校就开始对交通拥堵进行研究，并逐渐形成了一个多学科交叉融合的交通问题研究团队。该团队先后开展了城市交通流量、交通信号控制、道路规划等方面的研究，形成了一系列重要成果。该团队提出了城市交通需求管理和动态调节两种方案，为缓解城市交通拥堵提供了重要依据。这些研究成果不仅推动了学科交叉融合发展，也为解决交通拥堵问题提供了重要参考。

（三）推动知识创新

知识创新是指以新的知识生产活动为基础，通过对旧的知识生产活动的舍弃，或对旧的知识生产方式的超越，获得新知识、新思想和新方法，进而创造出新的知识。创新是一个民族进步的灵魂，是国家兴旺发达的不竭动力。创新能力是一个国家综合国力的重要组成部分，是国家发展水平和国际竞争力的重要标志。随着世界科技革命和产业变革深入发展，各学科之间相互交叉、相互渗透、相互融合，形成了越来越复杂和多样的知识体系。当前，科技创新已经成为推动各国经济增长、实现可持续发展的重要动力，也是各国增强综合国力、提升国际竞争力和影响力的关键。为了适应现代社会发展对人才培养提出的新要求，学科交叉融合已成为教育创新与人才培养改革发展中备受关注和重视的内容。

学科交叉融合是培养具有创新精神和能力人才的重要途径。当前，人类社会面临许多严峻挑战和问题，这些问题都需要人类进行创造性劳动来解决。现代科学技术突飞猛进、不断取得新进展，为人类解决这些问题提供了新思路、新途径。科学技术已经成为一种综合性很强、系统性很强、彼此关联十分紧密而又相互交织在一起的庞大系统。没有任何一个单独学科能够独立解决社会发展中出现的全部问题。任何一门学科都不可能“包打天下”，任何一个领域都不可能独立存在而没有其他领域的参与与支持。因此，无论是在自然科学还是社会科学领域中，要解决社会发展中出现的问题都需要不同学科之间互相合作、相互融合和相互支撑。正是由于学科交叉融合可以打破原有知识体系中各个学科之间原有的知识壁垒，推动不同学科之间交叉融合与相互渗透，使得不同学科在研究内容、研究方法和研究手段等方面实现交叉与融合。通过这种方式可以极大地激发不同学科的学者从事创造性活动的积极性和主动性，推动知识创新和发展。

二、提高人才培养质量

学科交叉融合是提升本科教育质量的重要举措。随着人类社会的快速发展，学科之间的边界日益模糊，知识获取的成本不断降低，知识更新的周期大大缩短，很多学科都处在加速发展和不断扩展之中。在这种背景下，以传统学科为基础的人才培养模式已经难以适应时代发展需求。与此相反，世界各国越来越重视培养具有创新意识和能力、能够应对复杂环境变化和挑战、解决复杂问题和难题的高素质复合型人才。要实现这种要求，必须打破传统学科之间的壁垒，形成交叉融合的人才培养机制，培养出具有国际视野、创新精神和实践能力的高素质人才。

从高校自身发展来看，学科交叉融合能有效促进高校的内涵式发展。随着教育教学改革不断深入，各高校越来越重视提高人才培养质量。教育部和财政部联合印发的《关于实施高等学校本科教学质量与教学改革工程的意见》（以下简称《意见》）指出，要努力构建以学生为中心、以知识创新为目标、以过程为导向、以交叉融合为路径的教育教学体系，提高人才培养质量。《意见》从学科交叉融合方面提出了一系列改革措施。例如，从本科人才培养目标出发，结合时代发展要求和学科特点，开展创新创业教育；注重学生综合素质培养；鼓励学生自主学习和个性化发展，等等。这些举措是对以往以知识传授为主的学科体系进行调整与优化，突出了知识创新能力的培养。

从社会发展来看，学科交叉融合能推动高校开展面向前沿、面向世界、面向未来的教育教学改革。当前人类社会正处于信息化、智能化时代，以大数据、云计算和人工智能为代表的新技术层出不穷。在这一背景下，各行各业都面临着深刻变革和巨大挑战。这些新技术、新问题、新现象都是学科交叉融合产生的结果。在这种情况下，如果仍然以传统学科为基础进行人才培养模式创新和教学改革，就很难应对社会发展对人才培养提出的更高要求。因此，高校必须适应社会发展要求，改变传统以学科为基础的人才培养模式，改革人才培养内容和课程体系，突出创新创业教育和个性化发展等方面的教学改革措施。

从国家层面来看，学科交叉融合是推动经济社会发展和国际竞争力提升的重要支撑。当前我国正处于产业转型升级和经济结构调整时期。要在这一过程中推动经济社会发展就必须从根本上改变传统产业发展模式和产业结构形态。在这一过程中需要大量既懂学科专业知识又懂现代管理方法的复合型人才来支撑经济社会发展。只有这样才能把握好新一轮科技革命和产业变革带来的机遇和挑战，才能把握住我国经济社会发展所面临的机遇和挑战。因此，需要大力推动学科交叉融合工作，在高校内部形成一种“全员化、全要素、全方位”进行学科交叉融合的局面。

从学校层面来看，学科交叉融合是实现学校内涵式发展、提高人才培养质量的重要途径。传统学科之间边界模糊、各自为政等问题会对学生个性发展和全面素质养成产生不利影响。学科交叉融合能有效促进学生知识结构多样化、思维方式多角度化、思维视野开阔化以及学习方式多样化等方面的发展；能有效激发学生学习兴趣，培养创新精神，锻炼实践能力和创新创业能力；能有效提高教师教学水平，提升学生综合素质，促进学生全面成长成才。

三、加快科技成果转化

科学技术发展与知识更新日新月异。在新科技革命和产业变革中，新的知识不断涌现，新技术不断突破，这就要求我们必须建立与之相适应的科学研究和人才培养体系，使人才培养与科学技术发展相适应，与社会需要相适应。学科交叉融合为解决上述问题提供了有效的途径。学科交叉融合有利于打破传统学科间的界限，促进知识的多向流动与交叉融合。通过跨学科研究可以开展不同学科之间的合作，使科研人员将不同学科知识、方法和理论运用到同一项目中，从而提高项目的科学性、先进性和有效性。

加强跨学科研究是推动科技创新、培养高层次人才的重要途径。世界上很多国家都在推动跨学科研究，如美国通过设立“跨学科研究机构”以推进交叉学科建设。在我国，随着经济社会发展和科技进步，很多科学问题越来越多地表现出跨领域、跨学科特征。高校是科技创新的主体和主力军，为满足社会对高层次人才的需求，应通过加强各学科间交叉融合来推动科技创新和人才培养。

为推进学科交叉融合，一些高校采取了一些具体措施。例如：清华大学于2011年成立了清华大学交叉信息研究院；北京大学成立了元智学院；中国科学院大学在2017年成立天文与空间科学学院；中山大学在2018年成立了数学科学与计算科学学院。

我国高校应积极推进跨学科研究，积极开交叉学科建设。高校应该在国家需求导向下推动学科交叉融合，鼓励学校学科带头人和教师积极开展跨学科研究和交叉学科建设，努力建立新的学术增长点。同时，高校要构建有利于开展跨学科研究的体制机制环境。高校应通过改革评价体系来鼓励开展跨学科研究，激发教师的积极性和创造性。

（一）将交叉融合作为学科发展的战略选择

学科交叉融合是一种新的知识生产方式，是学科发展的必然趋势，也是解决传统学科瓶颈问题、增强国家核心竞争力的有效途径。因此，高校要将学科交叉融合作为学科发展的战略选择，在学科建设上作出科学合理的布局。要立足国家战略和地方经济社会发展需求，立足学校办学特色，瞄准世界学术前沿和国家重大需求，通过优化调整学科结构、强化优势特色、加强促进交叉融合等方式来优化学科布局。高校要加强顶层设计，整合学校内外部资源，积极推进传统学科和新兴交叉学科的整合重组和交叉融合。在制定学科发展规划时要突出重点、分类指导。要立足国家战略和地方经济社会发展需求，发挥比较优势，努力形成与国家战略需求相适应、与学校办学特色相匹配、与经济社会发展需要相一致的学科布局。要探索建立健全科学有效的评价体系，引导学校优先布局一些重点领域和新兴交叉学科。

（二）推动学科交叉融合

在我国，由于学科发展的历史、国情等因素的影响，不同高校间学科交叉融合发展的程度不同。高校应根据国家重大战略需求和国际学术前沿动态，积极开展学科交叉融合，通过设立交叉研究机构、组建跨学科研究团队、成立交叉学科研究中心等多种形式，推动学科交叉融合发展。

高校要加强统筹规划，打破学科壁垒，积极推进知识、人才、信息等资源的共享和流动。在国家需求导向下，推动学科交叉融合是提高我国创新能力的重要举措。高校要紧密结合自身实际，从国家和社会发展需要出发，加强统筹规划，积极推进学科交叉融合。同时要推动不同学科之间的交流合作，开展跨学科研究和交叉学科建设。

（三）建立学科交叉融合评价机制

传统的以论文数量为导向的评价机制，已经不能适应学科交叉融合的需要。论文发表数量不是衡量学科交叉融合程度的唯一指标，应该从研究项目、成果形式、承担人员等多方面评价学科交叉融合程度。对跨学科研究项目，应从整体角度评价其对学术创新和社会进步的贡献，而不应单纯以论文数量来衡量其创新性和对国家经济社会发展的贡献。在制定评价指标时，应尽可能引入定性指标，使评价指标具有科学性。对于具有重大社会意义的跨学科研究项目，可以给予一定比例的科研经费资助和科研人员奖励。

学科交叉融合研究具有潜在的风险和不确定性。要使跨学科研究真正产生预期效果，还必须建立科学有效的评价体系。首先，要建立跨学科研究项目申报评审机制。要根据国家需求和学科交叉融合程度把项目分为若干等级，并设立不同的评审标准。对于一级学科、二级学科等基础研究类项目，要根据学科发展程度设定相应评审标准；对于国家重大战略需求、社会重大需求、前沿重大挑战等方面的跨学科研究项目，可适当放宽评审标准，采取“一事一议”原则确定立项标准。在评价时不能以完成几篇文章作为结题标准，应该将项目完成情况作为结题验收的重要内容，并纳入职称晋升和绩效考核体系中。对于那些不能达到相应级别要求的项目，不得通过相关程序予以认定或通过审核予以结题。要将跨学科研究成果纳入到代表作评价体系中，并将跨学科研究成果作为职称晋升和绩效考核指标之一。同时也应建立跨学科研究项目绩效评价机制，对那些承担多项跨学科研究任务、取得较大成就的项目负责人给予表彰奖励；对那些承担单项跨学科研究任务、取得较小成就的项目负责人进行提醒；对那些承担多项跨学科研究任务、取得较小成就以及不能实现预期目标的项目负责人予以更换。

（四）重视跨学科研究成果的转化

科学研究活动是一种创造性的智力活动，科学成果的产生离不开研究人员的智力活动。创新是人类文明进步的不竭动力，而智力成果的产生与应用是知识创新过程中最活跃、最重要的组成部分。在知识生产过程中，科研人员不可能什么都懂，什么都知道，这就要求他们对各个学科的知识都有所了解，并且将它们有机地融合起来。从一定意义上说，创新能力既包括科学研究能力，也包括科技成果转化能力。因此，在科技创新中，必须重视跨学科研究成果的转化。

我国科研人员对跨学科研究成果的转化持乐观态度。目前，我国已经有一些高校在开展跨学科研究和交叉学科建设方面进行了积极探索。例如：在中国科学院大学设立了“科学与社会”交叉中心，由中国科学院院士、中国科学院大学校长李静海担任主任；在浙江大学设立了未来产业技术研究院；在中国科学技术大学成立了量子信息与量子科技学院。这些举措有助于将学科间的知识、理论和方法应用于实际问题的解决。这些措施取得了一定成效，如浙江大学未来产业技术研究院通过多种合作方式，吸引了国内外多个科研团队参与研究，通过多学科融合推动科技成果转化，通过建立知识共享机制促进知识流动等。

此外，跨学科研究成果的转化也面临着一些问题。一是跨学科研究成果的转化缺少完善的政策和制度保障。二是跨学科研究成果转化缺乏有效平台和渠道。

推动学科交叉融合要处理好以下几个方面的关系：一是处理好政府、市场和社会的关系，既要发挥市场在资源配置中的决定性作用，也要发挥政府在宏观调控、基础设施建设、公共服务等方面作用；二是处理好国家需求和学科自身发展之间关系；三是处理好传统学科与新兴学科之间的关系；四是处理好跨学科研究成果转化中政府、学校、企业和社会组织之间关系。

四、推动学科交叉融合发展

（一）从在高校层面来看，通过学科交叉融合形成新的学科和专业

第一，不同学科之间的融合。各学科通过交叉融合形成新的知识体系和学科增长点，例如，通过跨学院、跨学科整合形成新的交叉学科。

第二，不同专业之间的交叉融合。例如：在各学科内部不同专业之间、方向之间，通过跨院系、跨学科整合形成新的交叉专业；通过跨学科整合形成新的学院。

（二）从企业层面来看，企业需要通过交叉融合形成新的产业，以引领行业发展

从企业内部来看，企业需要通过跨学科和跨部门的合作来促进企业发展，以推动企业转型升级。

从科技创新方面来看，要实现学科交叉融合发展需要有一定的技术基础和技术路径。在这一方面，我国具有明显优势。例如：我国在集成电路、新能源汽车、高端装备等领域取得了一批重大成果；我国也在人工智能、区块链等前沿技术领域取得了一些突破性进展。这些都是推动科技创新发展的重要力量。

从人才培养方面来看，我国当前急需发展新兴学科、交叉学科和前沿学科，以适应社会对人才的需求。例如，大数据、人工智能、区块链等新兴学科的出现为社会经济发展提供了新动能。所以我国要加强新兴学科、交叉学科和前沿学科的建设与发展。

从制度创新方面来看，目前我国在科技制度改革方面还存在一些不足。例如科技评价机制、知识产权保护等制度还需要进一步完善。

（三）从行业协会层面来看，行业协会需要通过交叉融合促进行业发展

以美国为例，美国有三十多个行业协会，其中包括汽车工业协会、化学与工程协会等，它们都是大学和科研机构的重要依托，同时也是大学学科交叉融合发展的重要力量。在我国，行业协会同样具有重要作用，它们可以通过跨领域、跨学科合作，共同推动行业发展。

此外，高校与其他组织也可通过合作来促进学科交叉融合发展。例如，中国科学院院士、原清华大学校长邱勇先生在2019年10月28日下午召开的清华大学五道口金融学院成立暨第一次学术委员会会议上说："在新一轮科技革命和产业变革中，我们正处于以大数据、人工智能为代表的新技术革命时期，这既是历史机遇，也是巨大挑战。我们应该认真研究如何让科技创新更好地为经济社会发展服务。因此，我们建议在中国科学院大学成立金融科技研究院。该研究院将发挥国家战略科技力量的优势和作用，主要围绕金融科技战略、金融科技标准和人才等问题开展研究，推动我国金融科技高质量发展。"

（四）从国家层面来看，国家需要通过政策引导交叉融合的发展。

从国家层面来看，学科交叉融合既是国家的战略需求，也是国家的政策诉求。国家战略需求主要体现在四个方面：一是社会重大需求，即针对国家急需解决的重大问题提出解决方案；二是国家重大工程项目，如载人航天工程、载人深潜工程等；三是国家重大科学问题，如生命科学、信息技术等；四是具有全球影响力的学术或产业领先的研究中心。这些领域在国际上也具有比较优势，但这些领域更多的是与交叉学科结合的结果，而不是交叉学科本身。因此，只有将交叉学科作为国家战略需求并纳入相应的政策体系才能有效推动学科交叉融合的发展。此外，国家政策还可以通过两种途径来推动学科交叉融合发展：一是以重大项目为抓手，引导学科交叉融合发展；二是以重大活动为契机，推动学科交叉融合发展。如"探月工程""深空探测""北斗导航"等重大科研项目对高校科技创新能力提升具有重要意义。同时，重大工程项目也是推进跨学科人才培养的重要抓手。

五、提升社会服务能力

高校是人才培养和科学研究的重要基地，为经济社会发展提供智力支持是高校的职责所在。学科交叉融合促进了学科之间的相互渗透和交叉融合，带动了人才培养、科学研究和社会服务等方面的融合发展，为高校提升社会服务能力提供了重要途径。

一方面，学科交叉融合可以促进高校开展更加广泛、更加深入的科学研究，实现科技创新。学科交叉融合可以带动一批高水平科研成果涌现，实现科研产出从"量"到"质"的突破，使高校成为具有国际影响力、竞争力的研究型大学。同时，学科交叉融合也为高校人才培养、科学研究和社会服务等方面提供新的发展思路，为高校自身发展提供新动力。

学科交叉融合可以推动高校形成特色鲜明、优势互补的学科体系，加快传统产业升级和新兴产业培育发展；可以推动高校形成以学科为基础、以企业为主体的协同创新机制，加快科技成果转化；可以推动高校积极服务地方经济社会发展，为地方经济社会发展提供智力支持和人才支撑。

第二节　学科交叉融合在数智财务人才培养中的应用和实践

在新一轮科技革命和产业变革的背景下，信息技术、大数据、人工智能等技术与经济社会发展深度融合，推动财务管理和会计工作智能化、自动化、精细化，产生了一系列新的管理模式和业态，对财务人才的知识结构和能力结构提出了新要求。面对这一挑战，高校应当树立大财务教育观，充分利用学科交叉融合的优势，推动培养理念和培养模式的改革。

从分析数智财务人才需求入手，分析了高校在人才培养方面存在的问题，提出了基于学科交叉融合培养数智财务人才的建议和措施。

一、数智财务人才需求

数智财务是基于数字化技术和管理会计理论，运用大数据分析和人工智能等技术手段，对财务业务进行数字化、智能化、自动化的处理，为企业财务管理提供智能化的决策支持。当前，数智财务主要表现为数据智能、场景智能和决策智能。数据智能是指基于大数据技术对海量财务数据进行快速分析和挖掘，获取有效信息，实现企业各类决策的自动化。场景智能是指基于大数据技术对业务场景进行数字化、智能化模拟和预测，为企业提供经营管理决策支持。决策智能是指基于数据和场景对财务管理活动进行分析判断，实现财务管理活动的预测性分析。

数智财务需要大量的高素质人才支撑，包括高层次会计人才、数字经济发展急需的金融创新人才等。从知识结构看，既需要掌握传统的财务理论和方法，又需要掌握人工智能、大数据等新兴技术和工具；从能力结构看，既需要具备数字化思维、决策分析能力等通用能力，也需要具备会计基础知识、数据分析与挖掘等专业知识。

从具体岗位看，财务类人才需求集中在信息系统运维人员、业务分析人员、数据科学家等岗位，具体要求如下。

（一）信息系统运维人员

1. 知识结构

既要掌握会计基本理论，又要了解会计信息化发展趋势、企业内部控制规范等财务基础知识。

2. 能力结构

既要具备财务专业知识，又要熟悉 IT 专业知识，具备数据分析与挖掘能力，具备计算机编程、网络安全、数据统计等基础技能。

3. 素质结构

具有良好的沟通协调能力，能够熟练运用互联网技术开展工作。具备良好的团队协作精神和职业道德素养，具备较强的风险防范意识。

4. 其他要求

（1）具有较强的责任心和团队协作精神。

（2）熟悉互联网思维，能够快速适应新兴技术和管理模式的发展变化。

（3）具有良好的学习能力和终身学习意识，能够在工作中不断拓展业务边界、学习新知识、掌握新技能、适应新要求，实现自身价值提升。

（4）具有一定的创新意识和创新能力，能够利用新技术改善企业经营管理水平。

（5）具有较强的自我管理意识和自律精神，能够有效控制情绪、避免情绪化决策，在工作中始终保持良好的心态和平和的心态。

5. 招聘需求

目前，主要面向银行、证券、保险、互联网企业等金融机构招聘信息系统运维人员或其他 IT 岗位人员。

（二）业务分析人员

业务分析人员主要负责分析财务数据，识别数据中的异常情况，建立业务模型，进行预测性分析，为业务决策提供支持。业务分析人员需要具备会计基础知识、财务专业知识和数据分析与挖掘技能。

一方面，会计基础知识要求从事财务会计工作的人员熟悉财务制度、会计准则和企业内部控制规范等，同时掌握基本的财务分析方法和技术，如掌握现金流量表、资产负债表、利润表之间的勾稽关系等。另一方面，财务专业知识要求从事财务工作的人员具有管理会计方面的知识和能力，主要包括企业战略管理、营运管理、市场营销与客户服务管理等方面的知识。此外，数据分析与挖掘技能要求从事财务工作的人员能够利用数据和信息进行综合分析和判断，获取有效信息并实现决策支持。

在数智财务时代，业务分析人员的专业技能要求越来越高。一方面，数字化技术要求从事财务工作的人员具备会计基础知识、数据分析与挖掘技能和决策支持能力。另一方面，业务场景复杂多样，需要从事财务工作的人员具备业务分析能力。此外，随着未来数智财务的发展趋势不断加深，业务分析人员还需要具备与时代发展相适应的领导能力、创新能力和管理能力等综合素质。

（三）数据科学家

数据科学家是指对海量数据进行处理，并挖掘其中的价值，进而创造新知识的专业人员。数据科学家需要具备以下几种能力：一是数据分析与建模能力，能够对原始数据进行有效的加工处理和建模分析，构建完整的知识体系；二是算法设计与开发能力，能够根据业务需求对算法进行设计与开发，并利用模型实现相应的决策支持；三是决策分析能力，能够根据不同业务场景，结合知识体系和算法设计，提供合适的决策支持；四是数据可视化能力及数据挖掘能力，利用统计分析方法，从海量的数据中挖掘出有用的信息，以提升工作效率。对于数据科学家来说，既要掌握软件工程的基础知识、编程语言和数据库等工具技能，也要掌握市场营销、战略管理、法律法规等专业知识。

（四）财务咨询顾问

财务咨询顾问在数智财务领域扮演着至关重要的角色，他们利用自身深厚的财务知识和对数字化工具的熟练运用，为客户提供财务战略规划、财务流程优化、成本控制和财务风险管理等方面的咨询服务。

1. 知识结构

财务咨询顾问需具备全面的财务理论知识和丰富的实践经验，了解国际财务报告准则和本地会计政策。同时，他们还需掌握数据分析、数据可视化和数据解读的相关技能，以及对财务软件和自动化工具的深入理解。

2. 能力结构

他们应具备出色的分析和解决问题的能力，能够独立完成复杂的财务分析任务。此外，财务咨询顾问还需具备优秀的沟通技巧和演讲能力，以便清晰地向客户传达咨询成果和建议。

3. 素质结构

财务咨询顾问应具有良好的职业道德，能够确保咨询服务的客观性和公正性。他们还应具有高度的责任心和保密意识，以维护客户的利益和隐私。

4. 其他要求

一是具有较强的学习能力和适应能力，能够快速掌握新兴的财务理念和数字化工具。二是具备团队合作精神，能够与客户及其他顾问团队成员有效协作，共同完成咨询项目。三是具有创新思维，能够创造性地提出解决方案，帮助客户解决复杂的财务问题。四是具备项目管理能力，能够高效地规划和执行咨询项目，确保项目按时按质完成。五是招聘需求，财务咨询顾问通常由专业咨询公司、大型企业的财务部门或独立的财务咨询机构招聘，他们需要具备一定的行业经验和专业背景，以满足不同客户的需求。

财务咨询顾问作为数智财务人才的重要组成部分，不仅要具备专业的财务知识和技能，还要能够紧跟数字化时代的步伐，为客户提供高质量的财务咨询服务。

二、高校在数智财务人才培养方面存在的问题

为响应国家数字化转型发展的要求，各高校都在积极探索数字化人才培养模式。总体而言，高校人才培养主要基于传统学科体系和知识体系，这一培养模式对于数字经济时代的新变化、新需求而言已经不能适应。同时，高校在数字经济背景下对人才培养的目标、内容、方式和评价等方面也需要进

行变革。

虽然我国高校在数字化人才培养方面进行了一些探索，但在理念和方式上仍存在一些问题。

（一）未充分认识到数字化对财务人才的新要求

当前，财务人才的需求呈现出三个特点：一是财务岗位的工作内容逐渐向数字化、智能化转变；二是财务人员需要掌握信息技术、数据分析和预测等新技术，同时还需要具备深厚的财务专业知识，才能更好地适应岗位需求；三是财务人才不仅要懂得财务知识，还要具备数字技术、数据挖掘等方面的专业能力。然而，目前我国高校在人才培养目标定位方面仍然以传统的会计专业和财务管理专业为主，对于数字经济时代的新变化、新需求仍未充分认识。

一方面，高校在培养方案中对课程设置与知识体系的设置并未进行相应调整，依然将会计、审计、税法等传统学科作为人才培养的重点。另一方面，高校在教学过程中依然沿袭传统学科体系和知识体系，并未充分认识到数字经济时代对会计专业人才的新要求。在这种情况下，高校培养出来的财务人才既不能很好地适应数字化转型对人才提出的新要求，也难以满足企业对数字化人才的新需求。这就要求高校在培养方案制定和教学过程中积极探索新方法和新模式。

（二）尚未建立起以学科交叉融合为基础的大财务教育观

虽然当前数字化教学模式不断发展，但我国高校对大财务教育观的理解还不够深入，尚未形成大财务教育观，主要表现为以下四个方面：

（1）学科建设基础薄弱，基于传统学科体系的培养模式仍然占主导地位，教学内容主要涉及财务会计、管理会计等传统专业知识；

（2）课程体系设置不合理，高校教育主要是基于学科知识体系和专业知识体系来进行人才培养，教学内容更多地侧重于对专业知识的传授；

（3）高校教师主要以自己所学专业为主，教学方法单一，缺乏跨学科背景，学科交叉融合较少。高校尚未形成大财务教育观，很难对学生进行跨学科学习和跨专业培养。在大财务教育观指导下，高校不仅要注重学生专业知识的培养，还要重视学生综合素质和能力的提升，这也是大财务教育观的核心理念。

（三）未能有效整合校内外资源

财务人员不仅要掌握财务专业知识，还需具备较高的综合素质。大学财务课程多以基础理论为主，难以满足数字化时代财务人才培养的需要，而校外实习基地对学生来说却是难得的实践机会，能够提供更多的锻炼机会。然而，目前我国高校普遍存在校内外资源整合不足、资源共享程度较低的问题。具体表现为：

（1）校内教学资源缺乏。高校具有专业教师数量不足、教学经验丰富的师资力量较为缺乏。学校内部各二级学院之间也缺乏有效沟通与协作，难以提供更好的教学资源。

（2）校外实习基地匮乏，实践能力培养不到位。学生在学校学习期间往往没有机会进行校外实习，而基地也存在着资金投入不足、管理机制不健全等问题。

（3）校企合作难以深入开展。财务人员应具备较强的综合素质和实践能力，能够有效地解决企业中存在的实际问题。而目前各高校多是利用校外实习基地对学生进行培养，企业无法了解高校人才培养状况和人才培养质量，造成校企合作难以深入开展，从而影响了学生的综合素质和实践能力的提高，进而难以满足企业对财务人才的需求。

三、学科交叉融合对数智财务人才培养的作用

随着产业数字化和数字产业化进程不断加快，企业对财务人才的需求将从传统的财务核算向战略、数字化财务转型，企业将对财务人员提出更高的要求，需要其具有能够识别风险、洞察机会、规划战略的能力。同时，随着信息技术不断发展，企业需要具备数据分析和处理能力，能够利用数据来提高决策水平和业务效率。因此，对财务人才提出了更高的要求，需要能够利用大数据、人工智能等技术来分析企业内外部信息，构建决策支持系统。针对这一需求，学科交叉融合就显得尤为重要。

当前，我国正在构建以国内大循环为主体、国内国际双循环相互促进的新发展格局，这要求我们要以科技创新驱动高质量发展。财务是一个高度依赖技术应用的行业，因此，高校需要创新教育理念和教育模式，面向国家经

济社会发展需求和行业发展需要，培养具有创新精神、创新能力和实践能力的高素质财务人才。

（一）实现人才培养与社会需求的有效对接

根据教育部数据统计，财务相关专业每年的毕业生人数超过60万，未来五年内还会持续增长。这就要求高校不仅要培养具有较强实践能力的财务人才，还要能够适应我国经济社会发展需要的复合型人才。但是目前大多数高校对于学生综合素质的培养和行业需求存在一定程度上的脱节。目前，很多高校仍沿用传统学科划分方法，在培养学生综合能力方面存在较大难度。学校可以通过探索学科交叉融合培养模式来解决这一问题。

学科交叉融合培养模式主要是通过课程建设和实践教学改革来实现的，它要求高校将跨学科课程建设作为重要内容来开展，通过创新和改革课程设置、教学方法和考核方式等途径，培养学生的实践能力、创新能力和跨学科思维，为学生未来职业发展奠定基础。学科交叉融合可以打破传统专业划分方法中存在的知识壁垒，实现专业教育与社会需求的有效对接。在数智财务人才培养方面，由于财务与经济、管理等学科之间存在较强的关联性，学科交叉融合也能够很好地解决这一问题。如高校可以探索经济学、会计学、信息技术等多学科交叉融合来培养数智财务人才，为培养出具有财务管理、信息技术和经济管理等多学科综合知识的复合型人才奠定基础。同时，学科交叉融合还能发挥不同学科在学生知识结构上的互补作用，以多种知识体系相互补充来提高学生学习兴趣和效果。此外，学科交叉融合也能增强学生学习知识的积极性和主动性。

（二）弥补传统学科划分方法的不足

传统的学科划分方法主要是按照专业或研究方向来进行划分，学科交叉融合就是把不同的学科融合起来形成一种新的知识体系。学科交叉融合能有效地解决传统专业划分中存在的问题。比如，对会计学专业来说，其包含了经济学、金融学、统计学等多门学科，主要培养具备经济学和会计学专业知识并能熟练运用现代信息技术开展会计核算与财务管理工作的高层次应用型人才。基于上述分析可以看出，传统学科划分方法无法适应新形势下经济社会发展对财务人才的需求。因此，必须探索出一种新的学科划分方法——以经济管理为基础、以会计和信息技术为支撑、以财务管理为核心进行交叉融合来培养数智财务人才。这样就能够在现有知识体系基础上弥补传统学科划分方法中存在的不足和缺陷。

学科交叉融合对财务人才培养的重点在以下三个方面：

(1) 以经济管理为基础。在新的学科划分方法下，高校的传统学科划分是以经济管理为基础，但是随着经济社会不断发展，企业需要的财务人才不仅仅是具备经济学、管理学的基本理论和专业知识，还需要具备数据分析和处理能力。因此，高校应该调整学科培养方向，将数学、统计学、计算机科学与技术等学科融入原有学科中，培养出既有经济管理知识又有信息技术知识的复合型人才。

(2) 以会计和信息技术为支撑。会计和信息技术是企业管理中不可或缺的两项重要工作，二者是相辅相成的关系。随着科技创新步伐不断加快，企业对财务人员提出了更高的要求，财务人员需要具备会计知识、信息技术知识、决策支持系统知识等，同时还要具备创新能力。

(3) 以财务管理为核心。财务管理是企业管理的核心内容，也是学科交叉融合培养数智财务人才的着力点。

(三) 有助于解决财务人才培养中存在的问题

一是专业设置重复，专业交叉融合程度不高。在高校专业设置过程中，大量的高校都存在着专业设置重复的问题。而随着产业数字化、数字产业化的不断发展，对财务人才的需求也呈现出了多层次、多维度的特点。因此，高校应根据实际情况设置相应的专业，并结合学科发展趋势、社会需求等因素对相关专业进行调整和优化。

二是课程设置单一，课程内容难以满足行业发展需要。目前高校财务人才培养主要还是基于传统的学科理论进行，专业课程设置单一，知识结构难以满足行业发展需求。比如，在进行财务人才培养时，经常会开设一些诸如"会计基础""审计学""统计学"等基础课程，但这些课程仅仅局限于会计等基础知识的学习，对于行业所需要的财务管理知识没有涉及。

三是实践教学薄弱，难以满足数智财务人才培养需求。高校在培养人才时往往会注重理论教学而忽视实践教学。在财务人才培养过程中，很多高校都开展了校内实验实训基地建设工作，但是由于经费投入不足和实验实训条件有限等因素影响，这些实践基地只能满足学生实习和毕业设计需要。

四、基于学科交叉融合的人才培养模式和路径

高校培养人才既要遵循学术发展规律，又要注重实践能力，还应关注人才需求和国家战略。因此，高校应树立大财务教育观，将学科交叉融合作为人才培养的重要模式，推动财务、会计、金融、计算机等不同专业学生跨专业学习和实践。我国高校应重视培养具有复合型知识结构、创新能力和实践能力的高素质人才。通过跨专业教学改革培养复合型财务人才已成为高校教学改革发展的趋势。因此，高校应以学科交叉融合为基础，不断完善“大财务”培养模式，积极探索基于学科交叉融合的人才培养方案及课程体系设置等方面的改革路径和方法。

（一）探索建立多学科融合的专业实践平台

目前，高校“双一流”建设的推进为学科交叉融合提供了良好的契机。高校应通过多学科融合的专业实践平台，实现不同学科之间的知识、资源和信息共享，从而构建知识体系丰富、技能训练全面、实践应用广泛的财务人才培养新体系。首先，要加快推进跨学科专业实验平台建设，促进学科之间的交叉融合。比如，在财会类专业实验平台建设中，可在计算机科学与技术专业开设大数据实验室，在数学与统计与法学专业开设人工智能实验室等。其次，要推动实验平台升级改造，实现资源共享。比如，在财务类专业实验平台建设中，可将会计模拟实验室与财务管理、企业管理、决策支持系统等交叉融合，将财务软件应用实验室与大数据、人工智能、区块链等技术结合起来，将财会类实验室与商业智能、人工智能等技术结合起来。最后，要鼓励学生参与专业实践项目建设。比如，在数字经济时代背景下的“大财务”理念指导下的“互联网+财务”创新创业大赛、“互联网+大数据”创新创业大赛等。

（二）推动学科专业深度交叉融合，构建新的教学体系

为应对当前学科交叉融合中的各种挑战，高校应在课程体系设置、教学方法改革、考核方式创新等方面下功夫。

一方面，高校应根据自身学科专业特点，整合现有资源，构建新的课程

体系。具体而言，课程体系要由传统的“以学科为中心”向“以学生为中心”转变。要以学生为中心，全面分析学生的学习需求和学科基础，将各专业的知识整合起来，形成新的课程体系。要把现有课程体系进行融合、重组和优化，按照新的教学目标、教学内容、教学方法来设置课程。另一方面，高校应注重教学方法改革，应积极对传统课堂教学模式进行改革，构建基于信息化和互联网技术的新型教学模式。

目前，高校教师在课堂教学中采用的主要是传统方式，这种方式虽具有一定的优越性，但也存在以下问题：一是教师在授课时不能灵活地根据实际情况进行调整和创新；二是课堂上学生被动接受知识，缺乏学习主动性和积极性。针对这些问题，高校应积极开展基于信息化和互联网技术的新型教学模式改革：第一，将传统课堂中的“教师讲、学生听”转变为“教师讲、学生评”；第二，在课堂上增加讨论环节和互动环节；第三，利用信息化手段为学生提供更多学习交流的机会和平台；第四，在新型教学模式中鼓励教师根据学生特点进行教学方法改革。

（三）建立科学的评价体系

学科交叉融合对人才培养提出了更高的要求，但由于各个学科发展存在一定的差异，传统的学科评价体系并不适用于数智财务人才培养。因此，建立一套科学的评价体系对于推动数智财务人才培养具有重要意义。

第一，根据学科特征设置合理的评价指标体系。应根据学科发展的特点，建立一套能够综合反映学生在各领域表现的评价指标体系，从而有利于学生综合能力和素质的提升。

第二，将评价指标体系应用于各个课程教学过程中。在课程教学过程中，应结合具体课程特点对不同学科专业教师进行评价，以激发教师在教学过程中进行教学方法改革的积极性。同时，应注重对学生学习效果进行评价，以鼓励学生在不同学科知识领域探索新的问题并解决问题。

第三，利用数据对学生学习成果进行评价。通过数据分析可以更好地了解学生在不同学科领域所取得的成绩，从而为人才培养提供参考依据。建立一套科学合理的评价体系能够帮助学校了解不同学科领域学生的学习情况及发展趋势，为学校下一步调整教学模式提供依据。

财务专业具有很强的交叉性，财务专业与信息科学、管理学、会计学、法律学等学科具有很强的互补性。数智财务是基于信息技术和人工智能的智能财务，需要既懂会计又懂信息技术和人工智能的复合型人才。在学科交叉融合背景下，高校应当从培养理念和培养模式上进行改革，树立大财务教育观，构建交叉融合的课程体系，改进教学方法，打造跨学科的师资团队，建设高水平的教学实验平台。通过学科交叉融合培养数智财务人才，不仅能够解决高校数智财务人才培养中存在的问题，而且能够在一定程度上满足社会对数智财务人才的需求，从而推动财务学科发展。

第三节　学科交叉融合对数智财务人才培养的挑战与策略

伴随着信息技术的高速发展，企业的财务管理模式也发生了深刻变革。随着人工智能、大数据、云计算等新一代信息技术的广泛应用，财务工作正从简单的核算和记账逐步向价值创造转变。同时，数字化转型的推进使得财务职能也从传统财务逐步向智能财务转变，数字经济与实体经济融合发展推动着“数智化”会计人才的培养需求。如何培养出具备高素质数智财务人才是摆在高校面前的一道难题。

本节通过分析数智化时代对财务人才的要求，明确了数智化财务人才应具备的知识和技能，探讨了当前高校数智财务人才培养存在的问题，提出了数智财务人才培养体系优化建议。

一、数智化时代对财务人才的要求

数智化时代下，企业财务人员的职能定位和工作内容也在发生变化，财务人员要适应企业数字化转型发展的需求，推动传统财务向数字财务的转变，积极参与到企业价值链各环节中，将智能技术嵌入财务管理全过程中。

数智化时代对会计人才提出了新的要求：一是要具备扎实的专业知识。财务人员要有较强的数据分析和信息处理能力，能够从大量的数据中分析出价值信息并作出决策；二是要掌握跨学科知识，数智化时代要求会计人员能够掌握计算机、人工智能、统计学等多门学科知识，能够从不同角度、不同维度对数据进行分析和挖掘；三是要有良好的沟通能力和表达能力，在数智化时代下，企业经营业务环节及财务核算等各方面都会产生大量数据，而企业对财务人员的要求不仅仅是核算记账，还需要具备良好的沟通能力和表达能力，能够将这些数据转化为信息、知识和智慧；四是要具备良好的跨界思维，数智化时代下企业各部门间需要开展密切合作，如研发、生产、营销、售后等部门均会参与到财务活动中来。因此，财务人员必须具备跨学科知识和跨界思维才能适应企业发展的需求。

二、高素质数智财务人才的作用

高素质数智财务人才不仅能够保证企业生产经营活动顺利开展，还能帮助企业提高管理效率、降低运营成本、提高经济效益。

（一）提高企业管理效率

在数智化时代下，企业财务工作的内容、范围和方式都发生了很大的变化，财务人员需要借助数字技术将企业内部的各个部门进行有机结合，以此提高企业管理效率。随着大数据、人工智能等技术的不断发展，企业在管理过程中可通过数字技术将各类信息进行整合，并运用数据挖掘等技术对数据进行分析和挖掘，从而能够实现数据自动收集、自动处理和自动输出，财务人员在工作中只需要输入信息即可完成会计核算和报表编制工作。在数智化时代下，财务人员可以利用智能财务机器人辅助企业财务核算工作，帮助企业更好地实现管理决策。例如，智能财务机器人能够根据企业的实际需求自动生成各类报表、完成各类核算任务以及进行各类数据分析和挖掘。在数智化时代下，高素质的数智财务人才不仅能实现企业管理流程的自动化、标准化和智能化，还可以推动财务组织结构的变革和优化。智能财务机器人能够在财务人员不参与的情况下自动完成大量核算工作。同时，智能财务机器人还可以与企业各部门进行深度合作，如智能会计机器人可以代替人工对财务数据进行自动分类、分析和计算，帮助企业准确地获取相关信息；智能会计机器人可以代替人工对各类数据进行录入、审查和审核等工作。

（二）降低运营成本

数智化时代下，企业的经营管理活动产生大量数据，这些数据为企业发展提供了大量信息，因此财务人员需要发挥自身优势，对这些数据进行分析和挖掘，从而为企业决策提供有力支持。财务人员可以利用大数据和人工智能技术分析处理财务数据，将传统的会计核算流程进行数字化改造，优化业务流程，实现业财一体化。财务人员可以利用大数据技术对企业经营业务环节进行分析，了解企业经营情况和业务模式，将各业务系统中产生的数据进行汇总分析，并结合企业发展战略提出科学的建议。利用大数据技术对数据进行存储和管理，对企业经营发展提供参考依据。数智化时代下企业要想实现高质量发展需要发挥财务管理在企业中的作用。因此财务人员要主动参与到企业经营活动中来，通过参与生产经营、提供财务建议等方式帮助企业提高经济效益。如财务人员可以通过设计最佳实践案例、为员工提供培训课程等方式帮助员工提升专业技能和管理水平，还可以利用大数据分析技术对企业成本进行管控和分析，降低运营成本。

（三）提高经济效益

数智化时代下，企业通过数字技术与财务业务深度融合，形成了以财务核算为基础、以经营分析为核心、以经营决策为目标的财务管理体系，推动企业在市场中竞争。数智化时代下，企业经营管理模式发生了变化，企业将实现从传统财务向数智化财务的转变。数智化财务能够有效支持企业实现全面预算、精准分析、动态监控和智能决策，对企业的生产经营进行有效的控制和管理，确保企业生产经营活动顺利开展。财务人员可以通过数据分析和挖掘功能为企业提供实时准确的生产成本核算、利润分析、资金情况等方面的信息，从而帮助企业管理者做出正确决策，提高企业经济效益。

财务人员通过对数智化时代下的数据进行分析，能够提高企业整体决策水平，帮助企业优化资源配置。在数智化时代下，企业需要更好地运用技术来改善自身的管理流程和提升业务处理能力。在数智化时代下，数据处理能力已经成为衡量财务人员专业素质和职业技能的重要指标。随着数据处理能力不断提升，越来越多的会计人员可以将日常工作从单纯的账务核算、报表分析、成本核算等基础工作中解放出来，转向管理咨询、风险管理、战略规划、绩效管理等更高层次的工作。例如：在企业成本控制方面，传统成本控制往往仅对人工成本进行控制，而随着数字技术在成本控制中的应用以及大数据等技术对人工成本进行预测和分析，越来越多的企业开始使用成本控制系统来对人工成本进行控制；在风险管理方面，数智化时代下企业更关注如何通过数据分析来识别潜在风险和不确定性并及时采取措施降低风险。

三、数智化时代高校培养高素质财务人才存在的问题

（一）教师缺乏行业数据分析能力

高校财务人才培养模式以“理论知识讲授+专业技能培养”为主，课程设置、教学方式和考核方式也大多以理论知识讲授为主。尽管近年来高校对教师开展了“双师”教学改革，但在数智化时代背景下，教师的知识储备仍不足，缺乏行业数据分析能力。当前高校的财务人才培养多以传统会计核算为主，对于数智化会计核算体系的构建缺乏了解。虽然高校已经在智能财务建设方面开展了一些相关课程教学和研究，但在理论层面缺乏对“数智化”财务人才的准确定位。

（二）课程体系建设相对滞后

由于财务专业本身具有很强的实操性，传统的会计、财务、税务等专业知识在财务人员转型为“数智化”人才时往往难以结合。大多数高校都在积极探索大数据、人工智能等新技术与会计专业课程体系的融合，但在实际教学中，一方面缺乏系统、深入地研究和探索；另一方面缺乏有效的教学案例和实践平台，使得课程体系建设相对滞后。同时，高校缺乏“双师型”教师队伍，既懂会计又懂信息技术的复合型师资严重缺乏。以传统会计为例，课程通常起始于企业的基础核算工作，这一过程首先涉及对会计的基本要素（企业的业务活动、资产、负债、所有者权益、收入和成本费用）进行系统的记录和核算，随后依据既定的会计准则，对这些信息进行账务处理，最终编制成财务报表。然而，在当前数字化转型的浪潮中，这种侧重于传统核算技能的人才培养模式，已显示出其局限性，不足以满足数字化时代对财务人员在数据分析、信息技术应用等方面提出的全新要求。

在“数智化”时代，企业对财务人员的需求已经从单一的账务处理扩展到了对企业运营全过程的数据分析和决策支持。财务人员需要具备利用大数据、人工智能等技术进行财务分析、风险评估和战略规划的能力。因此，高校的会计教育急需改革，以适应这一转变，培养出能够适应数字化、信息化发展趋势的复合型财务人才。这要求高校在课程设置上进行创新，加强与信

息技术等相关学科的交叉融合，提供更多结合实际业务场景的案例教学和实践平台，以培养学生的数据分析能力和技术应用能力。同时，高校也需要加强“双师型”教师队伍建设，引进具有丰富实务经验和技术背景的教师，以提升教学质量，更好地满足“数智化”时代对财务人才的需求。

（三）教学模式和考核方式相对单一

传统的财务人才培养以理论知识传授为主，重理论轻实践，实践教学环节薄弱。此外，传统财务人才培养以学科为导向，偏重于专业知识和技能的传授，而对于大数据、人工智能等新技术的应用缺乏足够重视。高校在“数智化”财务人才培养过程中多以案例教学和实践教学为主，缺少对学生综合能力的培养。

在教学模式方面，现行的财务人才培养策略往往过于侧重于传统的会计理论教学和专业技能训练，而忽视了对学生财务综合素养的培育。尽管近年来，一些高等教育机构已经开始着手改革教学模式，以适应智能化财务管理的需求，但这些改革大多还停留在引入智能化财务软件或建立数据分析平台的层面。这种改革尝试虽然值得肯定，但由于缺乏对大数据、人工智能等前沿技术的深入融合和应用，教学成效并不显著。

目前，高校在培养学生的实践技能和创新思维方面投入不足，这与企业对财务岗位的实际能力需求之间存在明显差距。在考核机制方面，高校普遍采用的仍是以期末考试成绩为核心的评价体系，这种评价方式过于单一，无法全面考察学生的实际操作能力、创新思维和综合素质。这种应试导向的评价模式，无法真实反映学生在知识掌握、能力培养和素质提升方面的表现，也不利于培养适应时代发展的高素质财务人才。

为了更好地适应数智化时代的需求，高校应进一步改革教学模式，加强实践教学和创新能力培养，构建多元化的教学体系。同时，高校应建立更加科学合理的考核机制，将学生的实践能力、创新能力和综合素质纳入评价体系，以促进学生全面发展，培养出真正符合社会和企业需求的高素质财务人才。

四、数智化时代高校培养高素质财务人才的路径与方法

数字经济时代，知识和信息的更新速度不断加快，对高校培养人才的知

识和能力结构提出了更高要求。高校要以培养具有扎实财务知识基础、具有专业前沿理论素养和熟练应用信息技术能力的应用型、复合型人才为目标，以服务于国家战略需求和经济社会发展为导向，加强探索学科交叉融合培养人才的路径和方法。

数智化时代对财务人才的知识和技能结构提出了更高要求。高校应立足于学科交叉融合背景下的财务人才培养模式改革与创新，从专业教学内容、课程体系、实践教学平台以及教师队伍建设等方面进行全面优化，提高学生的数智财务能力和创新创业能力。具体来说，可以从以下几个方面着手：

（一）以“新工科”建设为契机，完善财务人才培养方案

在信息化和数字化持续深化的当下，企业界对财务人才的期望日益提升。财务领域的“数智化”转型已成为行业发展的显著趋势。面对这一趋势，高等教育机构急需加速教育模式的创新与转型，以更好地适应企业界对新型财务人才的迫切需求。具体来说，高校需要致力于培育能够适应数智时代发展需求的复合型财务人才。在当前数智化时代背景下，财务专业人才培养方案应围绕“新工科”建设和“新商科”建设的要求，坚持以人民为中心，强化专业知识体系与财经学科的融合，提高学生的数智财务能力。

1. 完善知识结构

在课程体系的构建上，高校需将财务管理与信息技术紧密结合，形成一个跨学科的综合课程体系，以促进不同课程内容的有机融合。教学内容的更新也应紧跟数智化时代的步伐，不断融入新兴的财务知识和技能，如大数据分析、人工智能等，以培养学生在财务数据分析、企业资源优化配置等方面的专业能力。同时，教学方法应更加注重实践性和互动性，通过线上线下混合式教学模式，打破传统课堂的局限，激发学生的主动参与和创新思维。

2. 创新教学方法

要打破学科界限，将具有相同背景或相近专业背景的教师联合起来共同开展教学活动；要充分利用现代信息技术手段和互联网平台，不断提高教学内容和手段的现代化程度；要注重启发式、探究式、讨论式等教学方法在教学过程中的应用。

3. 强化实践与创新能力

为应对数智化时代对财务人才的高标准要求，高校应重点强化学生的实践操作能力和创新能力。这需要高校在教学计划中设置更多与企业实际操作流程相结合的实践课程，如模拟企业经营决策、财务案例分析、财务软件应用等，使学生能够在模拟环境中体验真实的工作挑战。同时，高校应鼓励学生参与科研项目和创新竞赛，通过这些活动激发学生的创新思维和解决复杂问题的能力。可以设立创新实验室，提供数据分析工具和财务软件，供学生进行实际操作和创新实验。此外，高校应与企业建立紧密的合作关系，开展校企联合培养项目，为学生提供实习实训机会，使学生能够直接参与到企业的财务工作中，从而获得宝贵的工作经验和行业洞察。高校还应重视学生的创业教育，培养学生的市场意识、风险评估能力和项目管理能力，为有志于创业的学生提供必要的指导和支持。最后，高校应定期邀请行业专家和企业高管参与教学活动，通过讲座、研讨会等形式，为学生提供行业最新动态和未来发展趋势的信息，帮助学生拓宽视野，增强职业规划能力。

（二）以“双一流”建设为目标，加强教师队伍建设

“双一流”建设高校在财务学科方面具有得天独厚的优势，要充分利用这一优势，加快推进财务学科的“双一流”建设，进一步加强师资队伍建设，鼓励教师进行跨学科交流，提高教师的教学能力。高校可以通过定期组织学术交流会议、邀请国内外专家来学校开展学术讲座等形式，促进高校财务学科教师与其他学科教师之间的沟通与交流。同时，高校还应为教师提供与其他高校和研究机构进行交流合作的机会，使教师能够从其他高校的优秀财务人才中汲取宝贵经验和教训。此外，还可以鼓励青年教师到国外深造、进修，提高其教学水平。

高校应在“双一流”建设的基础上进一步加强财务学科师资队伍建设，以学科交叉融合为导向，建立教师交流合作平台和机制，提高教师的综合素质和能力水平。高校可以定期组织优秀教师进行教学培训、专业学术讲座等活动；还可以鼓励青年教师积极参与国家社科基金项目、教育部人文社科基金项目等科研课题研究。同时还应建立健全科学合理的财务人才评价体系和激励机制，提高财务人才队伍的稳定性。

（三）以社会需求为导向，推进产教融合

产教融合是高等教育的重要内容，也是培养高素质财务人才的重要途径。产教融合不是简单地把企业引进校园，更不是简单地让高校教师到企业挂职锻炼，而是要立足于社会需求和经济社会发展实际，充分发挥高校和企业各自优势，探索形成新的人才培养模式。在实践教学平台建设方面，高校要整合校内外资源，构建与实践教学相适应的硬件和软件设施，大力发展产教融合基地。高校可以与政府、行业企业、科研院所等加强合作，建设财务人才培养实践基地。通过产教融合，一方面可以提升高校服务国家战略需求和经济社会发展的能力；另一方面可以提高财务人才的创新创业能力和实践操作能力。

在科研成果转化方面，高校要以服务于国家战略需求和经济社会发展为导向，推进科研成果转化。在具体的研究方向上，高校要集中优势力量重点攻关一批“卡脖子”关键核心技术问题；在成果转化方式上，要通过构建利益共同体、利益共享机制来激励创新创业主体。通过校企合作、产教融合、协同育人等方式推进科研成果转化。此外，高校要积极探索科技成果转化的有效机制和方法，建立科技成果转化服务平台和服务体系。通过科技成果转化平台和服务体系的建设和运行，实现产学研用一体化发展。

（四）以学科交叉融合为依托，强化学生创新创业能力培养

随着经济全球化和国家创新驱动发展战略的实施，各高校在学科建设中要注重加强与相关学科的交叉融合，以强化学生的创新创业能力，实现培养高素质应用型人才的目标。当前，我国各高校在培养创新创业型人才方面积累了不少经验。例如：上海交通大学成立了创业学院，探索构建“教学—实践—孵化”全链系创新创业人才培养模式，推进学生创新创业支撑体系建设；清华大学将“创新创业教育”写入本科生培养方案中，以实现创新创业教育与专业教育、通识教育和专业教育的有机结合；南京大学成立了国际创新创业学院，通过双创与“五育”融合，培育创新型、复合型、具有应用能力的人才；中国科学技术大学设立了“先创基金创”，鼓励学生积极参加各类创新创业大赛。

高校要利用自身优势，加强学科之间的交流与合作，通过聘请不同领域

专家参与课程建设、实践教学等方式，进一步提高学生的专业理论水平和实践应用能力。同时，要深化高校内部管理体制改革，转变教学理念、优化师资结构、深化课程教学改革。此外，高校还可以鼓励教师根据自身兴趣开展科学研究、技术研发和产品设计等工作。此外，高校要进一步加大对大学生创新创业的支持力度，鼓励学生积极参加各类创新创业比赛。在科研方面，高校可以依托国家重点实验室、国家工程实验室、教育部重点实验室等科研平台培养学生的创新思维和实践能力；在教学方面，高校可以与社会企业合作建设学生实践基地，促进学生将理论知识运用到实践中。

五、高校培养数智财务人才的体系优化建议

面对“数智化”时代对财务人才的需求，高校应充分发挥学科交叉融合的优势，探索培养“数智化”财务人才的新路径，优化建议有以下几点：

（一）完善课程体系，培养复合型数智财务人才

当前，我国高校会计专业课程体系中，传统财务相关课程占据主体地位，而“数智化”会计相关课程还处于探索阶段。在教学内容上，应加强数字经济、信息技术、人工智能等与会计学科的交叉融合，积极开发“数智化”会计相关课程。在教学方法上，应注重实践教学，强化学生对理论知识的理解与掌握。同时，还可以通过开设“财务机器人”“人工智能会计”等创新课程来提升学生的创新意识和能力。当前，我国高校在课程体系设置方面还存在一些问题，主要表现为：一是高校各专业人才培养方案缺乏统一的规划，课程体系设置不够科学合理；二是传统会计专业课程所占比例过高，而其他专业的相关课程设置不足；三是实践类课程比例过低，与理论课程相比缺乏系统性和完整性。针对这些问题，应结合“数智化”时代的发展趋势，加快高校人才培养方案的优化。

首先，要明确不同专业的人才培养目标定位。在具体操作层面上，可以结合不同专业的发展特点和办学特色，合理设置核心课程。在此基础上，根据不同专业特点和培养目标的要求，科学规划实践类课程与理论类课程比例。其次，要积极开发“数智化”会计相关课程。目前，高校开设的“数智化”多为传统会计相关课程的“嫁接”与拓展。因此，在确定“数智化”会计相关课程时，应充分考虑“数智化”会计涉及的新技术、新理论、新方法以及

新应用等因素。再次，要完善实践类课程与理论类课程之间的联系。在具体教学过程中，应将实践类课程与理论类课程紧密结合起来。

（二）加强校企合作，推进产教融合

目前，国内高校与企业之间的合作大多是简单的教学合作和资源共享，缺乏深度合作。为了培养出能够适应“数智化”时代发展需要的高素质财务人才，高校应与企业加强合作，建立校企协同育人机制。

随着信息技术的快速发展，财务信息处理方式不断变化，需要培养学生对财务数据进行分析和处理的能力。因此，高校应充分发挥学科优势，加强与企业之间的合作。

一是高校可以与企业建立长期合作关系，双方在人才培养方面进行资源共享，形成优势互补。

二是高校可以邀请企业参与到人才培养中，在理论课程体系设置、教学资源建设、学生实习实训等方面进行深度合作。

三是高校可以鼓励教师走出课堂，走进企业一线，对企业财务工作进行实地调研。

四是高校可以与企业合作开设课程、开展学术讲座等活动。

五是高校可以为企业提供专业培训和专家讲座等服务，提升企业人员的业务素质和能力水平。企业可以为高校提供实践基地、实习岗位等资源；另一方面，高校可以为企业提供专业培训、专家讲座等服务。在此过程中，双方通过优势互补实现协同育人。

（三）重视师资队伍，建设构建“双师双能型”教师队伍

随着信息技术的快速发展和应用场景的不断拓展，“数智化”会计人才培养要求对教师提出了更高的要求。因此，高校应注重师资队伍建设。

我国高校教师队伍中，既有通晓会计理论与实务，掌握计算机应用技能的教师，也有通晓信息技术与会计学科的复合型人才，还存在一些缺乏创新精神、实践能力不足的“双师型”教师。在“数智化”背景下，高校应重视师资队伍建设，着力培养具有创新意识和实践能力的“双师型”师资队伍。

一方面，要重视对专业技术背景的复合型人才的引进和培养。对于缺乏实践经验的“双师型”教师，高校应积极引进企业行业专家、数字经济专家

和财务专家等为高校师资队伍注入新鲜血液。另一方面，要加强对会计学科相关专业教师的培训。会计学科专业教师应积极参加计算机应用技能培训、业务技能培训等活动，不断提升自身的专业知识和技能水平，同时还要加强与企业联系，积极参与企业培训和交流活动，与企业建立长期合作关系，为高校培养“数智化”财务人才提供师资保障。总之，要充分发挥财务部门和其他相关部门专业人员的作用，形成“双师双能型”教师队伍。

在大数据、云计算、人工智能、区块链等新兴信息技术快速发展的大背景下，我国数智财务人才的培养要结合国家经济社会发展趋势，根据自身学校的学科优势和特色，培养出既懂会计又懂计算机、既能胜任财务管理工作又能从事数字化转型的高素质人才。

笔者在分析数智化时代对会计人才的要求和高校数智财务人才培养现状的基础上，明确了数智化时代对财务人才知识结构和能力要求，并提出了高校数智财务人才培养体系优化建议。高校应构建以“学科交叉融合”为主线的“大类招生+大类培养”新模式，推动多学科交叉融合发展。同时，在构建数智财务人才培养体系时应注重实践教学环节，鼓励学生积极参与课程设计、课题研究等社会实践活动。此外，应进一步加强校企合作，建立校外实践基地，为学生提供更多的实习机会。高校还应积极推动校企联合培养模式的创新，搭建校企合作平台，以实现教师与企业专家双向互动、优势互补、资源共享的新型育人模式。

第三篇 数智财务人才培养创新与实践

第七章

数智财务人才培养创新

数智化的浪潮正深刻地改变着各行各业的运营模式和管理方式，财务领域自然也不例外。随着大数据、人工智能、云计算等技术的快速发展，数智财务已经成为企业实现智能化决策和高效运营的关键要素。然而，与此同时，财务人才的培养也面临着新的挑战和机遇。

传统财务人才的培养主要侧重于会计、审计、财务管理等基础理论和实务的学习，这些知识在传统的财务工作中仍然非常重要。然而，在数智化时代，仅凭传统财务的理论知识已经无法满足企业对财务人才的需求。数智财务人才需要具备数据分析、数据挖掘、业务智能等数智化技能，同时也需要具备财务领域的专业知识和实践经验，能够将数智技术与财务业务相结合，为企业提供更加准确、及时、全面的决策支持。

因此，构建一条适应数智化时代财务人才培养的路径显得尤为重要。这条路径需要充分融合财务理论与数理技能的学习，注重培养学生的实践能力和创新思维，使其具备从数据中发现商业价值、分析业务问题、提供智能决策的能力。同时，这条路径还需要与企业紧密对接，结合实际业务场景进行案例教学和实训，提升学生的实践操作能力和团队协作能力。

在数智化时代，财务人才的培养不仅是高校教育的责任，也是企业和社会的共同责任。高校应该与企业建立紧密的合作关系，共同参与课程设置和实践教学的设计，确保培养出的财务人才能够真正适应企业的需求。同时，企业也应该积极参与财务人才的培养，提供实习机会、培训机会，为财务人才提供广阔的发展平台。

笔者相信，通过多方共同努力和合作，一定能够培养出更多具备数智化思维和能力的财务人才，为企业的发展和社会的进步做出更大的贡献。本章将探讨数智财务人才培养的路径，并提出一些建议和思考，希望能够对相关领域的研究和实践有所启发。

第一节　数智财务人才培养的知识体系和核心能力培养方向

我国数字经济快速发展，企业对复合型人才的需求不断增加，如何培养适应数字化、智能化发展的高素质人才？如何建设一支专业化、国际化、数字化、智能化的高素质人才队伍？是当前亟待解决的难题。由于技术和经济发展的需要，财务人才不仅要懂财务知识，而且要懂业务、懂管理。随着企业数字化转型，传统会计向管理会计转型，财务人员的知识结构需要进行升级和迭代。数字化、智能化、网络化技术快速发展，大数据、人工智能等新一代信息技术也对财务工作产生了巨大影响，需要培养具有高素质的数据驱动型和智能驱动型人才。

一、构建与培养数智财务人才相适应的知识体系

目前，我国的财务人才培养主要是依托学校教育，如财经类高校、财经类职业院校等。我国高校的会计专业经过多年的发展，已经形成了一套系统、完整的理论与实践体系。这套理论体系与实践体系主要包括：会计基础、财务管理、会计信息化、财务管理创新等课程。但是，这些课程并没有涵盖到财务人员工作的方方面面，而且在课程设计中也存在一些问题。

在构建数智财务人才培养体系时，需要思考以下问题：

第一，企业财务人员的工作内容到底是什么？财务人员在工作中需要掌握哪些知识和技能？新技术对企业财务人员的职业发展有何影响？

第二，企业财务人员应该具备哪些能力才能满足数智时代的需求？

通过对这些问题的深入思考，可以构建数智财务人才培养体系框架。该框架由四部分构成：第一部分是基础课程，即传统会计相关课程；第二部分

是管理会计相关课程；第三部分是新一代信息技术相关课程；第四部分是数字经济相关课程。

（一）传统会计相关课程

该课程主要包括：会计核算基本流程、原始凭证、记账凭证、账簿、报表等知识。这一类课程的特点是系统性强，但更新速度较慢，主要针对传统手工环境下的会计核算。在当前信息技术不断发展的背景下，数据量呈爆炸式增长，传统手工环境下的会计核算方法已经不再适用于当前的数据环境。因此，高校培养的财务人员必须具备一定的数据处理能力。

此外，在高校教育中，很多教会计核算类课程的教师都是从会计基础课程或财务管理等专业课程中独立出来的，因此这类教师对互联网技术并不熟悉。因此，需要将一些与互联网相关的知识融入教学中，如大数据、云计算、人工智能等知识。

传统会计相关课程在培养学生的专业素养方面具有一定优势。但是，在数智财务人才培养过程中，这些课程需要结合新技术对现有教学内容进行改革。因此，在数智财务人才培养过程中要及时将最新、最先进的信息技术融入课程体系中。

（二）管理会计相关课程

管理会计是以价值创造为导向，以现代管理思想和方法为依托，运用系统的财务会计和成本会计等方法，在企业内部管理和外部决策中发挥重要作用的财务管理学科。管理会计主要包括预算管理、成本控制、成本核算、财务分析、财务管理、决策支持和业绩评价等内容。其中，预算管理是现代企业管理中一个重要的手段，其目的是企业总体战略目标的实现；成本控制是现代企业经营活动中最重要的一个环节，它贯穿于整个生产经营活动的全过程；财务分析是现代企业决策支持系统中的一个重要组成部分，它通过对大量数据进行统计、计算和分析，为企业经营决策提供重要依据；财务管理是现代企业人力资源管理中最重要的环节，它通过对人力资源价值进行核算、计量和评价，为人力资源管理决策提供重要依据；决策支持是现代企业绩效考核和绩效评价中最重要的一个环节，它通过对大量数据进行统计和分析，为绩效考核提供重要依据；业绩评价在企业管理中具有重要作用，它为企业的战略决策提供依据，是激励员工、提升企业整体绩效的重要手段。

（三）新一代信息技术相关课程

在数智时代，信息技术对企业的影响正在逐步显现。以大数据技术为例，大数据是一种新型的数据管理和处理方式，它可以从海量的数据中挖掘出有价值的信息。大数据技术可以帮助企业更好地了解客户、了解市场，进而制定出更有针对性的营销策略和产品规划。另外，大数据技术还可以帮助企业对人员进行管理，提高人力资源的利用率。在人工智能技术方面，大数据和人工智能为企业财务人员提供了更多的机会。目前，我国很多大型企业已经将大数据、人工智能等技术应用于财务工作中，并且取得了一定的成效。例如，华为公司在财务领域已经全面应用了人工智能技术，华为公司通过将业务与财务进行深度融合，极大地提高了财务管理效率。

数智时代是一个信息化、数字化、智能化的时代。企业要想在这场数字化转型中保持领先地位，就需要将大数据、云计算、人工智能等技术与企业管理进行深度融合。因此，在培养数智财务人才时，需要将新一代信息技术知识与技能作为重要内容融入专业课程中。

在培养数智财务人才时，首先，要加强对学生大数据和人工智能相关知识与技能的教育。随着数据量和数据类型的不断增加，大数据、人工智能等技术将对财务工作产生越来越大的影响。其次，要加强对学生区块链和云计算等新技术知识与技能的教育。由于区块链技术在构建数字世界方面具有天然优势，因此企业在发展时不能忽视对区块链和云计算等新技术知识与技能的教育。

此外，企业也应该加强对学生网络安全知识与技能的教育。因为在数智时代，企业可能会面临来自网络攻击和数据泄露等方面的风险与威胁。

二、构建数据驱动型财务人员的核心能力

传统会计主要是根据会计准则和会计制度进行记账、报账和报税工作。传统会计人员需要具备相关的专业知识，包括会计、统计、审计、税务等专业知识，并需要熟练掌握各种财务软件，如用友、金蝶等。传统会计人员的工作流程是：从原始凭证到记账凭证，再到资产负债表和利润表等，最后进行财务分析和税务申报。传统会计人员在做账时需要遵循一定的标准流程，

如记账凭证的填制标准、资产负债表和利润表的编制标准、现金流量表的编制标准等。

传统会计人员需要及时准确地进行财务报告编制，即通过企业内部的各种渠道（如月报、季报和年报）或外部审计机构等获取最新的财务数据，并进行加工处理，编制出符合企业需求的财务报告。在进行财务报告编制时，需要按照统一的会计准则和相关制度进行。传统会计人员在进行财务分析时，通常只能通过查看纸质报表或者根据报表数据计算得出结论，通常需要在规定时间内完成各种财务报表的编制工作。

随着企业数字化转型，企业财务人员需要具备信息技术、业务知识、管理技能和领导力等多方面的能力。在数字经济时代，企业财务人员需要构建数据驱动型人才，掌握财务应用场景下的技能、工具和方法，成为数据驱动型人才。

数据驱动型财务人员是指能够有效利用数字技术和信息系统的方法和技术，把各类数据转换为企业战略价值的财务人才。他们具有强大的数据分析和整合能力，能够从大量的业务数据中提取关键信息，为企业管理决策提供依据。

未来数智财务人才在推动企业财务变革方面具有很大的优势，能够为企业提供财务共享服务、战略分析、风险评估、管理咨询等服务，并能整合内部各系统及外部资源，为企业提供增值服务。

财务管理工作的重点是进行战略规划和业务分析，为企业运营和财务管理提供决策依据，而不是简单地对数据进行记录与报告。因此，数智财务人才需要掌握财务分析的工具，通过数据分析为企业提供价值判断和战略决策。在未来，数智财务人才需要具备以下几个方面的能力：

（1）数据分析能力：能够对大量业务数据进行分析和处理，并提取有用的信息；

（2）智能决策能力：能够通过算法预测未来，并能对复杂问题进行综合决策；

（3）平台化能力：能够将相关的业务系统连接起来，建立一个完整的生态体系；

（4）生态化能力：能够在整个企业中打造生态圈。

数智财务人才与传统财务人员相比有很大的不同。传统会计主要是记账、报账和报税工作，而数智财务则主要是基于业务场景的分析与决策。

三、推动复合型财务人员的数字化转型

传统财务人员主要从事会计核算、账务处理等工作，随着信息化技术的发展，财务人员不仅要会记账、算账、报账，还要会分析、会管理、懂战略、懂经营、懂业务。此外，新一代信息技术不断涌现，人工智能、云计算、大数据、区块链等新一代信息技术已经广泛应用于财务工作中。如何在数字化时代更好地发挥财务人员的职能作用？这就要求财务人员培养和提升自身的数字化能力。

首先，企业要重视人才建设。企业要认识到人才培养是推动企业数字化转型的关键因素之一，并将其作为核心竞争力的重要组成部分。通过加强对人才培养的组织保障和制度保障，加强企业对人才培养工作的投入。

其次，企业要加强人才培养模式创新。在数字经济时代，技术创新、商业模式创新、组织架构创新等因素驱动了企业数字化转型和变革。为了适应新时代对财务人才的需求，财务人员不仅要学习传统会计知识、管理和金融知识，还要学习现代信息技术知识以及商业模式创新知识。

最后，企业要构建人才培养体系。企业应根据自身实际情况建立完善的人才培养体系，重视员工的数字化转型和创新能力培养。通过构建线上线下结合、产学研用结合、产教融合的教学模式，发挥各方面力量，探索适合本企业发展的数字化人才培养模式。同时还应加强对员工数字化技能的培训和提升力度，充分发挥技术和工具在财务数字化转型中的作用。

推动复合型财务人员的数字化转型，可以采用以下措施。

（一）加强财务信息系统建设

财务数字化转型的第一步是企业信息系统建设。目前，许多企业已经开始着手建设财务信息系统，以满足数字化时代对财务工作的要求。然而，有些企业的财务信息系统建设没有达到预期目标，甚至存在较大缺陷。财务人员不能充分理解财务信息化的概念和作用，也不能正确处理财务信息化建设中出现的各种问题，导致企业信息系统建设效果不佳。

企业应从战略高度出发，认识到财务信息化的重要性，建立以战略为导向、以业财融合为目标、以全面预算管理为抓手、以会计核算为基础、以业

财融合为核心的企业财务信息系统。在系统建设过程中，企业要根据自身实际情况确定财务信息化建设的目标。在明确了目标之后，要进一步明确具体实施步骤和方法，确保项目能够按照既定目标顺利推进。

企业应根据自身实际情况制定完善的信息化建设战略规划，并在此基础上明确财务信息系统建设的具体内容。在此基础上，企业需要明确自身所具备的财务信息系统功能和技术能力。企业要根据自身需求选择合适的信息化建设方案。企业可以选择自建系统模式或外包开发模式来搭建财务信息系统。不同类型的企业适合不同类型的财务信息系统。对于大型企业而言，自建系统模式能够有效整合多个部门和多个业务单元，提高信息系统整体效率；对于小型企业而言，外包开发模式能够提高数据处理效率、降低成本并提高数据质量。

（二）强化业财融合

随着现代企业管理理念的转变，越来越多的企业开始引入价值链管理理念。在价值链管理模式下，企业通过业务与财务的融合，能够更好地实现对企业经济活动的实时分析和预测，从而为企业经营决策提供更加科学有效的数据支持。在业财融合方面，财务人员要将业务信息纳入到财务信息系统中，并对业务数据进行分类整理、整合、分析，再以此为基础来编制财务报表和经营分析报告。业务部门可以利用财务部门的数据和分析报告来了解业务的进展情况、预测未来发展趋势。此外，业务部门还可以利用财务部门提供的数据和分析报告来制定更加科学合理的业务计划。例如：销售部门可以通过财务数据和分析报告来了解客户需求以及客户对产品和服务的满意度；采购部门可以通过财务数据和分析报告来了解供应商的信用情况和成本效益；生产部门可以通过财务数据和分析报告来了解生产进度、产能情况、产品成本、库存情况等。因此，在业财融合方面，财务人员应具备数据采集、分类整理、整合分析、预测未来等能力。

（三）加强数据分析和应用

数据分析是财务人员的一项核心工作，是财务人员应具备的基本能力之一。大数据时代，数据量呈爆发式增长，数据价值不断提升，为财务人员的分析和应用能力提出了更高的要求。因此，财务人员要充分发挥大数据时代下的数据价值，建立以数据为基础的决策支持系统。

首先，要建立数据分析框架。企业应建立统一的数据标准和规范，建立企业大数据分析框架，基于企业现有信息系统和财务数据分析方法，以大数据技术为基础构建数据分析平台。同时还应与企业其他部门加强沟通合作，共同推进财务分析平台建设。

其次，要形成数据分析方法。随着大数据时代的到来，传统的财务分析方法已经无法满足企业对经营决策支持的需要。因此，应基于大数据时代下的财务分析框架构建数据分析方法体系，包括业务、系统和战略等。

最后，要进行业务场景模拟。在数字化时代下，企业开展数字化转型面临着诸多挑战。因此应建立统一的业务场景模拟系统平台，将其与现有信息系统集成起来，实现从业务到财务的映射。同时还应建立面向不同用户需求的业务场景模拟系统平台，增强用户对不同业务场景下相关信息和决策支持需求的感知能力。

（四）实施风险控制

在数字化时代，企业经营环境、企业内部环境和企业外部环境发生了巨大变化，企业面临的风险也随之增加。面对不断变化的风险，企业不仅要关注各种风险对财务管理活动的影响，还需要考虑如何防范和化解风险。为了有效控制风险，企业需要建立健全内控体系，加强对关键环节和重点领域的内部控制，并且充分发挥内部审计部门的监督作用。

具体到财务管理活动中，企业首先需要对风险进行识别和评估，通过分析企业面临的各种风险以及影响这些风险的因素，确定哪些风险是可以接受或可以解决的，哪些风险是无法接受或无法解决的。在此基础上，企业还需要建立相应的控制措施和流程来降低这些风险。此外，为了有效规避和化解财务管理活动中面临的各种风险，企业还需要建立健全相关制度和流程来规范业务处理过程中遇到的各类风险。

四、加强财务人员的国际化发展

（一）在会计准则及法规方面

随着我国企业“走出去”战略的实施，国内企业对国际化人才的需求越来越大。对于财务人员来说，需要不断学习和提高国际化水平，成为精通国际会计准则的国际化财务人才。

从国际上来看，各国企业普遍遵循《国际会计准则第 39 号——金融工具：确认和计量》《国际会计准则第 13 号——公允价值计量》《国际会计准则第 7 号——现金流量表》等会计准则。企业应从全球视野出发，了解各国会计准则，熟悉不同国家会计准则的差异，了解财务报表列报中的特殊问题。

从国内来看，企业应积极学习和了解《企业会计准则》《企业会计制度》《小企业会计准则》《股份有限公司会计制度》等相关的法律法规，并加强对法规的学习和研究。尤其是对《小企业会计准则》的学习，小企业通常存在与大企业相同或相似的业务，因此小企业应该重点学习该准则的内容。

数智财务人才培养是未来十年中国企业发展必不可少的一环，同时也是推动中国企业管理信息化、智能化转型的一次重大契机。数智财务人才培养工作中还有很多问题值得进一步探索和思考，还需要更多理论与实践经验的结合。希望未来中国会计准则能够在充分吸收借鉴国外经验基础上，尽快与国际会计准则趋同，使中国会计准则在国际上获得认可，更好地服务于中国企业。

（二）在投资决策与风险管理方面

投资决策与风险管理是财务人员必备的基本能力。随着全球化进程的不断深入，越来越多的企业在境外设立子公司或分支机构，这就要求财务人员在跨国经营中要加强对境外业务的管理和监督，同时也对财务人员提出了更高的要求。

（1）熟悉和掌握国家关于境外投资、境外经营活动的有关法规政策和相关规定，了解企业所在地国家的投资政策和法律法规，对企业境外投资项目进行可行性分析。

（2）熟悉和掌握境内外不同国家（地区）之间的货币汇率政策、利率政策、外汇管制和税收法规，加强对国际收支情况和国际收支风险的分析，掌握外汇风险管理、汇率风险管理等。

（3）熟悉国际贸易合同的有关规定，掌握国际贸易惯例。要能够分析国际市场供求关系对产品价格的影响，能够识别各种交易对手、交易条件等对交易价格的影响，掌握国际市场价格走势。

（4）熟悉国际市场上产品竞争情况、供求情况、进出口政策及关税政策等信息，了解我国与东道国（地区）之间贸易关系以及贸易摩擦情况。

（5）熟悉和掌握我国企业境外投资环境及东道国（地区）相关法律法规政策，了解企业境外经营面临的政治风险、经济风险、法律风险、技术风险以及安全风险等。

（三）在战略决策与绩效考核方面

财务人员应该具备战略决策和绩效考核的能力，多向国外先进的企业进行学习，并将其融入业务流程中。一方面，财务人员要积极参与企业战略决策和制定，对企业未来的发展进行前瞻性预测，帮助企业制定适合自身发展的战略；另一方面，财务人员要关注公司整体绩效指标，在与其他部门进行绩效沟通时能够了解各个部门的目标和进展，为公司整体绩效目标的实现提供支持。

企业要想实现可持续发展，就必须建立战略驱动的绩效管理体系，并将其融入日常业务流程中。同时，要强化财务人员的业务技能，提高财务人员在企业战略决策中的地位，提高财务人员对企业战略规划和经营过程的参与度，实现财务人员对企业经营活动的全过程参与。此外，企业还要为财务人员提供良好的学习成长环境。为了使财务人员更好地适应数智时代下的工作方式和工作环境，要加强对财务人员在技术技能、职业素养、职业道德方面的培训和引导。例如，可以组织参加各种培训活动、研讨会等来提升财务人员技术技能和职业道德水平。

（四）在思维及语言交流能力方面

（1）强化国际化思维。培养财务人员国际化思维，包括国际视野、国际规则和国际业务能力，可以让财务人员更好地适应全球化市场竞争。

（2）熟练掌握外语。企业财务人员的外语水平直接影响其在国际市场上的竞争力，在业务和财务工作中，英语是最常用的交流语言，建议财务人员至少熟练掌握一门外语。

（3）具备跨文化交流能力。作为一个全球化企业的财务人员，不仅需要掌握国际会计准则和国家会计准则等专业知识，还需要了解国际惯例和法律法规等非专业性知识。因此，培养财务人员的跨文化交流能力显得尤为重要，可以通过学习交流活动、案例研讨、研讨会等方式提升财务人员的跨文化交流能力。

为适应财务转型发展要求，必须建设一支高水平复合型财务人才队伍，创新人才培养模式，培养高素质的数字化、智能化财务人才。既要懂专业知识，又要懂业务，既要熟悉国际规则，又要了解中国国情，成为一专多能的复合型人才。

第二节　数智财务人才培养路径的特点和优势

2018 年 9 月，《教育部关于加快建设高水平本科教育 全面提高人才培养能力的意见》中明确指出，要突出实践能力和创新精神的培养。2020 年 10 月，中共中央、国务院印发《深化新时代教育评价改革总体方案》中指出，应建立健全教育评价制度和机制，促进教育公平。2021 年，《中共中央 国务院关于完整准确全面贯彻新发展理念做好碳达峰碳中和工作的意见》中对高校“双一流”建设提出了要求，指出要加快一流大学和一流学科建设，实现高等教育内涵式发展。各高校纷纷制定了“十四五”财务专业发展规划，培养高素质应用型人才成为实现高质量发展的关键。

一、财务专业现状

财务专业是高校本科专业之一，目前全国有五百多所高校开设了财务专业，其中教育部批准设立的普通高等学校（以下简称“高校”）共有三百多所。高校的财务专业主要包括财务管理、会计学、财务分析三个专业，在办学形式上既有普通本科院校，也有独立学院。这些学校均有开设财务管理和会计学专业。以独立学院为例，在教学计划中，“会计学”被放在了“财务管理”之下，同时开设了“金融学”等专业。

从近几年各高校招生规模来看，2023 年普通本科高校的招生规模为 478.16 万人，职业本科招生为 8.99 万人，高职（专科）招生为 555.07 万人。各高校在招生过程中，对学生的专业能力和实践能力进行了强调，这是我国高等教育从精英教育向大众化教育转变的必然结果。同时也表明在我国常态、全球阶段的背景下，财务人员需要适应新形势、掌握新技能才能适应经济社会发展对高素质财务人才的需求。随着我国经济结构转型升级和科技革命的到来，信息技术与传统财务工作的融合度将进一步加深。

师资队伍是教育质量的重要保障。我国高等教育从精英化向大众化转变，教师队伍数量、质量均面临挑战。据教育部数据统计，截至 2023 年 6 月 15 日，根据教育部发布的数据，全国高等学校共计 3072 所，其中包括普通高等学校 2820 所［本科院校 1275 所、高职（专科）院校 1545 所］以及成人高等学校 252 所。这表明中国的高等教育机构数量在这几年中有所增长。与 2008 年相比，我国普通高校的专任教师增加了近三倍；但普通本科院校专任教师的学历结构、职称结构等仍未达到理想状态。从数量上来看，近几年来高校专任教师人数持续增长，但高层次人才数量占比仍偏低。从质量上来看，我国普通高校教师学历层次较高，但总体仍处于中等水平；同时职称结构和学历结构也有待进一步优化。从以上分析可以看出，财务专业师资队伍在数量和质量上均面临挑战。数智财务人才的培养需要结合信息技术的发展，通过“产教融合”“校企合作”等方式提高师资队伍的实践能力、技术能力。

二、财务专业特点

财务专业是一门涉及经济学、管理学、会计学、统计学、金融学等多学科知识的交叉学科，需要学生掌握企业财务管理基本理论和方法，具备较强的数据分析能力，在财务核算和财务管理的基础上能够处理和分析企业经营中所遇到的各类问题，能够以财务思维为企业决策提供专业支持，能够帮助企业实现经济效益最大化。

随着信息化技术在会计领域的广泛应用，企业管理正在从信息化向智能化转变，因此需要一大批具有跨学科知识结构、熟悉数字技术、适应企业管理变革和可持续发展的财务专业人才。然而，当前高校财务专业存在专业课程体系不完善、教学内容陈旧落后、教学模式单一等问题，无法满足经济社会发展对财务专业人才的需求。因此，高校必须要加快变革现有财务专业课程体系和教学模式，不断提高教学质量和水平，以培养出适应新时代发展需求的高素质应用型人才。

三、财务专业培养的方向和定位

高校财务专业培养的方向和定位是培养学生具备良好的职业道德、扎实的理论基础、较强的业务能力、创新意识和团队合作精神，能够适应经济社会发展需要，从事财务管理工作、经济分析与预测等相关工作，具备从事相关领域工作的综合能力和素质。

在数字经济时代，企业财务管理不仅要处理财务数据，还要处理非财务数据，如业务数据、管理数据、市场数据等。这些数据将与财务数据叠加形成企业的经营分析、战略决策和管理预测等信息，为企业经营决策提供有力支持。因此，数字经济时代需要大批复合型、应用型人才。而目前我国大部分高校的财务专业培养方案没有与数字经济时代相适应，学生专业知识结构单一、缺乏创新意识和团队合作精神。在新时代背景下，培养能够适应社会发展需要的复合型、应用型人才是财务专业未来发展的方向。

《教育部关于加快建设高水平本科教育 全面提高人才培养能力的意见》中指出，要全面落实立德树人根本任务，要着力强化专业内涵建设，推进专业结构优化升级，促进专业人才培养与社会需求相适应。因此，高校应该根据经济社会发展需要和财务人才培养现状，基于学科优势和特色明确培养目标和方向。根据不同经济环境下企业对财务人才需求的特点，综合考虑行业发展前景和社会需求等因素制定培养计划和课程体系。以市场为导向，以需求为驱动，提高学生的就业竞争力。

（一）明确培养目标

财务专业是一门实践性和应用性很强的专业，但我国财务管理专业在本科阶段培养目标存在定位不够清晰、培养方案不够科学等问题。首先，从培养目标看，我国高校财务专业教育的培养目标往往将“素质教育”与“专业教育”相混淆，将学生的综合素质和能力放在首位，而忽略了专业教育的重要性。其次，从课程设置看，重理论教学、轻实践教学。有些高校在开设课程时将“会计学原理”和“财务会计”作为必修课程，其他课程为选修课程。最后，从实践环节看，专业课程比重小，缺乏系统性和连续性。在培养方案中缺少实习和实训环节，学生难以将学到的理论知识应用于实际工作中。

新时代对财务专业提出了新的要求。培养目标的定位应该从“知识能力”转向“知识+能力+素质”。在此基础上明确“知识”和“能力”之间的关系。知识是基础，能力是关键。只有具备扎实的财务专业知识和理论基础，才能更好地解决实际问题。因此，高校在制定人才培养方案时要以知识为基础，以能力为关键点，从知识、能力、素质等方面培养复合型、应用型财务人才。

（二）构建课程体系

财务专业课程体系包括必修课和选修课两个部分，必修课分为核心课程和拓展课程。

核心课程是指能支撑财务管理专业人才培养的主干课程，是学生进行专业学习、就业及进一步深造所必备的核心知识基础，主要包括“管理学”“会计学”“经济学”“统计学”“税法”等。拓展课程是指与本专业相关的知识或技能，包括“财务分析”“成本会计”“管理会计”等。在培养方案中应该设置具有针对性的模块课程，对学生进行分层次教育，使学生能掌握相关专业知识和技能。同时，应该根据不同财务专业和经济环境对人才需求的特点，对课程体系进行优化和调整。例如，财务管理专业可以在“管理学”模块中设置“企业财务战略”模块，以培养学生的战略思维；在“会计学”模块中设置“企业财务管理”模块，以培养学生的会计思维；在“统计学”模块中设置“投资分析与决策”模块，以培养学生的统计思维；在“税法”模块中设置“增值税”模块，以培养学生的税收思维；在“金融学”模块中设置“金融市场分析与决策”模块，以培养学生的金融思维。

拓展课程主要包括：

第一，拓宽学生视野。除上述核心课程外，还应开设具有前瞻性和探索性的选修课程。

第二，加强跨学科跨专业融合。财务管理专业可以通过增设“经济法”“会计学原理”“财务会计与审计”等课程来培养学生的综合能力。

第三，拓宽专业口径。财务管理专业可以开设更多与数学、计算机等相关的课程，提高学生的数据分析能力和逻辑思维能力。

第四，强化实践环节。将实践环节与理论教学同步进行，可以使学生在学习理论知识的同时掌握实践技能；也可以让学生在实际工作中学习理论知识，提升他们的就业竞争力；还可以在课程考核中加入实践部分成绩。

第五，加强外语教学。财务管理专业要加强国际财务管理相关课程的教学。通过国际会计准则、国际审计准则等学习培养学生国际化视野；通过企业财务报表分析、ERP 等学习培养学生扎实的外语基础和分析能力；通过国内外财务管理研究前沿课程学习培养学生创新意识和团队合作精神。

综上所述，财务专业课程体系应坚持核心课程、拓展课程和跨学科跨专业融合的原则设置。

（三）建设优质师资队伍

高校应重点从以下三方面建设优质师资队伍。

一是提高教师队伍整体素质，培养一支具有较高理论水平和扎实实践经验的师资队伍。高校应在招聘、引进人才时注重人才的综合素质，注重引进具有丰富实践经验的人才。要鼓励教师积极参加国内外学术交流，学习先进的教学理念和方法，不断提升自身的综合素质。要提高教师参与科研的积极性，鼓励教师积极参与科研课题研究和实践活动，进一步提高自身科研水平和综合能力。

二是注重教师队伍中领军人物的培养，打造一支优秀的师资队伍。领军人物是推动学科建设、课程建设、教材建设等各项工作全面发展的重要力量，也是引领教师队伍不断创新发展的关键。高校应充分发挥领军人物在教学和科研中的带头作用，培养一批既懂财务又懂管理、既有理论知识又有实践能力的教学和科研人才。

三是加强师资队伍建设与管理，建立师资队伍培养机制。高校应针对不同类型教师制定不同的培养计划，制定相应的激励机制来提高教师教学水平和科研能力。鼓励教师参加国内外学术交流活动，不断提高自身业务能力；建立科学规范的师资队伍培训和考核制度，将师资队伍建设纳入到学校人才培养方案中去，积极推进师资队伍建设；完善师资队伍培养机制，将高素质、高水平人才纳入到学校人才培养计划中去。

四是注重“双师双能型”教师队伍建设。高校要充分利用社会资源和行业资源加强与企业沟通交流，鼓励教师深入企业实践锻炼；鼓励教师参加培训学习；鼓励教师参与科研项目、教学研究项目等实践活动，不断提升自身综合素质和实践能力。

（四）完善实践教学体系

实践教学是指在实践中加深学生对理论知识的理解，并将理论应用于实践，从而获得知识和技能的过程。财务专业的实践教学包括两方面：一是校内实践，即校内教学实践，包括课堂教学、实验教学、课程设计、毕业论文等；二是校外实践，即校外实习和社会实践。财务专业的培养方案中应有一定的课时用于安排学生参加校内外实践活动。为了提升学生的实践能力，学校可以通过校内外实训基地建设、校企合作共建实习基地、建立校企合作机制等方式，为学生提供更多的实习机会。目前很多高校都有校内实习基地和校外实习基地，但还存在一些问题：一是校外实习基地的质量不高；二是校外实习基地与学校没有建立长期合作关系。这会导致校外实习效果不佳，无法满足企业对财务人员的需求。因此，为了加强学生实践能力培养，学校应该采取措施，鼓励和支持校内学生到校外实习基地进行长期实习。高校可以通过与企业合作建立稳定的校外实习基地、聘请企业高级财务人员担任兼职教师、邀请企业高级管理人员走进校园等方式，为学生提供更多的实践机会。另外，还可以通过聘请企业家到学校担任兼职教授等方式进行实践教学。这些措施不仅能提升学生的就业竞争力，还能促进学校与企业之间的深度合作。高校应该加强对财务专业教师和学生的培训力度，提升教师和学生的职业技能和综合素质。高校还应该加强财务专业实验室建设，积极建设与财务相关的软件开发平台。

四、数智财务人才培养路径

数智时代的到来，不仅是对财务专业人才提出了更高的要求，也对财务专业教育教学提出了更高的要求。新时代的财务人应具备“四新”能力：

一是懂数智技术，具备数字技能。数字技术作为驱动社会、经济、企业发展的核心要素，其应用在财务领域将不断扩展，成为推动财务信息化建设、数字化转型和智能化发展的重要动力。新技术应用将给传统财务工作带来新挑战，但同时也为财务人员提供了更多发展空间。

二是懂数据分析，具备数据素养。数字化转型过程中，数据是企业的重要资产和生产资料，是企业创新发展的重要基础。财务人员应具备较强的数据分析能力，在做好基础工作的同时，用专业知识和数据思维对业务进行分析、提炼和总结，提升决策能力。

三是懂业务流程，具备管理思维。企业经营过程中所发生的所有经济活动均有迹可循、有据可查、有理可讲，财务人员需要在专业知识基础上掌握管理思维和管理方法。

四是懂决策支持，具备决策能力。新技术应用将带来更多决策支持需求，财务人员需具备决策支持能力。

综上所述，笔者将从以下三个方面阐述数智财务人才培养的路径。

（一）构建“三位一体”培养模式

高校财务专业培养目标是为社会输送专业基础扎实、具有国际视野、创新思维和实践能力的高素质复合型人才。数智时代背景下，高校财务专业教育教学改革的总体目标是培养既能胜任企业财务管理、会计核算和信息披露工作，又能从事大数据分析、人工智能应用、税务筹划等新技术领域的复合型财务管理人才。数智时代对财务专业人才的培养模式提出了新要求，构建“三位一体”的培养模式是解决这一问题的有效途径。

在完善现行财务专业培养方案基础上，按照“知识、能力、素质”有机结合的原则，构建以“三位一体”为核心的培养体系。

一方面，将数智技术相关知识纳入专业核心课程，另一方面，将职业道德、职业精神融入课程思政教育。在现有基础上，增加人工智能、大数据分析等新兴技术应用内容，增加智慧财务管理等相关内容。

以“会计信息化”课程为例，可从以下几个方面明确“三位一体”人才培养目标：首先是财务人员的基本素质能力；其次是财务人员的专业知识与技能；最后是财务人员的创新思维与能力。通过对“三位一体”人才培养目标进行明确界定，实现以“三位一体”为核心的人才培养目标体系。

首先，根据“三位一体”人才培养目标要求和课程特点，结合不同专业开设不同类型课程。其次，根据学生不同发展阶段的特点，建立递进式、分层次培养课程体系。再次，通过对课程体系进行整体规划设计和开发建设，实现教学资源共享、师资队伍建设与教师专业发展一体化。最后，将传统教学与现代网络教学相结合，线上线下混合教学相结合。通过“三位一体”培养模式的实施，有效整合各种资源、优化专业课程体系和人才培养方案。

（二）搭建多维能力培养框架

从管理角度来看，数智财务人才应具备财务战略管理能力、财务风险控制能力、财务人员转型能力等；从技术角度来看，数智财务人才应具备会计核算、财务分析和管理预测等技术能力；从素质角度来看，数智财务人才应具备沟通与组织、创新与创业等素质；从过程角度来看，数智财务人才应具备数据分析、决策支持等过程管理能力。

依据上述分析，可构建数智财务人才培养框架。

1. 重视数字素养培育

培养学生的数据素养是关键。在教育教学中，教师应充分挖掘数字时代信息技术对人才培养的潜在作用，将数据作为重要的课程内容和教学资源，结合案例进行讲解分析，逐步培养学生数据意识和数据思维。

2. 强化数智技术应用

数智时代，企业在创新发展中面临着诸多不确定性因素，对于财务人员而言，需要具备应对风险和不确定性的能力。因此，在教学过程中应加强学生对数据处理技术、数据挖掘技术、人工智能等工具的使用。

3. 拓展创新创业思维

在数智时代，创新创业已经成为企业发展的重要驱动力。对于大学生而言，应积极参与创新创业实践活动，拓宽创新创业思维，提升创新创业能力。

4. 培养数智财务人才综合素养

在教学过程中应引导学生树立正确的财富观和价值观，加强学生数字素养、人文素养、信息素养以及领导力、决策力等综合素养的培养。

（三）实施产教融合、校企合作

产教融合、校企合作是教育改革的必然趋势。高校培养高素质应用型人才，不仅需要引进企业的优秀人才，也需要企业的资金支持。高校要深化与企业的合作，才能在高素质应用型人才培养方面发挥重要作用。但是，对于众多高校来说，开展产教融合、校企合作需要一笔不小的经费投入。因此，高校可以通过吸引社会资金、引入优质企业、共享优质资源等方式来解决资金投入不足的问题。目前，随着人工智能、大数据等技术在财务领域应用的不断深入，相关专业人才培养和企业岗位需求之间存在较大落差，高校与企业应加强合作。

产教融合、校企合作是培养高素质应用型人才的重要途径。在产教融合、校企合作模式下，企业作为教育教学过程中的重要参与者和主体，能够充分了解教育教学过程中所需要的各类人才素质及能力要求，为教学计划提供更多针对性的建议；高校作为培养高素质应用型人才的重要场所和平台，可以通过与企业深入合作，制定契合企业实际需求的课程体系、实训体系和人才培养方案。校企合作模式下，学生在校期间参与到企业生产实践活动中来，既能加强自身能力，又能获得丰富的工作经验。因此，高校可以通过校企合作模式来培养高素质应用型人才。

高校作为知识创新与技术创新的重要主体之一，在产教融合、校企合作模式下可以充分发挥自身优势和特点，提高教育教学质量和水平。通过与企业合作培养高素质应用型人才，一方面可以提高学生职业能力和职业素质；另一方面可以加强对企业管理人才需求的了解与预测，为学校教育教学改革提供参考依据。在产教融合、校企合作模式下培养出来的高素质应用型人才不仅能够满足社会需求、促进经济发展，也能够提高自身发展水平和竞争力。

第八章

数智财务人才培养教学实践

随着数智化浪潮的到来，财务领域也面临着巨大的变革与机遇。数智财务不仅需要财务专业知识的基础，更需要具备数据分析和技术应用的能力。因此，为了培养适应数智化时代的财务人才，教学实践的创新和改革势在必行。

传统的财务教学主要侧重于理论的传授和实务的训练，但在数智化时代，仅仅掌握传统的财务知识已经远远不够。数智财务人才需要具备数据分析、数据挖掘、人工智能等领域的技术应用能力，能够利用大数据和智能技术进行财务分析、风险预测、业务决策等工作。因此，传统教学方法已经不能满足数智财务人才培养的需求。

为了适应数智化时代的财务人才培养，教学实践需要进行创新和改革。一方面，教师需要更新自己的知识结构和教学方法，不断学习和掌握最新的数智化技术和应用，将其融入教学中。另一方面，教学实践需要与企业紧密结合，注重实践能力的培养和实际问题的解决。通过与企业合作开展案例教学、实习实训等形式，学生能够在实践中运用数智化技术解决实际问题，提升他们的实践能力和创新思维。

本章将探讨数智财务人才培养教学实践的前沿问题和挑战，并提出一些创新的教学方法和实践经验。希望通过这些探讨和分享，能够为数智财务人才培养的实践工作提供一些有益的启示和参考，促进教学实践的创新和改革，培养更多适应数智化时代需求的财务人才。

第一节　数智财务人才培养的教学方法和教学资源

自 2020 年新冠疫情暴发以来，远程办公、在线教育等模式在全球范围内广泛应用。同时，疫情也加速了企业财务管理模式的数字化转型，使财务工作人员面临着新的工作挑战。企业财务管理人员必须转变观念，尽快适应新形势下的工作要求，将数字化、智能化理念贯穿到日常工作中。对此，商业智能和财务管理专业的高校教师应该积极行动起来，思考如何有效培养数智财务人才，助力企业数字化转型和财务智能化升级。

一、利用远程教育技术，开展线上教学

远程教育是指利用通信设备及信息网络进行教学，或利用电视、广播等媒体进行教学的一种教育模式。目前，远程教育有多种类型，主要包括多媒体教学、远程开放教育和在线学习等。远程教育是基于互联网的远程教育模式，它将传统的课堂教学、课外辅导、考试和模拟训练等环节通过网络技术进行整合，实现了师生之间、学生之间的互动。在教学过程中，教师可以借助网络技术将一些具有特色的案例资源通过视频、音频等方式呈现给学生。通过对这些案例进行分析和解读，有助于学生理解并掌握相关知识点，激发学生对学习内容的兴趣和动力。

商业智能和财务管理专业的教师可以利用远程教育技术开展线上教学。在当时形势下，各高校的教学活动大多以线上教学为主。高校教师可以充分利用网络资源优势，打造线上线下相结合的混合式教学模式。通过教师线上授课、学生线上学习和在线学习等形式，确保每名学生都能参与到学习中来。高校教师还可以通过“慕课”等方式组织课程资源进行在线开放，进一步完善线上教学资源。

“慕课”作为一种新型的教学模式逐渐在各高校流行起来。“慕课”是指基于互联网环境下的大规模开放课程，它利用多媒体技术、计算机技术和网络技术将课程相关内容呈现出来，学生可以通过互联网获取该课程的学习资料，进行在线学习和在线测试。目前，国内已经有超过 30 所高校开设了“慕课”课程。这些慕课课程涉及商业智能和财务管理等多个领域，既有针对本

科生的通识课程，也有针对研究生的专业课程。学生可以根据自己的学习需要和职业规划选择相应的慕课课程进行学习。

同时，高校教师也可以通过“慕课”等方式组织专业核心课程、专业基础课程或学科前沿知识等内容进行线上授课。这些在线教育资源都可以在中国大学 MOOC、学堂在线、腾讯课堂等平台上进行共享。

例如，2020 年 9 月由上海交通大学出版社出版的《商业智能与财务管理》是一本面向在校本科生、研究生和 MPAcc 学生的专业基础教材。该教材具有很强的理论性、实践性和应用性。为了更好地满足高校教学工作需求，上海交通大学出版社在原有版本教材的基础上进行了修订和更新。除了在保留原有知识体系的基础上进行了完善以外，还新增了很多新知识、新理念和新内容，如大数据分析、人工智能技术、机器学习、业务流程重组等新理念和新内容。该教材还注重对学生进行专业素质培养和职业能力训练。因此，高校教师可以利用该教材开展线上教学活动，帮助学生系统地掌握商业智能与财务管理方面的知识体系和理论方法，提高学生应用信息技术解决实际问题的能力。

对于商业智能与财务管理专业来说，“商业智能与财务管理”是一门理论性和实践性都比较强的课程。通过对该课程的线上教学活动开展研究和探索，有助于更好地帮助学生掌握专业知识体系和培养专业能力。

二、探索新型教学方法，增强学习体验

在商业智能和财务管理专业的教学过程中，高校教师需要不断探索新的教学方法，将讲授、案例分析和实验操作相结合，使学生不仅能掌握财务知识和技能，还能提高其实践能力。

（一）创新教学资源

教学资源是高校教师开展教学活动的重要载体，包括教学大纲、教材、教案、课程视频、音频文件等。在商业智能和财务管理专业的教学过程中，高校教师需要根据课程内容设计教学资源。首先，高校教师需要结合当前国内外经济社会发展的情况，了解当前企业财务管理实践中遇到的新问题，并以此为基础设计相应的教学内容。其次，高校教师需要根据学生的学习需求和水平设计相应的教学资源。最后，高校教师还应根据学生的学习情况设计

相应的考核内容和考核标准，以检验学生对所学知识的掌握程度。

教学资源是保障教学活动顺利进行的基础和保障。随着科学技术的不断发展，高校教师可以利用信息化技术手段不断完善教学资源。高校教师可以开发相关软件和数据库系统用于在线教学活动。例如：在财务分析课程中，高校教师可以将财务数据模型应用到企业财务管理实践活动中去；在财务管理专业的课程中，高校教师可以结合企业财务管理实践需求，设计相关课程的案例分析项目。通过教学实践可知，这种项目式教学模式能够将理论知识与实践操作相结合，为学生提供更为丰富、有趣的学习体验。

高校教师还可以利用互联网平台搭建虚拟实验室和模拟企业环境。例如，在财务管理专业中，高校教师可以利用虚拟实验室开展案例分析、数据处理等活动。

（二）新增线上教学平台

当前，高校教师可以通过慕课、微课、云课堂等线上教学平台组织教学活动。例如，在财务分析课程中，高校教师可以向学生介绍大数据技术和财务分析工具的应用案例。学生可以在课程学习过程中使用这些工具进行数据采集、数据清洗、数据可视化等工作。通过这种线上教学方式不仅能够使学生获得真实的体验和感受，还能够将所学知识运用于实际工作中。

高校教师可以利用这些线上教学平台提供丰富的教学资源和案例，如案例分析、互动练习、测试等，从而使学生在学习过程中能够充分体验和感受教学内容。例如，在商业智能和财务管理专业的课程学习过程中，高校教师可以借助慕课平台提供财务分析课程的相关案例分析，通过这种方式组织教学活动。高校教师还可以利用微信、QQ 等社交软件开展在线互动学习活动。例如，在财务管理专业的课程学习过程中，高校教师可以借助微信、QQ 等社交软件发布问题和讨论环节，让学生能够通过在线互动的方式参与讨论和回答问题。

（三）丰富线下实践教学

实践教学是商业智能和财务管理专业教学的重要组成部分，能够使学生掌握数字技术和财务管理技能，提高其分析、解决实际问题的能力。因此，高校教师应重视实践教学在商业智能和财务管理专业教学中的重要作用。

首先，高校教师可以定期组织商业智能和财务管理专业学生进行实习。在实习过程中，学生需要根据企业的实际需求收集数据、利用数据开展分析和预测工作，从而为企业提供决策依据。学生可以在实习过程中了解数字技术在企业中的应用，增强其实践能力。例如，在财务分析课程中，高校教师可以借助计算机模拟软件进行教学，结合商业智能、大数据等技术手段对企业数据进行加工处理，从而构建出符合企业实际情况的财务数据模型。这种新型教学方法可以有效提高学生的学习兴趣和课堂参与度。

其次，通过创业活动能够调动学生的积极性，激发其创新思维和实践能力。在创业活动中，学生可以结合所学知识设计并完成一项商业项目。在这个过程中，学生需要与团队成员共同开展商业决策工作，并根据其所学知识及时进行优化和调整。这种创业活动不仅能使学生获得创业经验和知识，还能提高其实践能力。

再次，高校教师还可以采用线下与线上相结合的方式进行教学活动。在线下教学过程中，高校教师可以采用案例教学法、项目教学法等方式组织教学活动。结合企业实际情况设计出符合企业需求的财务数据模型，再对该模型进行分析和优化，最后将财务数据模型应用到企业实际经营活动中去。

（四）提供案例分析

案例分析是指在高校教学中，教师利用现实案例向学生展示知识，引导学生开展探究式学习活动。案例分析通常涉及财务、管理、营销、业务等多个领域，将其引入教学活动中可以帮助学生更好地理解和掌握相关知识。例如，在财务分析课程中，高校教师可以通过讲解财务分析的基础知识和概念，让学生了解财务分析的基本流程以及指标体系，从而构建出符合企业实际情况的财务数据模型。然后高校教师可以将实际企业的财务数据模型应用到课程学习过程中去。在这个过程中，学生需要对企业实际情况进行了解，并根据财务分析指标体系对其进行评价。通过这种案例分析方法可以让学生掌握如何应用财务分析方法对企业经营活动进行评价。例如，在财务管理专业课程中，高校教师可以向学生介绍财务管理行业发展现状、企业经营情况、行业竞争对手情况等内容，然后组织学生进行案例分析，并让学生在案例分析中完成作业。此外高校教师还可以在平台上发布企业经营活动相关案例，让学生在案例分析中掌握财务管理相关知识和技能。通过这种方式不仅能够使学生了解企业经营活动的各个环节和流程，还能使其掌握相关理论知识。在案例教学过程中，教师需要注重引导学生通过自主探究和小组合作学习的方式获取知识。因此，高校教师在开展案例分析教学活动时，需要结合企业实际情况对案例进行筛选和重组，并为学生提供必要的案例数据支持。这种教学方法可以帮助学生加深对所学知识的理解和掌握。

（五）翻转课堂

翻转课堂是指教师将课程知识的传授和知识内化的过程翻转过来，由学生课前自主学习、课堂内化知识并完成作业的教学模式。翻转课堂具有较强的灵活性，既能够保证学生在课前能够充分地准备学习内容，又能提高学生课堂参与度。它既能保证学生课前预习的效果，又能提高学生的学习效果。在微视频中，高校教师需要向学生介绍课程重点内容和重难点内容。高校教师还可以将微课视频的制作流程和方法等以图文或音频形式发布在相关平台上供学生学习。通过这种方式不仅能够使学生在课前对所学知识进行有效学习，还能有效提高课堂参与度。高校教师可以组织学生开展翻转课堂线上学习活动。在线上学习过程中，高校教师可以通过平台发布课程相关知识点、重点难点、课程考核要求等内容，并鼓励学生在线完成作业和测试。

（六）开展小组合作

小组合作学习是一种以学生为中心的教学模式，通过小组内成员之间的协作，实现知识的共享和资源的共享。在商业智能和财务管理专业的教学中，小组合作学习是一种较为常见的教学方法。通过小组合作学习，学生能够在讨论过程中通过交流与协作掌握相关知识。这种教学方式可以提高学生的团队意识和组织协调能力，帮助学生养成良好的思维方式。

例如，在财务分析课程中，高校教师可以设计“企业财务分析”项目，使学生在教师的指导下进行相关数据收集、数据清洗和数据可视化等工作。同时，高校教师可以将企业财务分析案例设计成项目式学习活动，通过小组合作的方式开展教学活动。通过这种教学方法可以提高学生对企业财务分析知识的掌握程度，同时也能使学生在项目式学习中提高实践操作能力和创新能力。

例如，在商业智能和财务管理专业的课程中，高校教师可以设计“商业智能工具应用”项目式学习活动。高校教师可以将企业财务分析工具应用于教学过程中，让学生通过自主学习掌握企业财务分析工具的使用方法。这种教学方法能够帮助学生提高实践操作能力和创新能力。

在小组合作学习过程中，高校教师应注重发挥小组组长的作用。在商业智能和财务管理专业课程教学过程中，小组组长应该承担组织活动、引导学生、协调师生关系等工作。此外，小组组长还应做好相应的评价和总结工作。

例如，在“企业财务分析”课程教学中，高校教师可以将企业财务分析工具应用到教学过程中，还可以根据教学需要设计出相应的商业智能工具应用案例。

通过小组合作学习，高校教师可以帮助学生将所学知识运用于实践中去。在此过程中高校教师还应注重培养学生的团队合作精神和创新能力。例如，在“商业智能工具应用”项目式学习活动中，高校教师可以让学生通过小组合作学习掌握相关技能。此外高校教师还可以通过设置新的商业智能工具应用项目来锻炼学生的创新能力和实践能力。此外还可以帮助学生树立团队意识和创新意识。

综上所述，高校教师应不断探索新型教学方法和教学资源，通过线上与线下相结合的方式组织教学活动，让学生能够将理论知识与实践操作相结合。此外还应注重培养学生的创新能力和实践能力。通过线上与线下相结合的方式开展教学活动既能丰富教学内容、增强学习体验，又能提升学生的创新能力和实践能力。

三、设计多样化教学案例，实现学以致用

数智财务人才培养的核心在于培养学生的综合能力，因此高校教师要对案例进行精心设计和组织，通过多样化的案例教学，让学生能够学以致用。例如，在讲授财务报表分析时，可以选择财务报表分析的经典案例作为教学案例。首先，教师介绍财务报表分析的经典案例，使学生对财务报表分析有一个整体的了解；其次，教师让学生自己阅读财务报表分析的经典案例，并分析案例中的财务指标和企业经营活动之间的关系；再次，教师让学生自己阅读财务报表分析经典案例，并根据财务报表分析内容和指标，结合实际业务场景提出问题；最后，教师再引导学生结合实际业务场景进行具体的会计

处理和账务处理。在此过程中，学生需要运用财务会计、管理会计和商业智能等相关知识进行综合分析和判断。通过这种方式可以激发学生学习的兴趣和积极性。

除了案例教学之外，数智财务人才培养还应该加强实践教学环节。例如，在讲授预算管理时，可以选择预算管理规划、预算编制、预算控制、预算分析等相关内容作为教学案例。通过此环节可以让学生亲身体验预算管理全过程，从而帮助学生深刻理解和掌握预算管理相关知识。总之，高校教师要结合学生学习特点和实际需求，设计多样化的教学案例来提高教学效果。

四、建设数字资源库，扩展实践机会

（一）激发学习兴趣，培养自主学习能力

在传统的教学模式下，教师是教学的主体，学生只是被动接受知识，学习效果并不理想。而在数字化时代，教学的主体应该是学生，教师应发挥引导作用，激发学生学习兴趣，培养他们自主学习能力。首先，教师要注重引导学生观察生活、发现问题，鼓励他们多思考、多提问。例如，在讲授“财务报表分析”时，教师可以将财务报表的数据导入 Excel 表格中，让学生对企业的各项经济活动进行分析。这样做不仅可以使学生对企业财务报表有更直观的认识和理解，还能够培养他们独立分析和解决问题的能力。其次，教师要多采用案例教学法。在案例教学中可以采用“真实案例+仿真模拟”相结合的方式进行教学。真实案例是指与教学内容相关且学生可以接触到的真实案例；仿真模拟是指根据实际工作流程进行模拟演示和操作。在这种模式下，学生不仅能获得实践经验和体验，还能理解专业知识的应用。例如，在讲授“成本管理会计”时可以将某企业在成本管理过程中发生的真实事件引入课堂，让学生分析该企业在经营过程中存在的问题，并提出相应的改进措施。通过这种教学模式，不仅能让学生掌握成本管理会计相关知识和技能，还能提高他们分析问题和解决问题的能力。

（二）拓宽思维角度，提高创新思维能力

财务管理专业的学生需要具备一定的财务理论知识，也需要具备一定的管理知识和业务能力。高校教师在教学中要注重引导学生学会主动思考和分

析问题。面对日新月异的社会发展变化和激烈的市场竞争，数智财务人才需要不断学习新知识、更新知识结构、更新专业技能，以提升自身综合素质。在教学中应该注重培养学生创新思维能力，使其成为具备综合素质的创新型人才。

在学习中，教师应该注重引导学生拓展思维角度，让他们学会运用多学科知识和思维方式解决问题。在教学中，教师要引导学生拓宽思维角度，充分发挥自身优势和特长。例如，在学习成本会计相关知识时，教师可以帮助学生掌握预算体系与战略目标动态协同的实现策略及操作路径；在学习全面预算管理相关知识时，教师可以引导学生将其与企业战略管理相结合。同时，教师还应该引导学生拓宽思维角度，锻炼他们的创新思维能力。在教学过程中，教师还应该注重培养学生的逻辑思维能力、发散思维能力和归纳思维能力。这三种能力能够提高他们分析问题的能力和解决问题的能力。

（三）重视实践应用，提高解决实际问题的能力

财务管理专业的学生要有解决实际问题的能力，要了解和掌握企业的经营管理模式和相关信息，以便于对企业经营进行分析。这就需要学生掌握必要的企业管理知识，能在工作中灵活运用所学知识。高校可以通过各种途径为学生提供实践机会，如利用假期组织学生进行实地调研、参加企业的生产经营活动、参加与财务管理相关的咨询活动等。高校可以组织学生进行一些社会实践活动，如参观企业、与企业相关人员交流等，让学生亲身体验和感受财务工作。学校还可以利用各种机会组织学生参加各种技能大赛，如举办“挑战杯”创业大赛、“创青春”大学生创新创业大赛、“互联网+”大学生创新创业大赛等。高校要根据实际情况制定相应的考核标准和激励措施，以调动学生的学习积极性，提高他们解决实际问题的能力。此外，高校还要注重培养学生的综合素质，如心理素质、道德品质和身体素质等。高校还可以通过举办讲座、专业论坛等活动来增强学生的综合素质。

在数字化时代，数据是最重要的资源之一，高校可以通过建设数字资源库来扩展实践机会。商业智能和财务管理专业的教师应该不断学习相关学科知识，并利用这些知识来指导学生。教师可以借助专业资源库，为学生提供更多的实践机会，在课堂教学中融入企业项目和案例，让学生感受财务工作

的实际情况和具体流程。

教师可以鼓励学生将所学知识应用到实际项目中，帮助他们解决实际问题。例如，在财务信息化建设过程中，可以让学生负责构建和维护财务信息系统，如财务管理系统、预算管理系统等；也可以让学生参与数据治理工作，如建立数据标准、收集数据、整理数据、分析数据等；还可以让学生参与业务流程重组和优化工作，如成本核算流程优化、销售流程优化等。通过这些项目的实施，不仅能够增强学生的专业知识储备和实际操作能力，还能增强他们对企业财务管理工作的理解和认识。

（四）完善考核机制，提高学生综合素质

教师应结合学生实际情况，采用多种考核方式，包括过程考核和结果考核相结合，以提高学生的综合素质。首先，要根据课程特点，科学设计考核方式。比如在理论学习中，可以采用课堂表现、作业提交情况、课堂提问情况和考试成绩等方式进行评价；在实践操作中，可以采用课堂演示和实际操作等方式进行评价；在毕业论文中，可以采用论文答辩、日常表现和毕业论文等方式进行评价。其次，要采取多元评价体系。除了注重学生的知识掌握情况和实际操作能力外，还应将学生的道德素质、学习能力、协作精神和创新意识等纳入评价体系。最后，要注重过程性考核和结果性考核的有机结合。

五、利用网络教育平台，加强师生互动

数字经济时代，商业智能和财务管理专业的高校教师要转变教育理念，善于借助互联网平台开展教学。这不仅有助于教师创新教学方法，还可以增强师生之间的互动交流，提高学生的学习兴趣。如在进行“财务报表分析”课程的教学时，教师可以在网络教育平台上开展案例讨论，激发学生的学习兴趣；同时，也可以向学生推荐与财务报表分析相关的在线视频和相关案例，增强学生的学习效果。在教学中，教师还可以借助网络平台开展虚拟仿真实验、案例分析、调查研究等。此外，高校教师还可以通过网络教育平台上的在线教学平台开展课堂讲授、在线答疑、在线考试等多种形式的教学活动。

总之，数字经济时代对商业智能和财务管理专业高校教师提出了更高的

要求。商业智能和财务管理专业高校教师，要适应新形势下数字化转型的需求，通过丰富教学方法、建设课程资源和加强师生互动等措施来培养数智财务人才。只有这样，才能更好地服务于企业和社会发展的需要，促进社会经济的高质量发展。

第二节　数智财务人才培养的案例分析和项目实施经验

近年来，以人工智能、大数据、云计算等为代表的新一轮科技革命蓬勃发展，世界各国都在积极抢占新一轮科技革命和产业变革制高点。我国“十四五”规划中也明确指出，要推动大数据、云计算等新兴技术与教育教学深度融合，在智能教育领域孕育新业态。因此，新一代信息技术与财务人才培养的深度融合势在必行。《教育部关于加快建设高水平本科教育 全面提高人才培养能力的意见》（以下简称《意见》）中指出，要以立德树人为根本任务，以深化教育教学改革为主线，全面提高人才培养能力；要按照“四个面向”的要求，加强和改进新形势下高校思想政治工作；要创新人才培养模式、课程体系、教学方法和评价方式；要深化产教融合、校企合作；要优化师资队伍结构、提升教师能力素质。这些要求都对深化高校教学改革、推进人才培养模式创新具有重要的指导意义。

一、数智财务人才培养的现状调研

笔者通过文献研究、专家座谈、外出访学等方式，调研了当前高校数智财务人才培养现状。目前数字财务人才培养是财务人才培养的总趋势，研究型大学、应用型本科高校、高职院校均进行了数智财务人才培养改革探索，如：中国人民大学开设会计学（智能会计方向），山东财经大学设置了智能会计专业；山东工商学院开设会计学（智能会计方向），很多其他地方的本科和高职，都开设了大数据会计专业。笔者抽样调研了河北省 40 家同类高校，共有 27 家高校开设了会计学专业，特别是河北金融学院，申报了智能会计专业，并于 2022 年正式开始招生。石家庄铁道大学、河北经贸大学、河北金融学院、河北地质大学等高校都已经开始进行数智财务人才培养方案的修订与专业革新，河北经贸大学从2020年开始进行“新财经”人才实验班改革并推广，石家庄学院的财务共享课程已经开设，并建有智能财务实验室。总体来看，各类高校通过多种方式已经进行了数智财务人才培养探索，做得比较好的已经形成了独立的数智财务人才培养方案，在实践实训上进行了产教融合，迈出了数智财务人才培养的坚实一步。

二、数智财务实验班方案

邢台学院会计学院（以下简称会计学院）自2023年3月开始筹备数智财务实验班，经过多方调研、专家论证，于2023年9月顺利开班。该实验班依托会计学省级一流专业和省级重点学科、财务管理校级一流专业，积极引入政行企资源，培养数字化、智能化财务专门人才，以适应国家数字经济战略及邢台地区社会经济发展实际需求，校企合作共同设计并实施高层次高起点的人才培养方案，全面提升学生数智化创新应用能力，增强就业竞争力。

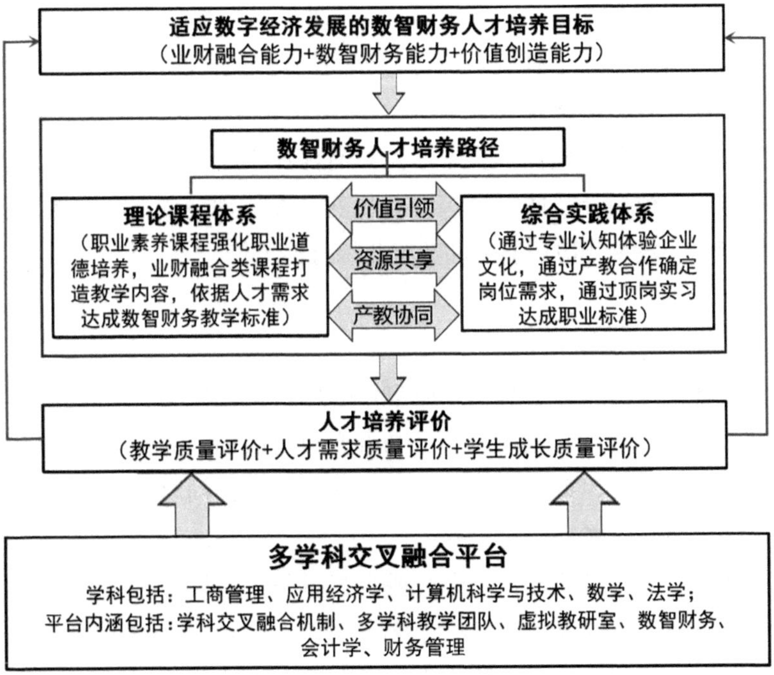

图1　数智财务实验班总方案

（一）人才培养目标：高素质应用型数智财务人才

实验班基于国家数字经济发展战略，依托会计学院强大的校内外联合师资团队及丰厚的数智教育资源，构建校企双元、案例教学、协同育人的课程群，通过选拔与定制化培养，经过“理论+实操”的学习、实践训练，提升学生的数智化实战能力和职业发展空间，培养新经济视域下的复合型高素质应用型财务人才。

（二）构建学科交叉下数智财务人才特色培养范式

（1）明确数智财务人才培养标准和人才培养路径，修订会计学、财务管理人才培养方案，设数智财务方向选修课，形成“平台+特色模块”：第1-2学期，在专业学科平台学习；第3-8学期，经选拔进入实验班学习。

（2）构建数智化财务课程、实训体系，引入企业财务共享服务中心实践教学平台、财务大数据分析与决策、RP财务机器人等实践教学平台。

（3）培育数智化实践实训师资团队，开展双导师制。通过企业专家讲座、专项线下师资赋能、线上师资培训等，分别从理论研究、实践认知到教学应用等多个维度提升师资能力。

（4）提升学生综合能力。要求学生具有深厚学科基础，参加河北省教育厅数智财务、高校会计技能大赛等专业比赛、参加创新创业项目等，提高学生的数智素养、数智化应用能力和数智化综合能力。

（三）多维融合人才培养环境

产教融合：与实践教学基地企业单位如邢台交建集团、邢台蓝池集团联合开展“校企”数智财务人才培养；与邢台市财政局、邢台市税务局等战略合作单位开展“政校”联合数智财务人才培养合作；同时与用友新道、衡信税友、正保集团等开展“行业-高校”合作。

科教融汇：与数信学院等联合开展数智财务人才教学改革研究、数智财务科研项目研究；将数智财务人才培养模式改革、数字经济背景下财务学科、会计学科研究成果有机融合并转化为数智财务人才培养的环境与资源，开展学生助研、学生助教等实践活动。

（四）卓越人才培养评价机制

1. 高标准学生培养标准验收

该班学生形成“厚基础、宽学科、强技能”的卓越人才特色。

所有学生均达到实验班人才培养标准：“初级会计师资格+数字财务资格证书+国家计算机二级考试+河北省教育厅比赛获奖+创新创业项目+高平均学分绩点”。

2. 高就业水平

一是学生百分百就业率；二是就业质量高，重点就业单位为国企、集团公司、金融机构。

三、数智财务实验班建设工作

（一）多方调研、专家论证，修订人才培养方案

为保证数智财务实验班建设的科学性，会计学院派出多人次赴高校、企业进行调研，并开展多次专家论证，增开数智财务系列课程，修订人才培养方案。

1. 调研与论证

会计学院派出多名老师到邢台市财政局、邢台交建集团、邢台水业集团、邢台蓝池集团、正大会计师事务所、尚多会计师事务所、邢台德港电子科技有限公司等多家单位进行企业数字化、数智财务方面的调研，并与数字化企业技术专家、会计师事务所专家、企业财务主管、高等院校专业负责人等进行深入论证与研讨，最后确定了数智财务的课程体系与实训体系。

通过调研发现，大中型企业如二十二冶集团、华为、海尔等大型企业早就已经实施会计信息化、ERP 集成系统等工作，用友、金蝶、浪潮、衡信等会计信息化系统早已经实现普遍应用，很多企业财务开始进行数字化转型，并且已经在一些单位和企业有了较好实践。首先，2022 年国资委“一流财务管理”企业管理要求明确提出监管企业加快财务共享建设，如冀中能源、邢台水业集团等国企已经建立了财务共享中心，新的数智财务工

具如财务机器人等在很多企业都已经开始使用，并且已经作为财务工作的基础性工作工具要求财务人员具备使用能力。其次，金融机构科技含量越来越高，在信用管理、风险识别等领域对区块链、大数据分析技术等已经普及使用，人工服务内容和网点设置已经开始向智能化布局。最后，财务数智化行业变革是趋势，行政事业单位正在向数智化财务管理发展转型，这些财务工作实际变化都要求财务工作人员具有数智工具使用技能和大数据财务的理论与应用。

2. 修订人才培养方案

会计学院与多家高校联系，在认真学习了河北地质大学、石家庄铁道大学、河北经贸大学、石家庄学院、河北金融学院、山东财经大学、山东工商大学、重庆理工大学、江西财经大学、衡水学院等数智财务相关人才培养方案的基础上，赴河北金融学院进行实地研讨，特别是请山东财经大学专家到校进行专门指导，会计学院对 2022 版、2023 版会计学、财务管理专业的人才培养方案进行了系统修订，增设了数智财务专业方向课模块，原有专业核心课教学内容进行数字化升级，初步形成了体现数智财务人才特色的人才培养方案。

邢台学院会计学是河北省一流专业、河北省重点学科，财务管理专业是校级一流专业，在该院进行应用型转型和专业建设过程中，通过与行业对接、企业产学合作等，两个专业从 2021 版人才培养方案开始，将数智技能素养作为应用型人才培养目标和能力要求，初步融入了数智财务这一新的专业内容，开设了计量经济学与 Stata 应用、ERP 财务供应链一体化实验、财务大数据分析实验、Excel 在财务管理中的应用等数智融合性课程之后，通过不断深化调研和总结分析，在 2022 版、2023 版财务管理、会计学专业人才培养方案中专门开设了数智财务方向选修课，开设 Python 在财务中的应用、数智财务技术基础、业财一体化、财务共享中心、财务大数据可视化分析等课程，并在传统专业课程如中级财务会计、财务管理、审计学等教学内容中融入数智财务内容，初步形成了一个数智财务教学体系。但是这些课程开设目前是一个初步尝试，还没有达到系统化和完全重构的数智财务人才培养方案要求，很多课还没有开出，今后要不断进行完善，逐步形成一个完整的数智财务人才培养方案，力争开设数智财务专业方向并招生。

（二）师资培训、学习

1. 派老师参加数智财务系列培训

鉴于新增数智财务课程难度大、内容新的特点，在联合数信学院师资联合开课的基础上，该院选派多名老师参加了数智财务课程系列培训。

表 1 数智财务课程师资培训

序号	数智财务培训内容	实践平台	专业竞赛
1	数据库、python	用友、网中网、科云	河北省数智财务大赛、河北省高校会计技能大赛、学创杯创业大赛等
2	RPA 机器人	用友	
3	智能财务共享	科云	
4	业财一体化	用友	
5	大数据财务分析	网中网	

2. 派老师参加中国商业会计学会智能会计分会成立大会暨第一届“智能会计与数字企业”学术年会，学习“山财模式”

2023 年 6 月 3 日，为更好地进行数智财务实验班建设，加强数智财务学术界交流与合作，会计学院派出多名老师参加本次学术年会，并与头部高校就数智财务人才培养教学改革与课程建设等进行深入交流和学习。中国商业会计学会智能会计分会成立大会暨第一届“智能会计与数字企业”学术年会有 157 所高校及企业的 350 多名学者教授和老师出席，山东财经大学在全国率先开启了会计智能化人才培养改革，设置了“智能会计”专业方向，形成了可复制、可示范、可推广的智能会计模式，在山东财经大学深度指导下，数智财务实验班正在探索和学习“山财模式”。

（三）选拔实验班学生

会计学院全体教师努力探索会计学专业数字化转型。邀请山东财经大学等部门的数智财务专家来校讲座，为同学们分析专业发展新趋势。2023 年 6 月，会计学院专门召开数智财务实验班宣讲会，在 2022 级财务管理、会计学共计四个班中进行选拔，通过学生报名、成绩绩点和综合评价等方式，选出第一期实验班 20 名同学，2023—2024 第 1 学期已经正式授课。通过实验班组建和实验，来探索数智财务人才培养，帮助学生理解财务转型与数智财务理念，掌握相关技术和理论，以培养学生获取数据能力、数据建模能力、数据可视化能力、Python 编程思维、Excel 数据处理能力、RPA 财务机器人开发能力，培养与时代同步的数智化多工具协同工作应用能力和会计职业素质

（四）邀请数智财务专家讲座

为更好地了解和学习数智财务发展趋势、企业实务、人才培养特点与做法，会计学院邀请了多名数字财务专家进校讲座，并形成数智财务实验班一项重要的学术活动。

表 2　数智财务专家讲座统计表

序号	讲座名称	专家单位
1	会计智能化人才培养探索与实践	山东财经大学
2	企业全流程业务财务处理	河北贯通财务咨询公司
3	AI 时代财务人员的转型与发展	河北地质大学
4	统计分析在管理学科中的应用	河北地质大学
5	财务数智化建设实践与发展构想	邢台水业集团
6	数字经济时代背景下如何成为数智化人才	用友新道公司

（五）校企合作开发课程、实习

根据数智财务实验班数智财务系列课程的开课的特点，会计学院选派优秀师资与正保集团联合开发“大数据财务分析”课程，与用友新道公司联合开发“智能财务共享服务”课程。

同时，在学习数智财务课程基础上，积极组织学生参加各类实践活动：如组织学生到邢台蓝池集团、邢台交建集团、邢台水业集团等公司认知实习，参观学习财务共享中心、ERP 业财融合业务等。

（六）实践双导师制

（1）设班级辅导员，选派优秀青年教师作为实验班辅导员，负责班级学生日常管理，第二课堂实践活动等。

（2）设学业导师，由会计学院学科带头人和校外高校专家作为学业导师，负责学生学术指导。

（3）设企业导师，邀请行业、企业的数智财务实践专家负责学生实践指导。

表3　校外数智财务专家统计表

序号	专家	主要工作
1	山东财经大学教授	指导实验班人才培养方案的制订、修订
2	河北贯通财务咨询公司总经理、高级会计师	指导实验班数智财务实训
3	财政部高层次财会人才、邢台市交通建设集团财务融资部部长、高级会计师、注册会计师	指导实验班数智财务课程实践
4	邢台蓝池集团财务共享中心负责人	指导实验班数智财务课程实践
5	邢台路桥集团综税科负责人、高级会计师	指导实验班数智财务课程实践
6	邢台水业集团财务经理	指导实验班数智财务课程实践

（七）数智财务实训中心建设

设数智财务实训中心，统一进行数智财务实践教学平台管理。将现有实践平台全面进行数字化升级，如审计软件升级为数字化审计系统、衡信税务实训软件升级增设数电发票系统；购置 Vcase 管理会计、财务管理、成本会计实践教学平台；完成数智财务研究平台安装验收，包括智能财务机器人设计及应用研究平台、财务共享服务中心 VR 研究平台、集团 ERP 数智化研究平台、商业数据挖掘与算法研究平台。

（八）组织学生开展第一第二课堂融合实践活动

通过组织学生创办《星原-数智财务专刊》，开设“会计学院数智财务实验班”公众号，参加河北省教育厅数智财务大赛等专业竞赛，赴邢台水业集团、邢台路桥集团等开展认知实习，参加会计学院第二课堂文艺晚会会演等形式，让学生融合实践活动，为学生成长赋能。

四、数智财务实验班建设成效

（一）教科研成果

（1）获批河北省高等教育教学改革研究与实践项目 1 项：多学科交叉融合的数智财务人才培养模式探索与实践；

（2）获批邢台学院数智财务研究微团队；

（3）获批河北省教育科学规划课题 1 项："新商科"背景下应用型本科院校数智财务人才培养模式研究；

（4）与邢台路桥集团共同完成河北省会计学会课题 1 项：基于"U-G-E"模式的地方高校数字化会计人才培养研究；

（5）教育部产学合作项目 3 个：完成 2 个项目"基于产学合作的财会本科实践基地建设""大数据财务分析实践教学环境与构建"；新获批 2023 年 5 月批次"智能财务共享服务"示范课程建设项目。

（二）学生竞赛成果

在组建数智财务实验班后，为加强学生的实践能力，与数信学院联合进行了 Python、区块链会计等多项数智财务专题培训并参加了河北省多项专业比赛，成效显著，参赛获奖率高，并且成绩优异。在这里特别指出的是，会计学院连续多年参加了河北省教育厅组织的会计专业比赛，在数智人才培养改革之前，主要依赖指导老师赛前临时指导，比赛获奖水平不高，有些数智财务赛项都无缘，但是在数智课程进入人才培养方案后，学生的数智财务理论基础变得扎实了，实训更加系统化，2022 年、2023 年的比赛成绩开始呈现大幅度跃升，获奖赛项实现了多项突破，如河北省高校财务数智化大赛包括智能会计赛项、区块链赛项、财务大数据分析赛项、RPA 机器人赛项全部获奖，不仅仅获奖赛项全面开花，而且在 2022 年河北省高校会计技能大赛智能会计拿到河北省第一名、一等奖好成绩，河北省高校财务数智化 RPA 机器人赛项拿到全省一等奖，实现了历史性的突破，2023 年实验班学生竞赛获奖情况详见表 5。今后将继续加强学生专业竞赛管理，力争实现国赛突破。总体来看，学生这些各类实践活动中，提升了数智财务的理论素养，同时提升了技能操作水平，有力提高了数智财务专业能力。

表 5　2023 实验班学生竞赛获奖统计表

序号	竞赛名称	主办单位	竞赛类别	级别	获奖情况
1	2023 年河北省财务数智化大赛——智能财务 RPA 赛项	河北省教育厅	省级	A	1 个一等奖、1 个三等奖
2	河北省高校财务数智化大赛——智能会计赛项	河北省教育厅	省级	A	2 个三等奖
3	河北省高校财务数智化大赛——区块链技术应用创新赛项	河北省教育厅	省级	A	2 个三等奖
4	河北省财务数智化大赛——财务大数据赛项	河北省教育厅	省级	A	1 个三等奖
5	2023 年全国本科院校税收风险管控案例大赛河北分区赛	河北省教育厅	省级	A	1 个三等奖

（三）产教融合的数智财务人才培养模式

在进行数智财务人才培养的实践探索中，会计学院目前具备了数智财务研究平台、数智财务实训中心的硬件条件，开设了数智财务实验班进行人才培养实践，并有一支双师双能型教学队伍，数智财务人才培养模式已经开始通过学科交叉融合的各类教改项目、数智财务实验班、校企合作等方式进行探索，有了一些经验，但是还没有形成一个成熟的模式。借鉴兄弟院校的宝贵经验，根据目前和用友新道、正保集团、衡信集团、邢台蓝池集团、邢台交建集团等企业的校企合作情况，今后开展有力有效的校企合作、产教融合是我院数智财务人才培养的重要改革方向，在多领域推动产教融合，争取早日建立数智财务产业学院，并依托这个重要平台，整合校政企各类资源，发挥京津冀地域优势和专业优势，创新人才培养模式，使用先进教学理念和先进教学技术，为邢台地区培养输送高素质、综合型、创新型、应用型的数智财务人才，实现产教融合、协同育人、服务社会的应用型转型目标。

第九章

数智财务人才培养创新

随着科技的不断发展和应用范围的扩大，数智化已成为各行各业的重要趋势和发展方向。在财务领域，数智化的应用不仅带来了巨大的机遇，也对财务人才的培养提出了新的挑战。传统的财务人才培养模式已经难以满足数智化时代的需求，因此需要进行创新。

本章将探讨数智财务人才培养的创新方法和实践经验，并提出一些建议和思考。笔者希望通过这些探讨和分享，能够为数智财务人才培养的实践工作提供一些有益的启示和参考，促进财务人才培养的创新和进步，为数智化时代的财务工作注入新的活力和动力。

第一节　数智财务人才培养的创新方法

2021 年 12 月，中央经济工作会议强调，要加快数字化发展，建设数字中国。在财务领域，“数字经济”“智能化财务”是“十四五”时期财务工作的创新重点和难点。特别是在疫情的背景下，数字化转型已经成为企业发展的重要引擎。但是，财务领域数字化转型在一定程度上存在着缺乏高素质复合型人才等问题。为了满足数字化时代企业对财务人才的需求，各大高校财务专业应积极探索符合自身特色和优势的培养模式。

一、积极探索新型培养模式，提升人才培养质量

财务领域的数字化转型是对高校财务专业人才培养提出的新要求，如何培养出适应数字化时代的高素质复合型财务人才是高校面临的新挑战。为应对这些挑战，各大高校应积极探索新型培养模式，并采取针对性措施，提升人才培养质量。首先，高校应加强与企业、科研机构等单位合作，并根据实际情况及时调整专业人才培养方案，为学生提供更多学习实践平台。其次，在具体教学中，要重视提高学生的信息素养和自主学习能力，通过引入新技术、新方法提高教学效果。此外，各大高校还应针对不同层次学生的特点制定有针对性的培养方案。例如，对于未来从事数字化管理的学生，高校可加强财务信息化知识技能培养；对于未来从事企业战略规划等工作的学生可加强决策分析能力培养。

（一）设置以创新创业为目标的课程

创新创业教育是高校财务专业人才培养的重要组成部分，高校应在充分考虑社会需求的前提下，积极开展以创新创业为目标的课程设置。在财务专业课程体系中，应加入与创新创业相关的内容，使学生既掌握专业知识和技能，又了解创新创业实践。例如，在财务专业课程中增加“企业数字技术与应用”“数据资产与管理”等内容，帮助学生了解企业如何利用数字化技术获取财务数据、利用大数据技术进行企业管理等方面的知识。此外，各大高校还应为学生提供丰富的创新创业实践平台。在具体教学中，教师可将创新创业知识融入案例分析、小组讨论、社会实践等环节中，为学生提供更多了解社会的机会。

（二）开展跨学科跨专业的教学活动

各大高校应根据自身的特色和优势，以人才培养为根本，在学科交叉领域开展跨学科教学活动。例如，可通过建设跨学科实验室、跨专业实验室等方式，让学生在学习传统财务知识的同时，掌握大数据、人工智能、云计算等新技术知识，培养学生的创新能力。此外，高校还应注重提高学生的信息素养和自主学习能力。通过开展大量实践教学活动，如案例教学、模拟仿真实验等，让学生在实际操作中了解财务管理工作流程及企业运营过程中遇到

的问题，从而提高其解决实际问题的能力。此外，高校还可通过线上线下相结合的方式开展教学活动，例如，在线上观看相关教学视频或模拟仿真实验等，让学生在家中就可以获取大量与财务管理相关的知识。

二、注重专业交叉融合，提高专业建设水平

随着经济全球化进程的不断加快，我国企业面临着更为复杂的竞争环境和挑战。一方面，企业面临着技术创新的压力，另一方面，企业又面临着新技术、新业态、新模式带来的更多机遇与挑战。因此，对财务人才提出了更高的要求。

企业对财务人才的需求不仅需要具备扎实的理论基础和熟练的财务操作技能，还需要具备良好的跨文化沟通能力、创新意识和创新能力。在信息技术与财务管理深度融合的背景下，传统的财务人才培养模式已经不能满足企业对财务人才的需求。因此，各大高校应该根据自身特色和优势，充分发挥学科交叉融合、产学研深度融合等优势，积极探索符合自身特色和优势的培养模式。

首先，注重专业交叉融合。为了适应新技术带来的挑战和机遇，各大高校应加强与其他学科之间的交流与合作，拓宽专业视野，提高专业建设水平。具体来说，一是要加强各学科之间在人才培养、科学研究和社会服务方面的交叉合作；二是要积极推动学科融合发展，为人才培养提供理论支持；三是要加强校企合作、产教融合和校企协同育人。通过发挥“政产学研用”各方优势，深入开展财务管理领域相关问题研究。将研究成果应用于教学实践，不断创新教学内容和方式方法，积极探索和创新实践教学模式。

其次，加强产学研深度融合。传统财务专业以培养财务人员为主，学生毕业后大多进入企业从事财务核算、记账、审计等工作。随着智能技术在会计领域应用越来越广泛，企业对财务人才也提出了更多要求。为此，高校应加大对智能技术应用、财会理论研究、数字经济等方面的投入力度。同时应与企业建立长期合作关系，强化高校与企业之间在教学和科研方面的深度合作。例如，企业可以通过设立专项基金、提供设备支持、人员培训等方式为高校学生提供实践平台和实习机会；高校则可以通过开展研究课题、课题研究等方式为企业提供技术支持和人才培训服务。

再次，培养复合型人才。随着信息技术与财务管理深度融合并在各个

领域得到广泛应用，财务人员已经不能满足于只掌握一两门会计技能或者只懂财务核算的单一知识领域。因此，各大高校应积极探索培养复合型人才模式。首先，要加大专业课程体系改革力度和学生实践能力培养力度。其次，要大力推进专业建设与课程设置、教学内容和教学方法改革。最后，要不断完善学生创新创业教育体系。例如，可以通过设立创新创业基金、成立创新创业社团等方式鼓励学生积极参与创业实践活动并将其作为考核指标之一等措施来推动学生创新创业能力的培养；同时还要加强校企合作、产教融合和校企协同育人机制建设。通过构建校企合作平台、打造“双导师”制、开设创新创业课程等方式来促进企业与高校之间在教学和科研方面的合作与交流，通过建立校企协同育人机制来促进学生创新创业能力和实践能力的提高。

三、优化课程体系设置，夯实专业教学基础

财务领域的专业课程体系，既要将相关课程纳入通识教育课程，又应该注重学科交叉融合，以适应数字化时代企业对财务人才的需求。

（一）加强人工智能相关课程建设

目前，我国人工智能相关专业的教学体系建设尚不完善，在课程建设方面，要注重与人工智能的结合，将人工智能技术融入财务专业基础课程，比如“大数据与财务管理”“财务会计”等课程。同时，还应该注重将人工智能技术融入会计、审计、金融等相关课程中，强化人工智能的应用能力，比如：通过教学实验实现数据分析、财务预测等功能；优化财务专业基础课程设置，将“人工智能+财会”“大数据+财会”等相关课程纳入基础课程模块；要以企业实践为导向，以培养学生解决实际问题的能力为核心，设置数字化背景下企业经营决策分析、大数据财务管理等相关实践课程模块；以财经素养为主线，将“财经法规与道德”“财经伦理”“职业道德与职业操守”等相关基础课程模块融入财经素养教育。

通过这些措施的实施，能够实现数字时代财务专业人才培养模式的创新，能够更好地适应数字化时代对人才的需求。此外，还应该将人工智能技术应用于财务管理实践中，比如，可以将人工智能技术应用到智能机器人中去，利用其分析企业经营数据、进行企业经营决策等。

（二）深化学科交叉融合

财务专业课程体系设置中，应该充分考虑数字时代对财务人才的需求，与计算机、数学等相关学科进行深度融合。

一方面，在培养方案中突出创新创业教育理念，融入大数据、云计算、人工智能等前沿知识；另一方面，注重与相关学科的交叉融合，如“经济学”“会计学”“管理学”等课程与信息技术的融合。此外，还可以在课程体系中增设创新创业教育相关的通识教育课程模块，如“数据思维”“商业模式创新”等。在“互联网+”背景下，以互联网企业为代表的新兴经济形态正在崛起，也对财务专业人才的创新创业能力提出了新的要求。因此，通过深化学科交叉融合培养学生创新创业能力和大数据素养是必然趋势。

四、强化实践教学环节，提升人才培养水平

人才培养方案是高校人才培养的核心要素，也是学校的重要决策依据。在培养方案中，实践教学环节的重要性日益凸显。通过实践教学，学生可以将书本知识和实际应用相结合，从而加深对理论知识的理解和应用，提高学生的专业技能和综合素质。

（一）基于国家战略，明确人才培养方向

新时代新阶段，我国经济社会发展对财务工作提出了更高的要求，数字化转型的进程也将进一步加快。为响应国家战略要求，各大高校响应。加强对数智财务人才的培养力度，坚持将财务数字化转型纳入人才培养规划，以加强学生专业知识和技能的学习。

一方面，应明确人才培养目标，根据自身办学定位、社会需求和自身特色制定发展目标和计划。另一方面，要积极探索数字化、智能化转型趋势下的人才培养方案，通过改革现有教学内容来顺应时代发展。财务数字化转型是当前会计领域发展的重要趋势之一。未来社会对数智财务人才的需求将不断增长，高校应充分发挥自身优势来培养高层次数字财务人才。同时，要强化学科交叉融合，探索跨学科的课程体系和教学方法。例如，会计专业可以通过与信息技术、大数据等相关专业相结合来拓宽学生视野、提高学生综合素质。最后，应积极探索与实践相结合的教学模式，鼓励教师以实际工作为

基础来进行授课和研究工作，不断丰富教学内容和教学形式。

（二）夯实人才基础，提高人才培养质量

当前，财务数字化转型已成为财务工作的必然趋势，传统的财务模式已经无法满足企业发展需求，需要大量具备新技术、新理念和新能力的复合型财务人才来支撑。因此，高校财务专业必须加快转型步伐，不断提高人才培养质量。首先，要加大专业师资队伍建设力度。学校要重视师资队伍建设工作，积极引进高水平人才和优秀教师，提高师资队伍整体水平。同时，学校也要不断完善现有制度体系，建立健全教师考核激励机制。通过采取多种措施来提高教师的待遇水平，并为其提供发展机会和广阔平台。其次，学校应积极引导和鼓励学生参与相关技能培训活动，不断提高学生的专业技能水平。在推进财务数字化转型的背景下，企业也需要更多具备信息技术、业务处理、数据分析和系统集成能力的复合型财务人才。此外，学校也要积极与企业建立合作关系，共同打造实践教学基地。这样既可以为学生提供更多实践机会，也可以进一步提升学生的实践能力。最后，学校要加强对学生的就业指导工作。学校应积极引导学生转变就业观念，不断提升学生的就业竞争力。同时还要加强对学生的就业指导和帮扶力度，为他们提供更多更好的就业机会和岗位选择。总之，高校在推进财务数字化转型过程中必须全面提升人才培养质量，不断满足市场和企业需求，从而推动财务数字化转型进程不断向前发展。

（三）加强师资力量建设，打造高素质教师队伍

教师队伍的建设水平直接决定了学校人才培养水平的高低，加强师资力量建设是做好财务数字化转型工作的重要基础。各大高校应采取有效措施打造高素质师资队伍，不断提高教师的专业水平和综合素质。首先，各大高校应建立完善的师资队伍培养机制，加大对青年教师的培训力度，不断提高教师业务水平。通过组织培训、专业研讨等形式，使青年教师更好地了解财务数字化转型趋势和相关理论知识。同时，学校还应充分发挥“传帮带”作用，鼓励优秀青年教师利用假期时间到企业进行实践锻炼，促进青年教师快速成长。其次，各大高校应加强师资力量建设力度。

一方面，要进一步提高教师的业务素质和综合能力水平；另一方面，学

校要鼓励优秀青年教师积极参加高层次学术交流活动，开拓自身学术视野和思维模式。此外，学校还应建立完善的考核激励机制和人才引进机制。通过制定完善的职称评定标准和机制、实行人才引进战略、加大人才补贴力度等方式来吸引优秀教师加入财务数字化转型工作中来。

五、深化产教融合，创新人才培养机制

产教融合是提高人才培养质量的重要举措，也是我国高等教育改革的重要方向。“十四五”时期，国家积极倡导“产教融合、校企合作”，高校应当深化产教融合，创新人才培养机制。

目前，我国高校产教融合主要集中在三个方面：一是开展人才培养模式的创新；二是利用校企合作平台深化人才培养模式改革；三是推进校企合作实践基地建设。

产教融合的本质是实现企业和学校之间的资源共享和优势互补。目前，高校和企业之间的合作主要体现在以下三个方面：一是校企共同制定人才培养方案，共同开发课程体系和教学资源；二是共同开展教育实践活动；三是共同建设实习实训基地。财务专业要在加强理论教育的同时注重学生实践能力的培养。利用校企合作平台、行业协会等资源优势进行多维协同合作，优化实践教学环节；要积极开展校企合作活动。学校可以联合企业共建实验室、实训基地等方式进行实践教学基地建设；企业也可以与学校共同开展人才培养计划，为学生提供实习实践机会。

当前高校的实践教学模式较为单一，缺乏针对性，与企业实际需求存在一定差距。在推进财务数字化转型的背景下，各大高校应积极探索适合自身特色和优势的培养模式和途径，应探索融合式培养模式的创新思路。各大高校要进一步提高对财务数字化转型重要性的认识，根据自身发展现状和特色优势进行科学合理定位。同时，各大高校也要加强与相关企业的联系与合作力度，通过校企合作的方式来提升学生就业竞争力和行业认可度。这样才能满足企业对高层次财务人才的需求。

第二节　数智财务人才培养的创新路径

当前，财务人员面临着智能财务技术革命的冲击和挑战，也面临着专业发展的转型升级压力。财务人员应抓住这个机遇，主动拥抱智能财务技术变革，在推动企业价值创造方面发挥更大的作用。

一、智能财务技术革命对财务专业人才的要求

（一）从传统的核算型会计人才向复合型、创新型人才转型

智能财务技术革命的到来，将使很多传统会计业务发生变化。如传统会计可能会被智能财务技术取代，因此需要大量复合型、创新型的人才。智能财务技术革命的到来，使企业的核算向管理型会计人才转变，不仅需要掌握财务核算知识，还需要了解财务管理、企业战略等方面的知识。因此，企业需要培养复合型、创新型人才。

同时，智能财务技术革命的到来，要求会计人员能够不断学习新技术。随着大数据、人工智能等新技术的发展和应用，会计人员在工作中需要使用人工智能等新技术进行辅助和分析，以提升工作效率和质量。因此，企业也需要培养高素质的智能财务专业人才，以适应新时代发展对财务专业人才提出的新要求。

（二）从传统的核算型财务人员向技术应用能力强的复合型财务人员转型

中国财政科学研究院金融研究中心主任赵全厚教授认为，复合型人才应该具备三种能力：一是对新兴技术的掌握能力，二是对数字技术的运用能力，三是对人的理解能力。他提出，培养复合型人才首先要从会计教育入手，从初级会计到高级会计再到管理会计。此外，企业可以通过新技术手段提升财务人员的创新能力。同时，他强调，企业需要将智能财务技术革命对财务人员的挑战纳入到财务人才培养体系中。企业需要从多个方面培养财务人员，让他们更好地适应智能财务技术革命带来的挑战。比如，在传统会计知识和新技术结合方面进行培训，在对未来趋势和挑战的理解方面进行培训等。

（三）从传统的核算型财务人员向“业财融合”型人才转型

财务是企业内部管理的核心，财务数据反映了企业的经营活动和管理活动，财务数据的质量、准确性以及及时性是评价企业经营和管理活动的重要依据。传统会计核算模式主要以“会计+核算”为主，主要完成日常的会计核算工作，也就是传统财务人员所从事的工作。随着信息技术的不断发展，新技术和新工具在会计领域的广泛应用，企业数字化、智能化、线上化趋势明显，对会计人员提出了更高的要求。智能财务技术革命将改变传统的会计模式，推动财会人员由核算型会计向管理型会计、分析型会计转变，提高财会人员对经营管理的价值创造能力，促使财会人员由单一岗位向跨职能岗位转变，由传统财务人员向“业财融合”型人才转变。

对于智能财务技术革命对财务专业人才的挑战，清华大学教授、中国财经成本研究会副会长李光明认为，未来的智能财务技术革命会对传统会计产生颠覆性影响。这就要求企业必须不断提高会计人员的专业能力、职业素养和职业精神，使其适应智能财务技术革命带来的挑战。

二、大数据、云计算等技术工具应用于财务专业人才培养

新技术和工具的应用，对财务人员的要求越来越高，传统的财务人才培养模式必须升级。为满足智能财务技术革命对财务人才的新要求，必须加强对大数据、云计算等新技术和工具的应用，构建出一套适应智能财务技术革命要求的新的课程体系、教学方法和评价体系。

大数据时代，会计教育应从教学模式、课程体系、教材内容等方面进行创新。新时代财务教育必须突出人才培养模式的创新性，智能财务技术革命下的会计教育创新应该注重培养学生的创新能力和综合能力，课程体系要“三融合”：知识融合、理论融合、实践融合。“三融合”下，学生不仅要掌握会计基本理论和实务操作技能，还要掌握数据分析与建模技术；不仅要了解会计准则和法律法规，还要了解企业经营管理规律；不仅要熟练运用会计软件和 Excel、PPT 等办公软件，还要熟练使用云平台、大数据分析平台等各类信息技术工具。

要培养适应智能财务技术革命需要的财务人才，应该树立四个观念：一是树立服务价值创造的理念；二是树立数据驱动决策的理念；三是树立技术

与管理融合发展的理念；四是树立创新思维、持续学习能力培养的理念。

（一）智能化财务技术应用于会计人才培养，要树立服务价值创造的理念

智能化财务技术革命对企业财务人员的要求有三点：第一，智能化财务技术革命下的企业会计人员，不能只停留在传统会计核算上，要转变思维方式，积极参与企业价值管理，实现企业价值增值；第二，智能财务技术革命下的企业会计人员不能仅仅是一名核算型会计人员，要积极参与到企业价值管理中去，发挥好财务人员在企业价值创造中的作用；第三，智能化财务技术革命下的企业会计人员不能仅仅是一名管理会计人员，要充分发挥好财务的职能作用，通过参与企业价值管理为企业创造更多的价值。

智能化财务技术革命对社会经济发展产生了深远影响。大数据、云计算等新技术在帮助解决信息不对称问题的同时，也改变了社会经济运行模式和生态环境。传统经济与数字经济不断融合、互相促进。新经济时代下，为了促进社会经济健康发展，需要在宏观政策调控下加快建立新经济治理体系；同时也需要通过深化供给侧结构性改革、促进产业结构调整升级来推动传统产业转型升级。

（二）智能化财务技术应用于财务管理工作，要树立数据驱动决策的理念

数据驱动决策是新时代财务工作的一个重要特征。大数据时代，企业需要财务人员具备数据分析能力，并将分析结果作为决策依据，为企业创造价值。财务人员要具备数据分析能力，首先，要学会利用大数据技术对海量的数据进行采集、清洗、存储、加工和建模。其次，要掌握财务领域的专业知识，对数据进行解读，把抽象的数据转化为可量化的结论。最后，还要熟悉法律法规。大数据时代，企业的一切活动都在“数字化”，企业要充分利用信息化技术对各类数据进行采集、加工、存储、分析和应用。这就需要财务人员具备业务知识、管理知识和 IT 知识等多方面的能力。在财务工作中，大数据技术可以帮助财务人员更好地理解业务，从而发现业务中隐藏的信息和规律，为财务人员提供决策支持。但大数据技术只是工具，运用得当可以为企业带来价值。只有将技术与管理融合起来，才能发挥大数据在企业管理中的作用。因此，财务人员要树立数据驱动决策的理念，主动将人工智能等新技术与财务管理工作融合起来。

（三）智能化财务技术应用于财务管理工作，需要培养创新思维、持续学习能力的人才

创新思维是智能财务技术应用于财务管理工作的基本保障，要求财务人员善于从全局和长远角度观察问题，并具备较强的综合分析和判断能力。财务人员需要持续学习新技术、新工具，提高自身的数据分析能力、创新能力、组织协调能力、风险防控能力以及团队合作能力。在智能化财务技术应用于财务管理工作过程中，财务人员还需要具备对业务需求的深入理解，不断提升自身对业务数据的处理能力。同时，财务人员还应具有开放心态，能够根据新技术的变化及时调整和完善自己的工作方式和方法。另外，智能财务技术应用于财务管理工作过程中，需要持续提高自身的综合素质和创新能力，能够适应智能财务技术应用带来的变化。

三、如何通过课程体系建设助力数智财务人才培养

当前，新技术革命的浪潮正在推动财务专业人才培养模式和方法的创新，探索如何通过课程体系建设助力数智财务人才培养是财务专业发展的必然选择。

首先，要重视数字化教学资源的开发与共享，让学生更好地学习和掌握最新的技术。其次，要重视课程体系与课程内容的创新。在新技术冲击下，需要在课程内容上作出调整和创新，让学生能够掌握最新的知识和技能。

第三节　数智财务人才培养的创新实践与产教融合

在我国的“十四五”规划中，提出了要加快数字化发展，建设数字中国。在数字经济发展的新时代，财务人员转型升级势在必行。而企业财务人员要想转型成功，需要具备极强的数据思维、跨界能力、创新意识、分析能力和决策能力，最终实现从传统财务到数智财务的转型。

目前，财务人才培养还面临着传统模式下学生无法满足企业需求，与企业需求不匹配等问题。数智时代下的财务人才培养要以学生为中心，实现知识、思维、实践、素质等方面的全面提升。同时，创新人才培养模式，推动

社会经济高质量发展。从这个角度来看，数智时代下的财务人才培养模式创新是大势所趋。

一、数据驱动，助力财务人才培养

传统财务人才培养模式下，学生对数据的认知非常有限，且依赖于老师的讲解。因此，在教学过程中，教师往往会局限于财务数据本身，而忽略了数据背后隐藏的其他信息。例如：在管理会计课程中，老师往往会着重讲解会计核算流程、报表编制等内容，而忽略了成本分析、预算编制等方面的内容。学生对数据的认知仅停留在表面上，不能从数据中提取有价值的信息，这样就容易导致学生在学习过程中失去动力。而数智时代下的财务人才培养模式则不同，其更加注重学生对数据的理解和应用，注重培养学生在数据分析、数据处理等方面的能力。

在这样的教学模式下，学生通过老师讲解获得财务知识的同时，还可以得到数据分析、数据处理等方面的锻炼，也能提高学生对知识的理解程度，使其学习效果得到提升。

（一）培养数据思维

在财务管理工作中，财务人员需要具备一定的数据思维。在数智时代下，企业可以借助财务共享中心或智能化技术，收集数据，对数据进行处理和分析，并将分析结果通过系统输出。在此过程中，学生也能得到相应的锻炼。

例如，在管理会计课程中，老师可以在课堂上为学生讲解成本分析的方法和步骤，并让学生通过案例来了解成本分析的内容和方法。与此同时，学生还需要利用成本分析的方法来对比同行业其他企业的成本情况，并对自身企业进行成本分析。在此过程中，学生不仅能体会到成本分析的重要性，还能通过对比来了解自身企业与其他企业存在哪些差异。通过这样的方式，学生就能有效培养数据思维和数据分析能力。

（二）培养数据技能

随着数据时代的到来，企业的竞争也日益激烈。在这种情况下，企业需要具备较强的数据分析、数据处理能力。尤其是财务人员，需要掌握数据分析、数据处理等技能。因此，在新时期的财务人才培养过程中，应加强对学生的数据技能培养。

首先，要为学生提供各种类型的数据。例如，传统的财务报表主要以财务会计数据为主，而现在企业所需的财务报表不仅包括会计数据，还包括非会计信息，如业务数据、人力资源管理数据等。这就要求学生具有较强的数据处理能力。

其次，要培养学生对数据的认知。在传统财务人才培养过程中，教师主要讲解会计报表等财务知识，而忽视了学生对数据的认知。因此，在数智时代下的财务人才培养过程中，应改变教学方法、教学模式等内容。例如：可以通过引入新技术、新设备等手段来增强学生对数据的认知和理解程度；在教学过程中引入网络爬虫技术，提高学生对海量信息的收集和处理能力。这样不仅能够提高学生对财务知识的理解程度，还能让学生更好地掌握知识。

二、“产学研”相结合，助力学生综合素质提升

财务专业人才培养与数智时代下企业对财务人员的能力要求之间存在着一定的差距，因此，在教学中，可以通过“产学研”相结合的方式，让学生在实践中提升专业技能，掌握财务知识，更好地适应社会的发展需求。

校企合作可以更好地培养学生的实践能力和创新精神。在实践教学中，学生需要亲自参与到企业项目的实际运作过程中。

一方面，可以使学生深入了解企业的运作流程和工作要求；另一方面，通过与企业员工交流沟通，可以锻炼学生沟通能力和团队合作精神。在这个过程中，学生也会发现自身的不足之处，进而明确未来学习和就业方向。

高校在培养学生时还可以积极地引入先进的教学理念和教学方式。例如，以项目为导向的教学方式可以更好地激发学生学习兴趣、提高学习效率。以此为基础进行实践教学，在一定程度上也能培养出高素质、复合型的财务人才。

此外，高校可以充分发挥自身优势，积极开展校企合作、产教融合等相关项目。例如，学校可以通过校企合作培养优秀人才，同时还可以引入企业优质资源和先进理念，帮助学校建设教学环境、改革课程设置、提升师资水平、完善教学管理等。在此基础上构建产学研相结合的培养模式，实现人才培养与社会需求之间的有效衔接。

在这一过程中，教师需要将企业案例融入财务专业课程中。企业案例与

专业知识的结合可以帮助学生更好地掌握专业知识和技能。同时教师也要充分利用高校资源和企业资源开展科研工作。例如，学校可以聘请一些相关领域的专家为学生讲授课程知识并进行课题研究；也可以邀请企业专家进行授课；还可以让学生参与到相关项目中去，对自己的研究课题进行分析和总结等。

三、提升数智财务人才的转型能力

（一）财务转型：从核算型财务到数据驱动型财务

在传统财务模式下，财务人员通常是核算型财务，其工作主要围绕着财务报告开展，主要承担着成本核算、资金管理、预算管理等工作，其职能局限于财务核算。而在数智财务时代下，财务人员需要通过数据分析来为企业经营决策提供数据支撑。为此，企业需要建立起数据驱动型财务团队，通过打造智能化的财务工作平台，将企业的会计核算、预算管理、成本控制、资产管理等工作融合起来，使其成为一个有机整体。在这个过程中，企业要着重培养复合型人才，要培养人才的数智化思维和能力。培养复合型人才的过程中应注重培养学生的创新能力、数据分析能力以及学习能力等。将传统的会计核算工作转变为数据化、智能化工作模式，并将数据分析应用到企业经营决策过程中去。此外，还要注重培养人才的团队合作精神与协作意识。

（二）会计转型：从会计核算到价值创造

随着大数据、人工智能技术的不断发展，企业在经营管理过程中更倾向于数字化、智能化，传统的会计核算功能将逐步被财务共享服务中心替代。财务共享服务中心能够将企业的会计核算、内部控制、成本管理、预算管理等职能集中在一起，实现财务人员从传统会计向业财融合方向转型，实现从核算向管理转型。数智财务人才培养的重点就是要培养具有较强数据分析能力的数字化人才，为企业创造价值。

数智财务人才应具备以下几种能力：

（1）数据分析能力。数智财务人才应能够利用自身所学专业知识对企业经营数据进行收集、整理和分析，将其转化为可供管理者使用的数据报告，以供其决策。

（2）战略规划能力。数智财务人才应具备宏观战略规划的能力，能够对企业的经营发展情况进行分析，进而为企业制定发展战略提供参考依据。

（3）业务协同能力。数智财务人才应具备较强的业务协同能力，能够与其他部门进行有效沟通，实现数据共享、业务协同。

（4）决策支持能力。数智财务人才应具备较强的决策支持能力，能够通过数据分析得出结论，并根据结论提出合理化建议，从而帮助企业实现战略目标。

（5）风险管控能力。数智财务人才应具备较强的风险管控能力，能够及时发现企业经营中存在的风险并提出有效建议。

（三）财务转型：从事后到事中、事前

随着大数据、云计算、人工智能等现代信息技术的快速发展，财务的职能正发生着重大转变，由事后走向事中、事前。而高校作为人才培养的基地，应该积极开展人才培养模式的创新，以满足企业对高层次财务人才的需求。具体来说，高校应在以下两个方面进行探索：

1. 推动财务数字化转型

财务数字化转型是指将现代信息技术与财务管理进行深度融合，利用数字技术对财务流程进行再造，通过数据共享、网络协同、实时控制等手段将传统财务会计工作转变为基于信息化平台的业财融合、业财一体化模式，进而实现财务管理水平和效率的提升。

2. 推进业财融合

现代信息技术在企业会计核算、会计信息处理、会计监督等方面的应用，极大地提高了财务工作效率和质量，但也带来了一定风险。因此，高校应积极推动企业业务与财务融合，使企业在发展过程中能够借助先进技术提升自身管理水平和业务能力。同时高校还应加强对学生创新能力的培养，引导学生运用新知识、新技能解决实际问题，提升学生就业竞争力。

（四）数字转型：从数据处理到智能分析

在过去，企业财务人员的工作内容主要是对财务数据进行处理、分析和报告，但随着信息技术的快速发展，企业财务人员在数据处理和分析方面的

能力已经远远不能满足企业发展的需要。企业在开展财务数字化转型的过程中，需要更多的专业人才来从事数据分析工作。在未来，企业将更加注重财务数据的智能分析。不仅需要财务人员具备强大的数据分析能力，还需要其掌握数据挖掘和机器学习等技术，能够自主开展数据处理和分析工作。因此，高校应根据社会需求开设相关课程，培养学生具有数据挖掘和机器学习等方面的专业知识。同时在教学过程中注重实践教学环节，让学生能够学以致用，将所学知识应用到实际工作中。

四、深化产教融合，推进财务专业认证

产教融合是新时代教育改革的必然趋势。要深化产教融合、校企合作，大力培育和发展新业态、新模式，加快形成供需互促、产销并进、良性互动的良好局面。产教融合不再局限于学校内部，而是要扩大到企业和产业。

第一，推进校企合作。企业要在教学过程中融入企业知识和技能，提供实习基地；高校也要提供实习基地。校企合作需要深入开展，达到人才培养和产业发展相匹配的目的。

第二，加强实践教学。高等职业教育要提高实践教学比重，提高学生的专业能力、职业素养、创新能力。

第三，推进财务专业认证。专业认证是对高职院校人才培养工作的一种评价和认定，是职业教育高质量发展的重要标志之一。应从产教融合的角度来推进财务专业认证工作的开展，把国家和行业认可的财务专业认证标准作为评价标准，提高人才培养质量，推动职业教育改革，满足国家对高素质技术技能人才的需求。

总而言之，数字时代，一场深刻且影响广泛的变革正在各个行业发生，智能财务等对于财务人才培养来说，是一个重要的改革机遇，更是人才培养机构实现自身创新发展的必要过程。企业数字化转型，同时也倒逼财务管理人才培养改革。企业对财务管理人才提出新要求，财务管理人才面临机遇与挑战，高校财务管理人才培养模式亟须改革，以顺应数智背景下经济社会发展，契合企业数智化转型及对数智财务管理人才的需求。

面向瞬息万变的数智变革蓝海，本书顺时而动、顺势而为，在财务管理专业长期人才培养改革经验积淀基础上，重塑了数智时代财务管理人才培养理念，精准定位数智时代财务人才培养目标，依托数智技术赋能课程体系，

并提出升级相应的数智教学资源配套，才能达到预期培养效果。数智化教学改革并非一蹴而就，而是一个循序渐进不断优化完善的过程，未来，将持续跟踪数智技术最新发展以及数字经济时代对财务管理人才的最新需求，在培养理念、培养目标、课程体系、课程内容、师资建设、实验室建设、校企合作等方面持续努力，不断深化教学改革，提升财务管理人才培养质量、社会服务效能，以期培育大量精通财务制度和数字智能新技术的复合型人才，为社会输送数字化、敏捷化和智能化的高端财务专门人才做出贡献。

参考文献

[1] 何玉润，李晓慧. 我国高校会计人才培养模式研究——基于美国十所高校会计学教育的实地调研［J］. 会计研究，2013（04）：26-31+95.

[2] 孙铮，李增泉. 会计高等教育的改革趋势与路径［J］. 会计研究，2014（11）：3-15+96.

[3] 谢晓妮. 应用技术型本科院校财会人才培养模式的研究与实践——以欧亚学院会计学院为例［J］. 中国商论，2016（18）：180-182.

[4] 熊运莲. 从自组织理论看本科会计教学改革［J］. 西南科技大学学报（哲学社会科学版），2016，33（05）：95-98.

[5] 赵克辉. 互联网时代高职会计专业的转型与提升［J］. 财会月刊，2017（24）：81-85.

[6] 黄影秋. “一带一路”倡议背景下国际化财会人才培养路径探究——基于广东省高校与企业的调研［J］. 湖南工业职业技术学院学报，2019，19（05）：95-101+120.

[7] 况玉书，刘永泽. 人工智能时代高等会计教育变革与创新［J］. 财经问题研究，2019（07）：96-103.

[8] 曲京山，梁迎盈，李玉松. 智能时代会计高等教育改革问题研究［J］. 会计师，2019（24）：5-7.

[9] 张多蕾，刘永泽，池国华，况玉书．中国会计教育改革 40 年：成就、挑战与对策［J］．会计研究，2019（02）：18-25.

[10] 樊丽明．“新文科”：时代需求与建设重点［J］．中国大学教学，2020（05）：4-8.

[11] 刘志阳，邱振宇．数智创业：从“半数智”时代迈向“全数智”时代［J］．探索与争鸣，2020（11）：141-149+179.

[12] 王莉莉，王映竹．人工智能下高校财会人才培养模式改进［J］．合作经济与科技，2020（11）：150-152.

[13] 唐大鹏，王伯伦，刘翌晨．“数智”时代会计教育重构：供需矛盾与要素创新［J］．会计研究，2020（12）：180-182.

[14] 郦全民．基于数智技术的“控”与“辅”——老子思想在当代社会管理中的价值［J］．华东师范大学学报（哲学社会科学版），2021，53（01）：11-20+169.

[15] 刘勤．技术发展赋能会计变革［J］．会计之友，2021（19）：8-13.

[16] 卢东辉．价值共创下高校经管类专业参与式教学改革研究［J］．高教论坛，2021（09）：43-48.

[17] 马丽娜．复合型财会人才培养模式探讨［J］．商业文化，2021（30）：116-117.

[18] 靳庆鲁，朱凯，曾庆生．数智时代财会人才培养的“上财模式”探索与实践［J］．中国大学教学，2021（11）：28-34+45.

[19] 吴德群，吴国阳．“双创”教育与新文科专业人才培养深度融合探析［J］．高教论坛，2021（06）：22-25.

[20] 易烨，刘春玲．创新创业教育与会计专业教育融合探究——以会计信息系统课程为例［J］．中国注册会计师，2021（03）：23-26

[21] 蔡显军，陈清蓉，温素彬，王敬勇．新文科背景下智能会计人才培养改革与实践——以南京审计大学为例［J］．会计之友，2022（03）：135-140.

[22] 过星. 以创新创业能力提升为导向的财务管理人才培养模式探究 [J]. 质量与市场, 2022 (12): 148-150.

[23] 胡俊南, 杜思远, 王振涛, 周梦雪. 大数据时代多学科交叉复合型会计人才培养研究 [J]. 财会通讯, 2022 (07): 155-161.

[24] 姜华. 数智时代背景下民办高校财会人才培养模式创新思考 [J]. 中国农业会计, 2022 (09): 78-79.

[25] 荆浩, 成丽. 面向新文科的地方院校经管类专业融合发展模式探索 [J]. 黑龙江教育 (理论与实践), 2022 (12): 47-49.

[26] 孙雁冰. 高校经管类专业大学生创新创业能力探究 [J]. 产业创新研究, 2022 (18): 190-192.

[27] 王玉婧, 尹世强. 新文科背景下跨学科课程体系融合——以经管类专业为例 [J]. 黑龙江教育 (理论与实践), 2022 (08): 47-49.

[28] 张鹭鹭. 产学研协同育人模式下经管类专业虚拟仿真实验室建设研究 [J]. 产业与科技论坛, 2022, 21 (18): 259-260.

[29] 张庆华, 彭晓英, 况培颖. 数字经济时代商科应用型财会人才培养体系研究 [J]. 现代商贸工业, 2022, 43 (01): 164-167.

[30] 吕沙, 丁明鲜, 汪瑞. 新文科背景下"交叉融合"财会人才培养探索 [J]. 财会通讯, 2023 (09): 172-176.

[31] 倪月芳. 应用型财会人才创新创业培养探究 [J]. 合作经济与科技, 2023 (16): 86-87.

[32] 王秉. 何为数智: 数智概念的多重含义研究 [J]. 情报杂志, 2023, 42 (07): 71-76.

[33] 夏会, 程平. "三链"融合驱动下高校财会人才大数据能力培养 [J]. 财会月刊, 2023, 44 (14): 105-109.